ENZYKLOPÄDIE
DEUTSCHER
GESCHICHTE
BAND 23

ENZYKLOPÄDIE
DEUTSCHER
GESCHICHTE
BAND 23

HERAUSGEGEBEN VON
LOTHAR GALL

IN VERBINDUNG MIT
PETER BLICKLE
ELISABETH FEHRENBACH
JOHANNES FRIED
KLAUS HILDEBRAND
KARL HEINRICH KAUFHOLD
HORST MÖLLER
OTTO GERHARD OEXLE
KLAUS TENFELDE

VOM AUFGEKLÄRTEN REFORMSTAAT ZUM BÜROKRATISCHEN STAATSABSOLUTISMUS

VON
WALTER DEMEL

2., um einen Nachtrag erweiterte Auflage

R. OLDENBOURG VERLAG
MÜNCHEN 2010

Bibliografische Information der Deutschen Nationalbibliothek
Die Deutsche Nationalbibliothek verzeichnet diese Publikation in der Deutschen
Nationalbibliografie; detaillierte bibliografische Daten sind im Internet
über <http://dnb.d-nb.de> abrufbar.

© 2010 Oldenbourg Wissenschaftsverlag GmbH, München
Rosenheimer Straße 145, D-81671 München
Internet: oldenbourg.de

Das Werk einschließlich aller Abbildungen ist urheberrechtlich geschützt. Jede
Verwertung außerhalb der Grenzen des Urheberrechtsgesetzes ist ohne Zustimmung des Verlages unzulässig und strafbar. Das gilt insbesondere für Vervielfältigungen, Übersetzungen, Mikroverfilmungen und die Einspeicherung und
Bearbeitung in elektronischen Systemen.

Umschlagentwurf: Dieter Vollendorf
Umschlagabbildung: Code Napoléon für das Großherzogtum Berg, Frontispiz,
Berlin DHM

Gedruckt auf säurefreiem, alterungsbeständigem Papier (chlorfrei gebleicht)
Satz: Schmucker-digital, Feldkirchen b. München
Druck und Bindung: buchbücher.de gmbh, Birkach

ISBN 978-3-486-59240-5

Vorwort

Die „Enzyklopädie deutscher Geschichte" soll für die Benutzer – Fachhistoriker, Studenten, Geschichtslehrer, Vertreter benachbarter Disziplinen und interessierte Laien – ein Arbeitsinstrument sein, mit dessen Hilfe sie sich rasch und zuverlässig über den gegenwärtigen Stand unserer Kenntnisse und der Forschung in den verschiedenen Bereichen der deutschen Geschichte informieren können.

Geschichte wird dabei in einem umfassenden Sinne verstanden: Der Geschichte der Gesellschaft, der Wirtschaft, des Staates in seinen inneren und äußeren Verhältnissen wird ebenso ein großes Gewicht beigemessen wie der Geschichte der Religion und der Kirche, der Kultur, der Lebenswelten und der Mentalitäten.

Dieses umfassende Verständnis von Geschichte muß immer wieder Prozesse und Tendenzen einbeziehen, die säkularer Natur sind, nationale und einzelstaatliche Grenzen übergreifen. Ihm entspricht eine eher pragmatische Bestimmung des Begriffs „deutsche Geschichte". Sie orientiert sich sehr bewußt an der jeweiligen zeitgenössischen Auffassung und Definition des Begriffs und sucht ihn von daher zugleich von programmatischen Rückprojektionen zu entlasten, die seine Verwendung in den letzten anderthalb Jahrhunderten immer wieder begleiteten. Was damit an Unschärfen und Problemen, vor allem hinsichtlich des diachronen Vergleichs, verbunden ist, steht in keinem Verhältnis zu den Schwierigkeiten, die sich bei dem Versuch einer zeitübergreifenden Festlegung ergäben, die stets nur mehr oder weniger willkürlicher Art sein könnte. Das heißt freilich nicht, daß der Begriff „deutsche Geschichte" unreflektiert gebraucht werden kann. Eine der Aufgaben der einzelnen Bände ist es vielmehr, den Bereich der Darstellung auch geographisch jeweils genau zu bestimmen.

Das Gesamtwerk wird am Ende rund hundert Bände umfassen. Sie folgen alle einem gleichen Gliederungsschema und sind mit Blick auf die Konzeption der Reihe und die Bedürfnisse des Benutzers in ihrem Umfang jeweils streng begrenzt. Das zwingt vor allem im darstellenden Teil, der den heutigen Stand unserer Kenntnisse auf knappstem Raum zusammenfaßt – ihm schließen sich die Darlegung und Erörterung der Forschungssituation und eine entsprechend gegliederte Auswahlbibliographie an –, zu starker Konzentration und zur Beschränkung auf die zentralen Vorgänge und Entwicklungen. Besonderes Gewicht ist daneben, unter Betonung des systematischen Zusammenhangs, auf die Abstimmung der einzelnen Bände untereinander, in sachlicher Hinsicht, aber auch im Hinblick auf die übergreifenden Fragestellungen, gelegt worden. Aus dem Gesamtwerk lassen sich so auch immer einzelne, den jeweiligen Benutzer besonders interessierende Serien zusammenstellen. Ungeachtet dessen aber bildet jeder Band eine in sich abgeschlossene Einheit – unter der persönlichen Verantwortung des Autors und in völliger Eigenständigkeit gegenüber den benachbarten und verwandten Bänden, auch was den Zeitpunkt des Erscheinens angeht.

Lothar Gall

Inhalt

Vorwort des Verfassers IX

I. *Enzyklopädischer Überblick* 1
  1. Reformen des absolutistischen Staates im Zeitalter der Aufklärung 1
    1.1 Allgemeine Bedingungen und Entwicklungstendenzen 1
    1.2 Die einzelnen Reformmaßnahmen 8
    1.3 Die Grenzen des Aufgeklärten Absolutismus . . . 29
  2. Die sog. Deutsche Reformzeit (1797/1803–1814/21) . . 31
    2.1 Reformziele vor dem Hintergrund machtpolitischer und territorialer Veränderungen 31
    2.2 Die einzelnen Reformbereiche 41

II. *Grundprobleme und Tendenzen der Forschung* 57
  1. Kontinuitäten und Diskontinuitäten des Reformprozesses zwischen 1740/48 und 1814/21 57
  2. Der Aufgeklärte Absolutismus 61
    2.1 Historische Einheit im Widerspruch? 61
    2.2 Der „Modellfall Preußen" 73
    2.3 „Theresianisch-josephinische Reformen" bzw. „Josephinismus" 83
  3. Die Deutsche Reformzeit 93
    3.1 Zwischen nationaler Sichtweise und Modernisierungstheorien 93
    3.2 Wege und Ziele der Rheinbundreformen 105
    3.3 Die Stein-Hardenbergschen Reformen 112
    3.4 Der Vergleich der Reformen – Forschungsbilanz zur Deutschen Reformzeit 124
  4. Die deutsche Entwicklung vom aufgeklärten Reformstaat zum bürokratischen Staatsabsolutismus im europäischen Rahmen 128

5. Die Erforschung von Aufgeklärtem Absolutismus/Reformabsolutismus und Deutscher Reformzeit 1993–2008. Nachtrag zur 2. Auflage 129
    5.1 Diskussionen und Forschungen zum ausgehenden Ancien Régime im Reich. 129
    5.2 Revolutionärer Umbruch und Reformen im Lichte der neuesten Forschung 135

III. Quellen und Literatur 141

1\. Quellen 141

2\. Epochenübergreifende Darstellungen. 143

3\. Aufgeklärter Absolutismus. 148
    3.1 Theoretische Diskussion; Aufgeklärter Absolutismus in mittleren und kleineren Territorien 148
    3.2 Das friderizianische Preußen. 150
    3.3 Reformen unter Maria Theresia und Joseph II... 152

4\. Deutsche Reformzeit. 154
    4.1 Französische Einflüsse, Säkularisation, Deutsche Reformzeit, Befreiungskriege; Allgemeines (1793–1821). 154
    4.2 Linksrheinische Gebiete und Einflüsse der Französischen Revolution auf Deutschland. ... 156
    4.3 (Spätere) Rheinbundstaaten. 157
    4.4 Preußische Reformen. 160

5\. Nachtrag 2010. 163
    5.1 Quellen. 163
    5.2 Epochenübergreifende Darstellungen. 163
    5.3 Aufgeklärter Absolutismus/Reformabsolutismus 166
    5.4 Deutsche Reformzeit 170

Register 175
1\. Personen. 175
2\. Orte. 179
3\. Sachen. 181

Themen und Autoren 186

Vorwort des Verfassers

Dieses Buch handelt von der Innen-, speziell der Reformpolitik deutscher Territorien zwischen 1740/48 und 1814/21. Es beinhaltet also keine Epochendarstellung, sondern konzentriert sich auf die Tätigkeit reformerischer Fürsten und Bürokraten.

Nicht, daß der Vf. davon ausgehen würde, daß das staatliche Handeln mehr oder minder ausschließlich alle Lebensbereiche präge. Doch ist er immerhin der Auffassung, daß dies speziell zu Beginn des 19. Jahrhunderts in einem sehr hohen Maß der Fall war. Im übrigen war es lediglich seine Aufgabe, den Sektor „Politik, Staat, Verfassung" darzustellen – eine vergleichsweise traditionelle Aufgabe, gewiß, indes auch eine ebenso reizvolle wie schwierige, da die Politik eben in die unterschiedlichsten Bereiche (z. B. Wirtschaft, Religion, Gesellschaft) hineinwirkte und umgekehrt auf sie reagierte: Man denke nur an die Wirtschaftspolitik, Judenpolitik etc.! Diese Interdependenz konnte ebensowenig vertieft behandelt werden wie die kontrovers diskutierten politischen Ideen bedeutender Einzelpersönlichkeiten oder der außenpolitische Kontext, auch wenn sie Reformmaßnahmen motivierten. Weder konnten in die Literaturliste alle Titel aufgenommen werden, deren Ergebnisse in den Darstellungsteil eingeflossen sind, noch konnten im Forschungsteil ältere Werke bzw. Forschungskontroversen ausreichend berücksichtigt werden. Diese und andere Defizite, infolge des vorgegebenen Manuskriptumfangs unvermeidbar, sind dem Vf. selbst schmerzlich bewußt.

Wenigstens in einem Punkt aber sollte ein Akzent gesetzt werden. Dürfen die Einseitigkeiten einer deutsch- (bzw. französisch-) nationalen Perspektive heute als ein überwundenes Problem der älteren Historiographie zur Reformzeit gelten (s. S. 93), so scheinen für die gesamte hier behandelte Epoche kleindeutsche Traditionen einerseits und ein gewisser Austriazismus andererseits manchmal merkwürdig in die gleiche Richtung zu wirken: Da wird selbst in neuester Darstellung „deutscher" Geschichte Österreich beinahe vergessen, oder aber man unterscheidet etwa zwischen „deutschen" und „österreichischen" Jansenisten, Jakobinern, Schulreformern usw. Der „Deutsche Dualismus" kann einen Autor aber auch dazu verführen, das „Dritte Deutschland", soweit es überhaupt Erwähnung findet, lediglich unter der Überschrift „fritzisch oder theresianisch" abzuhandeln.

Schon für die Zeit des sog. Aufgeklärten Absolutismus, erst recht aber für die „Deutsche Reformzeit" erscheint es dem Vf. unangemessen, die Reformanstrengungen der kleineren und mittleren Territorien als bloße Randerscheinungen aus dem Bereich eines entweder einheitlich gedachten oder teils nach Berlin, teils nach Wien orientierten „Dritten Deutschland" zu verstehen. So findet im vorliegenden Band die historiographische Tradition zwar im Aufbau des Forschungsteils ihren Niederschlag, der Darstellungsteil jedoch gliedert sich nicht nach Territorien, sondern nach Sachgebieten der Reformtätigkeit. Daß dabei im Einzelfall das eine oder andere Territorium in den Vordergrund tritt, ist ebenso naheliegend, wie daß dies nicht immer Preußen sein muß.

So sind die folgenden Ausführungen als ein Versuch zu verstehen, trotz sehr ungleicher Vorgaben der Forschung ein Kapitel „deutscher" Geschichte zu schreiben, das die Vielfalt der Verhältnisse und Entwicklungen ebenso aufzeigt wie gewisse gemeinsame Strukturen und Tendenzen. Dabei hat der Autor für vielfältige Hilfe zu danken. Sein Dank gilt seinen ehemaligen akademischen Lehrern Prof. Dr. Eberhard Weis und Prof. Dr. Ludwig Hammermayer, die Teile des Manuskripts gelesen haben, sowie seinen langjährigen Freunden und Mitarbeitern Bettina Rettner, Dr. Uwe Puschner und Axel Schreiber M. A. für ihre konstruktive Kritik und ihre außerordentliche Einsatzfreude bei der Suche und Zusammenstellung der Literatur. Zu danken hat er auch Frau Prof. Dr. Elisabeth Fehrenbach und Herrn Dr. Adolf Dieckmann für ihre sachdienliche Beratung und ihre hilfreichen Formulierungs- und Kürzungsvorschläge. Schließlich und vor allem aber möchte er sich bedanken bei seiner lieben Jutta und seinen Kindern Cornelia und Michael für ein glückliches Familienleben, das den Arbeitsrhythmus zwar immer wieder unterbrochen, aber gleichzeitig stets motivierend begleitet hat.

München, den 15. 2. 1992   Walter Demel

Vorwort zur 2. Auflage

Als die Literatursuche für die 1. Auflage abgeschlossen wurde, lag die deutsche Einigung noch keine anderthalb Jahre zurück. Landesgeschichte, jedenfalls nichtpreußische Landesgeschichte, war nie eine bevorzugtes Untersuchungsfeld der DDR-Historiographie gewesen. Wenn ich im früheren Vorwort das Vorhandensein „sehr ungleicher Vorgaben der Forschung" beklagte, so vor allem deshalb, weil damals zur innenpolitischen Entwicklung selbst größerer Territorien wie Mecklenburg-Schwerin oder Kursachsen praktisch kein moderner Forschungsstand existierte. Das war besonders misslich, da die Jahre 1740/48–1814/21 einen Zeitraum markieren, in dem aus Reichsterritorien souveräne Staaten wurden. Innenpolitisch ging damals jeder im Alten Reich mehr oder minder seinen eigenen Weg (Reichsreformbestrebungen werden hier ohnehin nicht thematisiert), und auch der Rheinbund als 1806 neugeschaffene Dachorganisation für letztlich fast alle Gebiete des „Dritten Deutschland" verhinderte nicht, dass die Reformintensität in den verschiedenen Mitgliedsstaaten sehr unterschiedlich ausgeprägt blieb. Nunmehr ermöglicht es indes eine breitere landesgeschichtliche Forschung, wie sie inzwischen auch in den östlichen Bundesländern eingesetzt hat, auf einer einigermaßen sinnvollen Basis neue Vergleiche anzustellen. Darüber hinaus regten die Gedenk- bzw. Jubiläumsfeiern in den Jahren 2003 bzw. 2006 (Säkularisation, Mediatisierung, Reichsende) zu Forschungen an, die sich u.a. in zahlreichen Sammelbänden niederschlugen.

München, den 16.10.2009   Walter Demel

I. Enzyklopädischer Überblick

1. Reformen des absolutistischen Staates im Zeitalter der Aufklärung

1.1 Allgemeine Bedingungen und Entwicklungstendenzen

Gleichgültig, welche Bezeichnung man zur Charakterisierung der Zeit zwischen 1740 und 1790/1800 verwendet – etwa: Zeitalter der Aufklärung, des Aufgeklärten Absolutismus oder des Reformabsolutismus –, immer wird man sich sowohl über die Problematik der zeitlichen Abgrenzung als auch über die Relativität bzw. Unschärfe dieser Begriffe im klaren sein müssen. Es kann sich nur darum handeln, durch eine entsprechende Benennung *dominante* Strukturen bzw. Entwicklungstendenzen zu kennzeichnen. Aber „die" Aufklärung verbreitete sich in verschiedenen Regionen und bei verschiedenen Schichten in unterschiedlicher Stärke. Keineswegs alle Territorien des Reiches waren auch nur in eingeschränktem Sinne „absolutistisch", und nicht alle führten in der hier betrachteten Epoche nennenswerte „Reformen" durch, wenn man hiermit die damals aufkommende Bedeutung von zukunftsorientierten Maßnahmen verbinden will.

Im Reich war die absolutistische Staatsform eine notwendige, wenngleich natürlich nicht hinreichende Bedingung für derartige Neuerungen. Versteht man unter „Absolutismus" verfassungsrechtlich die auf Kosten ständischer Mitsprache zumindest weitgehend erfolgte Durchsetzung landesherrlicher Gewalt wenigstens auf der zentralstaatlichen Ebene, so zeigt sich nämlich, daß innerhalb des weiten Spektrums, das am Ende des 18. Jahrhunderts von ständisch dominierten Territorien wie Mecklenburg bis zu absolutistisch regierten Territorialstaaten ohne ständische Organisation wie Baden oder Kurpfalz reichte, die ersteren sich als strukturell unfähig zu einschneidenden Veränderungen erwiesen. Auch die geistlichen Territorien waren infolge der zumeist starken Stellung ihrer von altadeligen Familien beherrschten Domkapitel nur für bestimmte Reformen, namentlich in den Bereichen Bildungswesen und Armenpflege, prädestiniert. Dasselbe gilt für die Masse der weltlichen

Das Verhältnis von Absolutismus und Reform

Duodezfürstentümer, in denen oftmals noch patriarchalische Herrschaftsstrukturen vorherrschten, sowie für zahlreiche Reichsstädte, in denen eine Ratsoligarchie – selbst bei mitunter prosperierender Wirtschaft (Augsburg) – angesichts maroder Stadtfinanzen und wachsender sozialer Spannungen Veränderungen grundsätzlich ablehnte. Nur in einem Sonderfall wie Hamburg vermochte hier ein eigenständiges, politisch mitverantwortliches und ökonomisch potentes Bürgertum, vor allem in Form privater Initiativen, die Entwicklung der Aufklärung in Richtung auf eine umfassende Reformbewegung voranzutreiben.

Hierbei ist zu berücksichtigen, daß die Handelsstadt an der Elbe vom Siebenjährigen Krieg profitierte, der andere Gebiete schwer schädigte. Eine ruinierte Wirtschaft oder ein unmittelbar drohender Staatsbankrott wie in Kursachsen gab andererseits oft den Anstoß zu Reformmaßnahmen von staatlicher Seite. „Schleichende" Krisenerscheinungen wie die Verarmung breiter Schichten infolge eines rapiden Bevölkerungswachstums ohne entsprechende Produktionsfortschritte oder ein wachsender volkswirtschaftlicher Rückstand gegenüber Nachbarterritorien bzw. fremden Staaten (England) konnten ebenfalls in diese Richtung wirken. Die Reformen wurden jedoch in der Regel auch von – in umfassendem Sinne – „aufklärerischem" Gedankengut beeinflußt, vom Streben nach Vernunft, Bildung und Humanität, allgemeiner: vom Bemühen um die *diesseitige* „Glückseligkeit" der Untertanen, welche mit dem Wohl des Staates identifiziert wurde.

Die Reformen – ein Produkt der Aufklärung?

Solange sich nämlich „Aufklärung" im politischen Bereich als eine besondere, intensive Ausprägung des langfristigen „neuzeitlichen" Rationalisierungsprozesses, mithin als Beitrag zur „Staatsbildung" darstellte – wie dies überwiegend bis in die 1770er Jahre hinein geschah –, geriet sie mit der „Staatsräson" nicht in Konflikt. Vernünftige Ordnung, Übersichtlichkeit, Effizienz und Berechenbarkeit sollten demnach Staatsverwaltung und Justiz kennzeichnen; Zentralisierung und Hierarchisierung, Simplizifizierung und Kodifizierung dienten diesem Ziel.

a) *Intensivierung rationalistischer Tendenzen*

Ein modernes, rationales Verständnis von der Rolle des Staatsoberhauptes verlieh diesem eine neue Legitimation. Im höfischen Absolutismus hatte sich der Monarch „von Gottes Gnaden" vor der Öffentlichkeit des Hofes und gelegentlich auch vor seinen übrigen Untertanen geradezu zelebriert, die „Repraesentatio Maiestatis" mit aufwendigen Jagden und glanzvollen Festen hatte seine Zeit mindestens ebensosehr in Anspruch genommen wie die Erledigung der Regierungsgeschäfte. Derartige Fürsten gab es auch noch in der zweiten Hälfte des 18. Jahrhunderts, wie den Wittelsbacher Clemens August (1700–1761), der zwischen 1719 und 1732 Bischof bzw. Erzbischof von Paderborn, Münster, Köln, Hildesheim und Osnabrück sowie Hochmeister geworden war. Der neue Herrschertypus des aufgeklärt-absolutistischen Fürsten zeichnete sich jedoch durch einen relativ einfachen Lebensstil, Sparsamkeit, Fleiß und ein hohes Maß an Pflichtgefühl gegenüber seinem Staat aus, dessen Interessen – auch vermögensrechtlicher Art – er von denjenigen seiner Dynastie zu unterscheiden wußte. Sein Bestreben, selbst zu herrschen, verführte ihn allerdings oft zu Mißtrauen gegenüber seinen Beamten sowie zu einer ständigen Bevormundung seiner Untertanen durch eine Überfülle an Verordnungen und Verfügungen. Hierdurch kam aber nur zum Ausdruck, daß sich dieser Fürst idealiter als „erster Diener" (Friedrich II.) bzw. „erster Beamter" (Joseph II.) des Staates empfand. In dieser Form stellte er sich mitunter sogar dem literarischen Publikum dar, das die traditionelle Herrschaftsbegründung immer weniger akzeptierte.

Wie sich in der Realität jedoch ältere, christlich geprägte Herrschaftsauffassungen oft mit den neueren, naturrechtlichen Lehren vom Gesellschaftsvertrag vermengten, so verbanden sich auch religiöse mit aufklärerischen, nicht zuletzt rationalistischen Reformmotiven. Rationalisiert wurden Verwaltung und Heer in Preußen schon von dem pietistisch beeinflußten Friedrich Wilhelm I. Pietistische und aufklärerische Elemente durchdrangen sich in den Reformvorschlägen des württembergischen Landschaftskonsulenten Johann Jacob Moser ebenso wie in den Projekten der sächsischen Reformer, reformkatholische und staatsutilitaristische Zielsetzungen flossen im Werk des religiös, aber nicht kirchenfromm gesinnten Joseph II. zusammen. Wenn die Aufhebung der Leibeigenschaft in Baden (1783) von den Intentionen *des Herrschers* her gesehen weniger ein Produkt aufgeklärten Denkens als das Ergebnis des christlich-patriarchalischen Amtsverständnisses von Markgraf Karl Friedrich war, so beweist dies nur, daß nicht alle Maßnahmen, die schon von den Zeitgenossen als „aufgeklärte Reformen" gerühmt wurden, in erster Linie auf eine freiheitliche bzw. rechtsstaatliche Neuordnung der Verhältnisse oder gar auf den sozialen Aufstieg bisher minderprivilegierter Schichten zielten – auch wenn sie sich in der Praxis in dieser Richtung auswirken sollten.

Schließlich umschließt der Begriff „Aufklärung" auch einen Emanzipationsprozeß, der geistig von den traditionellen, insbeson-

b) Von der Förderung zur Ablehnung emanzipatorischer Tendenzen dere kirchlichen Doktrinen, gesellschaftlich von ständischen Strukturen wegführte. Wo die Einschränkung kirchlicher und ständischer Machtpositionen auf gesamtstaatlicher bzw. provinzialer Ebene und deren Kontrolle im lokalen Bereich noch ein Anliegen des Landesherrn sein mußte – wie etwa bei Joseph II. –, erfreute sich in diesem Sinne „aufklärerisches" Schrifttum der Sympathie staatlicher Behörden. Die staatliche Förderung der Jugenderziehung, laut der Präambel der österreichischen Schulordnung von 1774 „die wichtigste Grundlage der wahren Glückseligkeit der Nationen", mußte langfristig ebenfalls das Selbstbewußtsein breiter Schichten stärken. Da sich jedoch seit den 1770er Jahren abzuzeichnen begann, durch die Französische Revolution und die durch sie ausgelöste Politisierung breiterer Schichten aber endgültig deutlich wurde, daß diese Emanzipation nicht nur „feudale" Privilegien oder einzelne politische Mißstände, sondern sogar die absolutistische Staatsstruktur selbst in Frage stellen konnte, vollzogen zwischen 1785 und 1793 selbst bislang sehr reformfreudige Fürsten eine politische Kehrtwendung. Vor allem die Aufdeckung des konspirativen, im Kern radikal-emanzipatorischen Illuminatenbundes (1784/86) trug nicht nur in Bayern, sondern etwa auch in der Habsburgermonarchie zu dieser Entwicklung bei.

c) partielle Verwirklichung humanitärer Ideale

Wurde nichtsdestoweniger die Emanzipation speziell bildungsbürgerlicher Kreise durch den Aufgeklärten Absolutismus in begrenztem Maße gefördert, so wurden auch die humanitären Anliegen der Aufklärung partiell verwirklicht, so weit nämlich, wie dies mit dem Ziel staatlicher Machtentfaltung vereinbar schien. Insofern gelangten sie in einem Kleinstaat wie im Sachsen-Weimar Carl Augusts zumeist eher zum Tragen als etwa im Preußen Friedrichs II., der seinem Staat eine Großmachtrolle zu erringen gedachte. Da der König beispielsweise glaubte, sein Heer nur dann schlagkräftig erhalten zu können, wenn die Soldaten ihre Offiziere mehr fürchteten als den Feind, konnte bei ihm von einer Humanisierung des Militärstrafrechts nicht die Rede sein. Joseph II., ebensooft charakterisiert als traditionsfeindlicher, bürokratischer Despot wie als sozial engagierter und toleranter Menschenfreund, war tatsächlich wohl beides zugleich. Im Konfliktfall jedoch erwies sich das Machtstaatsinteresse eines Fürsten gegenüber seiner aufgeklärt-humanitären Gesinnung regelmäßig als vorrangig.

Insofern wird man den „Aufgeklärten Absolutismus" als einen Absolutismus mit *zum Teil* aufklärerisch motivierten Reformimpulsen bezeichnen können, genauer gesagt als jene Form, in der aufklärerische Ideen in das Verständnis der Herrschergewalt und in die reformerische Regierungspraxis einflossen, ohne jedoch den Rahmen der politischen und sozialen Ordnung sprengen zu können – und in der Regel auch, ohne dies, den Intentionen der aufgeklärten Fürsten zufolge, tun zu sollen.

Dabei spielten in den meisten Territorialstaaten vier Faktoren bei der Durchsetzung von Neuerungen im Bereich von Politik, Staat und Verfassung eine Rolle: der Landesherr, seine Beamtenschaft, die Stände sowie die Masse der Nichtprivilegierten. Veränderungen gegen den Willen des Landesherrn durchzusetzen, war generell unmöglich. Eine andere Frage war, ob der Fürst – zusammen mit einigen seiner engsten Mitarbeiter – eine treibende Kraft im Reformprozeß darstellte. Dies galt, zumindest bei einem Großteil der dann tatsächlich durchgeführten Reformen, z. B. für Friedrich II. von Preußen ebenso wie seinen Namensvetter aus Hessen-Kassel, für Joseph II. wie auch für den Würzburger und Bamberger Fürstbischof Franz Ludwig von Erthal. Dagegen engagierten sich andere nur für bestimmte Vorhaben – etwa Karl Friedrich von Baden für einzelne Rechtsverbesserungen sowie für seine (letztlich gescheiterten) physiokratischen Projekte – oder ließen ihre reformfreudigen Spitzenbeamten einfach gewähren, wie dies Kurfürst Max Friedrich in Köln und Münster gegenüber den Ministern Belderbusch bzw. Fürstenberg tat.

Als treibende Kraft wirkte hingegen eine schmale, sich jedoch mittels Logen, Lesegesellschaften etc. und Publikationen verschiedener Art zunehmend organisierende aufgeklärte „Öffentlichkeit". Die staatliche Bürokratie – insbesondere in ihrer Spitze oft in erheblichem Umfang aus aufgeklärten adeligen und bürgerlichen Beamten zusammengesetzt und durch „Clearingstellen" wie die Berliner Mittwochsgesellschaft mit dem Publikum verbunden – sorgte teilweise für die unmittelbare Umsetzung ihrer Wünsche, war aber in jedem Falle mehr als ein bloßes Instrument in der Hand des Fürsten. Als Element der Kontinuität bei einem Herrscherwechsel und angesichts zunehmend komplexer werdender – und damit eine höhere Qualifikation erfordernder – Staatsaufgaben fühlte sie sich nämlich in wachsendem Maße weniger als ein Teil der Dienerschaft eines bestimmten Landesherrn oder einer Dynastie als vielmehr als eigenständige Sachwalterin des „Gemeinwohls". Ohne Männer wie Gerard van Swieten und Sonnenfels in Österreich, Fritsch und Gutschmid in Kursachsen oder Reinhard und Schlettwein in Baden wären die dortigen Reformen nicht denkbar gewesen. Manche Fürsten

Die Faktoren der Modernisierungspolitik:

a) der Landesherr

b) „Öffentlichkeit" und Bürokratie

befanden sich regelmäßig außer Landes, widmeten sich großenteils ihren persönlichen Launen oder lebten ihrem Mäzenatentum (z. B. Friedrich August von Oldenburg, Kurfürst Karl Theodor), wodurch sie z. T. die Entstehung neuer kultureller Zentren wie Mannheim oder Weimar ermöglichten. Dann war es ihre Bürokratie, die kleinere Verbesserungen ermöglichte, zumindest aber die Kontinuität der Verwaltungsarbeit garantierte – manchmal eher schlecht als recht, wie in der Kurpfalz, wo die Käuflichkeit und Quasi-Erblichkeit der Ämter nicht beseitigt wurden, mitunter aber auch auf hohem Niveau wie in Pfalz-Zweibrücken. Umgekehrt jedoch konnten Teile der Beamtenschaft – gerade auch der lokalen Amtsträger – von oben angeordnete Maßnahmen mit Erfolg boykottieren, wie insbesondere das Schicksal zahlreicher agrarpolitischer Verordnungen beweist. Eine stark ständische bzw. quasiständische Prägung der Beamtenschaft, wie in Württemberg oder Hannover, desgleichen

c) die Stände eine starke Stellung der Landstände erwies sich dabei generell als nicht förderlich für Reformen. Ein württembergischer Ständevertreter soll seinem Herzog wiederholt gesagt haben: „Ihro Durchl[aucht]! nuh nex nuis" – nur nichts Neues!

Traditionalismus und Sicherheitsdenken, vor allem aber die Sorge um den Erhalt der eigenen Privilegien setzten den Veränderungsmöglichkeiten also einen engen Rahmen. Ihn zu sprengen, die Landesverfassung im (voll-)absolutistischen Sinne zu ändern, war den Fürsten in der zweiten Hälfte des 18. Jahrhunderts nicht mehr möglich, wenn sie sich zu einem solchen Schritt überhaupt legitimiert fühlten: Die Reichsgerichtsbarkeit schützte die Landesverfassungen, und wo Landstände den Prozeßweg beschritten oder mit diesem Schritt drohten, mußten die Landesherren letztlich die ständische Rechtsposition akzeptieren, so in Mecklenburg 1755, in Württemberg 1770 und in Bayern 1781/85. Doch wäre es nicht gerechtfertigt, unbesehen die Selbstlegitimation landesfürstlich-bürokratischer Machtexpansion zu übernehmen und die Regierungen generell als Vertreter des „Gemeinwohls", die Stände aber als Repräsentanten von „Partikularinteressen" zu qualifizieren. Abgesehen von der Kontinuität wenigstens der Repräsentations*idee*, die das Ständewesen des 18. mit dem Konstitutionalismus des 19. Jahrhunderts verbindet, ist zu berücksichtigen, daß die Stände gegenüber fürstlichen Neigungen zu verschwenderischer Hofhaltung und außenpolitischen Abenteuern oft genug tatsächlich – wenngleich nicht ganz uneigennützig – auch die Belange der Nichtprivilegierten vertraten. Teilweise waren sie sogar zur Mitwirkung an Reformmaßnahmen bereit. So ging beispielsweise die Gründung der Universität Münster (1773/80) auf einen Antrag des Domkapitels und der Ritterschaft zurück, obwohl damit die Aufhebung eines adeligen Benediktinerinnenstifts zur Fundierung der neuen katholischen Landeshochschule impliziert war. Im benachbarten Osnabrück bemühte sich Justus Möser nicht ohne Erfolg, ständische Tradition und aufklärerische Reform in einer modernisierten Selbstverwaltung zu verbinden. Die bayerischen Stände wurden verstärkt in das staatliche Leben eingebunden. In Hessen-Kassel beruhte das unter Landgraf Friedrich II. (1760–1785) verwirklichte Reformwerk sogar auf der einträchtigen Zusammenarbeit von Fürst, Ständen und Beamtenschaft. Ein derartiges Einvernehmen muß jedoch als die Ausnahme gelten. Normalerweise bildeten die Fürsten und noch mehr Teile der Bürokratie die treibenden Kräfte bei der Einführung von Neuerungen aller Art, die Stände eher ein retardierendes Moment. Insbesondere die Gefahr, in welche die Reichsfürsten durch die Ideen und die Heere der Französischen Revolution gerieten, nutzten die Landstände verschiedener Territorien allerdings, um sich als Vertreter der Landesinteressen darzustellen und politische Mitsprache zu fordern (Württemberg, Bayern). Da sie unter sich aber uneins waren, ob bzw. wieweit der Kreis der politisch Berechtigten ausgedehnt und auf Privilegien verzichtet werden sollte, konnten sie nicht die Unterstützung breiterer Schichten gewinnen.

Die Masse der Nichtprivilegierten zeigte gegenüber dem Absolutismus und seinen Reformen, auf deren Ausgestaltung sie keinerlei Einfluß besaß, jedoch ebenfalls eine ambivalente Haltung. Manche Maßnahmen, speziell solche wohlfahrtspolitischer Natur, wurden überwiegend mit Genugtuung aufgenommen, andere erregten Unwillen, provozierten sogar Tumulte, wie die Abschaffung des „Blauen Montags" in München, die Liturgiereform in Mainz oder die geplante Errichtung eines protestantischen Bethauses in Köln. Da die Machtexpansion der staatlichen Gewalt üblicherweise mit einer spürbaren Mehrbelastung der Untertanen einherging, zeigten gerade die Bauern häufig auch dort Mißtrauen, wo die Maßnahmen der Regierung eigentlich auf ihre materielle Besserstellung abzielten, wie z.B. ihre Reaktion auf das bayerische Maierschaftsfristenmandat von 1779 oder das josephinische Urbarialpatent von 1789 (s.u.) beweist. Noch heftigeren Widerstand setzte der „gemeine Mann" jenen obrigkeitlichen Anordnungen entgegen, die in seinen gewohnten Lebensablauf eingriffen (Feiertagsreduktionen) oder die, wie die Aushöhlung von Zunftbindungen und -normen, einen

d) die Nichtprivilegierten

„gesicherten Nahrungsstand" bedrohten. Andererseits scheinen die Nichtprivilegierten öfters eher gegen die Form als gegen die Grundrichtung bestimmter Neuerungen opponiert zu haben. Mitunter protestierten sie, insbesondere nach 1789, sogar dagegen, daß ihre spezifischen Bedürfnisse durch die eingeleiteten Reformen zu wenig berücksichtigt worden waren, so in weiten Teilen des Rheinlandes, Sachsens und der Habsburgermonarchie. Die physiokratisch bzw. antiständisch motivierte Förderung bäuerlicher Belange mag das Selbstbewußtsein der Landbevölkerung ebenso gesteigert haben, wie dies in bildungsbürgerlichen Kreisen die Bekenntnisse zahlreicher Fürsten zu bestimmten aufklärerischen Idealen und die zunehmende Anwendung von Leistungskriterien im Staatsdienst taten.

1.2 Die einzelnen Reformmaßnahmen

Das erste Ziel: Steigerung staatlicher Effizienz

Ob ein Herrscher, wie Friedrich II. von Preußen, „aus dem Kabinett" heraus regierte oder ob er sich regelmäßig den Mehrheitsentscheidungen eines Staats- oder Ministerrats anschloß, wie es Maria Theresia in den 1770er Jahren tat – in jedem Falle bedurfte er einer ausreichenden Zahl zuverlässiger und qualifizierter Beamter. Das galt um so mehr, je größere Veränderungen er plante und je komplexer die Verwaltungsaufgaben infolge des verstärkten staatlichen Engagements vor allem in bisher weitgehend der Kirche oder den Ständen überlassenen Bereichen (Schulwesen, Armenpflege, Zensur) wurden. Deshalb erhöhte sich die Zahl der Amtspersonen während des 18. Jahrhunderts deutlich – in relativ bescheidenem Umfang noch in Preußen, bis hin zu angeblich rd. 5% der Bevölkerung in der Grafschaft Öttingen.

Vermehrung und Qualifizierung der Beamtenschaft

Anscheinend vor allem in den größeren Territorien wurden gleichzeitig die Anforderungen erhöht, Conduitelisten eingeführt, Ämterkumulation und Expektanzen zurückgedrängt, juristische oder kameralistische Studien zur Voraussetzung für den Eintritt in den „Staatsdienst" – so der neue Begriff – erklärt. Obwohl den höheren Beamten oftmals auch ohne Nobilitierung bestimmte Vorrechte verliehen wurden (z.B. ein besonderer Gerichtsstand), gelangte man über beachtliche Ansätze zur Privilegierung im Sinne der Schaffung eines einheitlichen „Beamtenstatus" (Absetzung nur nach Strafverfahren; soziale Absicherung), wie sie in Württemberg und im josephinischen Österreich verwirklicht wurden, noch nicht hinaus. Dafür gab Joseph II. in seinem sog. „Hirtenbrief" (1783) bekannt, wie er sich den idealen Bürokraten vorstellte – nämlich seinen Aufgaben hingebungsvoll verbunden, fleißig, unparteiisch und nicht zuletzt genügsam. Die Effizienz der Verwaltung litt aber nicht nur darunter, daß viele Beamte diesen Kriterien nicht entsprachen, daß sie schlecht oder erst nach langem Vorbereitungsdienst überhaupt besoldet wurden. Ebenso bedeutsam war, daß die Struktur der Verwaltung selbst erhebliche Mängel aufwies.

Das 18. Jahrhundert war daher eine Epoche der Umorganisationen in der Administration. Für neue Aufgaben oder solche, die bislang nur ungenügend erfüllt worden waren, wurden besondere Deputationen bzw. Kommissionen gebildet. Für das Kommerzwesen etwa richteten zahlreiche Regierungen besondere Gremien ein – in Preußen, wo später weitere Sachdepartements folgten, schon 1740. Da aber andererseits Friedrich II. das Territorialprinzip nicht grundsätzlich aufgab – Schlesien z. B. dem Generaldirektorium überhaupt nicht unterstellt wurde –, waren Kompetenzüberschneidungen die unvermeidliche Folge.

Umorganisationen im Verwaltungsbereich

Immerhin wirkte die relativ straffe Zentralisierung der preußischen Staatsverwaltung noch so vorbildlich, daß sie auch bei der Gründung des österreichischen „Directorium in publicis et cameralibus" (1749) durch Graf Haugwitz Pate stand. Hier wurden allgemeine Verwaltung und Finanzwesen vereinigt, Justizangelegenheiten hingegen abgetrennt und einer eigenen Obersten Justizstelle zugewiesen. Dieser Staatsreform lagen jedoch nicht primär rechtsstaatliche Motive zugrunde: Vielmehr ging es um eine Zurückdrängung des ständischen Einflusses sowohl auf der Ebene der Zentrale als auch – durch Errichtung staatlicher Exekutivorgane – in den Ländern. Im gleichen Zuge wurden das Steuerbewilligungsrecht der Stände faktisch weitgehend außer Kraft gesetzt und Steuerfreiheiten durch Steuervorrechte ersetzt. Daran änderte sich auch nach 1761 nur wenig, als Kaunitz die Einrichtung eines zentralen Beratergremiums, des Staatsrats, mit einer – später von Joseph II. wieder rückgängig gemachten – neuerlichen Trennung der Finanzagenden von der Administration verband. Immer noch aber standen in den österreichischen Erblanden 1494 landschaftlichen und 11 669 herrschaftlichen bzw. städtischen nur 7421 landesfürstliche Beamte gegenüber, von denen überdies 5123 in Niederösterreich tätig waren (1762).

Endete der „Absolutismus" also gerade in den größeren Staaten in vielerlei Hinsicht an den Grenzen der Grund- und noch mehr der Gutsherrschaften, so gab es im 18. Jahrhundert immerhin Bestrebungen, den lokalen Bereich einer gewissen staatlichen Kontrolle zu unterwerfen. Dazu dienten etwa die weitgehende Beseitigung der kommunalen Selbstverwaltung, der Aufbau von Kreisämtern mit zunehmenden Kompetenzen, die Einrichtung eines Untertansadvokaten, die Beschränkung der Patrimonialgerichtsbarkeit und die Errichtung eines dreiteiligen Instanzenzuges in der Habsburgermonarchie, vornehmlich unter Joseph II. Desgleichen trieb Preußen, besonders unter den Großkanzlern Cocceji (1747–1754) und Carmer (1779–1795) die Vereinheitlichung und Verstaatlichung des Justizwesens voran: 1755 wurden für die Justizbeamten, 1770 auch für Verwaltungsbeamte staatliche Examina vorgeschrieben. Nicht nur die beiden Großmächte lösten sich dabei, indem sie eine ebenso prompte wie unparteiische Rechtspflege förderten, mehr und mehr von der Reichsgerichtsbarkeit. Selbst der Kaiserbruder Max Franz von Köln untersagte fast alle Rekurse an rechtsprechende Institutionen außerhalb seines Kurfürstentums. Nicht weniger folgenreich für die „innere Staatsbildung" erscheint, daß (z. T. private) Gesetzessammlungen entstanden, daß manche Regierungen aber auch regelrechte Publikationsorgane für Einzelgesetze und -verordnungen und in einigen größeren Territorien sogar Rechtskodifikationen schufen, ohne daß die Landstände in größerem Umfang modifizierend eingegriffen hätten.

Selbst im Hinblick auf das nur subsidiär geltende „Allgemeine Landrecht für die preußischen Staaten" (1794) – man beachte den Plural! – ist festzustellen, daß diese neuen Gesetzbücher der Rechtseinheit der betreffenden Territorien und damit deren staatlicher Integration dienten, gleichzeitig freilich in gewisser Weise auch deren Lösung vom „Reichsrecht" (römischem Recht, Carolina) förderten. Darüber hinaus trugen sie zur Modernisierung der Rechtsmaterie bei, etwa wenn das Ehepatent Josephs II. die Ehe für einen bürgerlichen Vertrag erklärte. Selbst in jenen Fällen, wo Kodifikationen – wie der bayerische Kriminalkodex Kreittmayrs von 1751 – höchstens behutsam Neuerungen einführten, dürfte die Bindung des Richters an ein als möglichst umfassend konzipiertes Gesetzbuch der Rechtssicherheit des Einzelnen zugute gekommen sein. Außerdem fühlten sich die Fürsten ebenfalls in zunehmendem Maße an diese von ihnen erlassenen Gesetze gebunden und nur noch in besonderen Fällen „legibus solutus". Das wiederholte Bekenntnis Friedrichs des Großen zur Unabhängigkeit der Justiz bezog sich allerdings nur auf den Zivilrechtsbereich. Als er trotzdem in dem berühmten Prozeß zwischen dem Müller Arnold und einem Adeligen – anscheinend unberechtigt – glaubte, dem „kleinen Mann" gegen einen von sozialen Rücksichten diktierten Richterspruch zu seinem Recht verhelfen zu müssen, förderte dieses Eingreifen zwar seine Popularität beim Volk, provozierte aber gleichzeitig eine Fronde preußischer Justizbeamter gegen seinen „Machtspruch". Dabei scheint Friedrich deutlich geworden zu sein, daß auch ein aufgeklärt-absolutistischer Herrscher nur noch in engen Grenzen als „oberster Richter" fungieren konnte und daß seine vorrangige Aufgabe in der Reform der Gesetze bestand.

Bahnbrechend hatte er hierbei – trotz mancher Inkonsequenzen und prozeßrechtlicher Folgeprobleme – schon mit der Aufhebung der Folter (1740, endgültig 1754) gewirkt. Die anderen deutschen Territorien folgten seinem Beispiel erst mit mehr oder minder großem zeitlichem Abstand (z. B. Kursachsen 1770/82, Gotha erst 1828). In mehreren Ländern wurde diese Neuerung anfänglich nicht offiziell bekanntgegeben. Überhaupt erfolgte die Humanisierung des Strafrechts generell oft eher durch die richterliche Praxis als durch die legislatorische Norm, wie das Ausklingen der Hexenprozesse beweist. Denn auch als Joseph II. die Todesstrafe im Regelfall durch die Strafe des Schiffziehens ersetzte (1781), sollte diese Umwandlung nicht etwa der menschenwürdigeren Behandlung des Täters, sondern lediglich der Nutzung von dessen Arbeitskraft und der wirksameren Abschreckung potentieller Verbrecher dienen. Andererseits galt nun in der Habsburgermonarchie für alle Straftäter unabhängig von der sozialen Herkunft prinzipiell das gleiche Recht und weitgehend auch der gleiche Gerichtsstand. War Joseph II. deshalb ein Revolutionär, ein Feind der Ständegesellschaft? Oder wirkten gar alle „aufgeklärten Herrscher" in diese Richtung, indem sie die kirchliche und ständische Macht zurückdrängten und den Aufstieg des Bürgertums förderten?

Strafrechtsreformen

Doch die als „aufgeklärt" geltenden Fürsten verfolgten keine einheitliche gesellschaftspolitische Linie. Während Joseph II. oder Karl Theodor großzügig bzw. geradezu verschwenderisch mit Nobilitierungen umgingen, zeigte sich Friedrich II. von Preußen in dieser Hinsicht äußerst zurückhaltend. Das preußische Bürgertum blieb weiterhin der Hauptsteuerzahler des Staates. Entgegen dem allgemeinen Trend, Bürgerliche in Verwaltung und Heer leichter in höhere Positionen einrücken zu lassen, entließ Friedrich nach dem Siebenjährigen Krieg den Großteil seiner nichtadeligen Offiziere, und er mißtraute den bürgerlichen Juristen, die im übrigen auch der badische Markgraf aus seinem Geheimen Rat zu verdrängen suchte. Stand dahinter reiner Traditionalismus oder die durchaus rationale

Gesellschaftspolitik: Nur partielle Förderung des Bürgertums

Erkenntnis, daß der absolutistischen Erbmonarchie von einem ahnenstolzen, aber „domestizierten" Adel weit weniger Gefahr drohte als von einem „aufsteigenden", meritokratisch gesinnten Bürgertum? Jedenfalls bemühte sich Friedrich – freilich ohne durchschlagenden Erfolg –, durch Veräußerungsverbote, die Stiftung von Fideikommissen und die Einrichtung adeliger Kreditinstitute (Landschaften) dem grundbesitzenden Teil seines Adels den ungeschmälerten Besitz seiner Rittergüter zu erhalten.

Agrarpolitik außerhalb der Domänen

Ein Drang zur Selbstherrschaft, ein schlichtes, unkonventionelles Auftreten sowie ein Hang zum Populismus veranlaßten dagegen Joseph II. nicht nur zur Ignorierung ständischer Privilegien und zur Aufhebung der Fideikommisse, sondern auch zu dem Versuch, gutsherrliche Rechte und Einkünfte zu beschneiden. Während nämlich Friedrich, um dem preußischen Staat Steuerzahler zu erhalten, lediglich das Bauernlegen in Grenzen hielt – das im benachbarten Mecklenburg ungehemmt weiterging –, zielte Josephs Steuer- und Urbarialreform weit über die schon von seinen Vorgängern verordneten Maßnahmen zum Bauernschutz und zur Robotfixierung hinaus. Waren im Gefolge der Haugwitzschen Reformen die Eigentümer von privilegiertem sog. Dominikal- oder Herrenland (Dominikalisten) erstmals zur Hälfte der Steuerleistung von Eigentümern von sog. Bauernland (Rustikalisten) herangezogen worden, so sollte nun *jeder* Rustikalbesitzer 12⅔% seiner erzielbaren Bruttoeinkünfte an den Staat, jeder Grundholde aber maximal 17⅞% an seinen Grundherrn zahlen und dafür von allen anderen Verpflichtungen (Roboten/Fronen, Zehnten etc.) befreit sein. Entgegen der ursprünglichen Absicht Josephs II. aber schloß schon das Patent vom 10.2.1789 die Dominikalgründe von der Reform aus. Schwierigkeiten bei der Ertragsermittlung und der massive Widerstand der auf ihre Eigentumsrechte pochenden Adeligen, der bis in die Spitzen der Bürokratie hineinreichte, aber auch ein allgemeineres Mißtrauen gegen den zu erwartenden Steuerdruck ließen das ganze Projekt überdies schnell scheitern. Leopold II. konnte danach nur wieder auf die einvernehmliche Ablösung der Roboten drängen.

Beginn der Aufhebung der Erbuntertänigkeit bzw. Leibeigenschaft

Erhalten blieb von Josephs Agrarreformen außerhalb der Domänen daher vornehmlich nur die zuletzt noch von seiner Mutter geplante und von ihm 1781 verkündete Aufhebung der Leibeigenschaft (= Erbuntertänigkeit, d.h. Schollenbindung, regelmäßig verbunden mit Gesindezwangsdiensten, fehlender Freiheit der Berufswahl, Heiratskonsens und mehr oder minder hohen, vielfach „unbegrenzten" Fronverpflichtungen), welche im Osten nicht unbedingt nach der Zahl der ihr unterworfenen bäuerlichen Untertanen, aber hinsichtlich ihrer sozioökonomischen Bedeutung dominierte. Diese wurde wenig später auch auf den Domänen der dänisch regierten Herzogtümer Schleswig und Holstein abgeschafft. Abgesehen von der westfälischen Eigenbehörigkeit, die eine Zwischenstellung einnahm, beschränkte sich die maximal 10% der Bevölkerung erfassende Leibeigenschaft in den grundherrlichen Gebieten (grob gesprochen: westlich der Elbe) dagegen vornehmlich auf die Zahlung in der Regel nicht sehr hoher und überdies teilweise ablösbarer Abgaben. Deshalb hatte die Aufhebung der Leibeigenschaft hier auch eine mehr sozialpsychologische als ökonomische Bedeutung. Doch beinahe nur Karl Friedrich, dem die Leibherrschaft über die weitaus meisten badischen Leibeigenen zustand, entschloß sich noch vor Anfang des 19. Jahrhunderts zu diesem aufsehenerregenden Schritt.

Dagegen kümmerten sich, teilweise in Verbindung mit privaten oder halboffiziellen „Ökonomischen Gesellschaften" (z. B. Leipzig, Karlsruhe, Celle), nicht wenige Fürsten, vor allem aber zahlreiche Beamte und Pfarrer (P. E. Lüders, J. F. Mayer) um die Einführung neuer Nahrungsmittel (z. B. Kartoffeln), die Besömmerung der Brache durch den Anbau von Futterpflanzen (Klee), die Veredelung von Haustierrassen usw. Staatliche Ansiedlungsbemühungen, verbunden mit Privilegien und Versprechungen, führten Tausende von Siedlern vor allem aus dem relativ überbevölkerten Südwesten nach dem Osten bzw. Südosten (Banat, Galizien; Trockenlegung und Besiedlung von Netze-, Oder-, Warthebruch). Aber auch die Binnenkolonisation wurde - z. B. im Donaumoos, in den Moorgebieten der Herzogtümer Bremen und Verden - vorangetrieben, und der Herzog von Arenberg bot Neusiedlern sogar eines seiner Schlösser als Unterkunft an.

Peuplierung, Einführung neuer Agrartechniken und Flurbereinigung

Entstanden im Zuge dieser gelenkten Kolonisation vielfach relativ moderne Agrarstrukturen, so drängten auch in manchen Gebieten des Altsiedellandes die Behörden gegen Ende des 18. Jahrhunderts auf eine Flurbereinigung und die Aufteilung der Allmende. Der Erfolg scheint dort am größten gewesen zu sein, wo die Behörden zusammen mit den überall in der Minderheit befindlichen Bauern und Grundbesitzern im Prinzip an einem Strang zogen (Schleswig-Holstein). Die bayerische Regierung, die angesichts weiter wenig oder nicht genutzter Flächen eher bereit war, zugunsten der unterbäuerlichen Dorfbewohner herkömmliche Nutzungsansprüche als Eigentumsrechte bei der Aufteilung der Gemeindegründe anzuerkennen, tat sich dabei schwerer - aber auch ihr ging es letztlich nur um eine Steigerung der landwirtschaftlichen Produktivität und eine Erhöhung der Staatseinnahmen.

Agrarreformen auf den Domänen

Am weitesten konnten derartige staatliche Reformbemühungen natürlich dort gedeihen, wo es die geringsten Widerstände zu überwinden galt, also auf den Domänen. Deren Anteil am bebauten Boden schwankte freilich erheblich. In Brandenburg-Preußen, wo er *im Schnitt* bei fast ⅓ gelegen haben dürfte, erfolgte die Einschränkung bäuerlicher Dienste ähnlich wie in Schleswig-Holstein parallel zur Verpachtung, in deren Genuß allerdings hier fast durchweg bürgerliche Pächter kamen, die sich als besonders innovativ erwiesen. Die Dienstverpflichtungen der Domänenbauern in Hessen-Kassel mögen schon vor der Reduktion durch den Landesherrn nicht besonders schwerwiegend gewesen sein. Aber diese Maßnahme erreichte hier relativ gesehen mehr Personen, denn der Landgraf besaß fast zwei Drittel des gesamten Obereigentums. In Österreich erfolgten eine mit dem Namen des Hofrats Raab verbundene Robotabolition (Fronablösung) auf den „öffentlichen" Gütern und deren Parzellierung, wogegen in Bayern, wo der Domänenanteil im alten Herzogtum allerdings kaum 15% betrug, die Regierung ihren Bauern ab 1779 auf Wunsch das Erbrecht verlieh. Gleichzeitig konnten diese ihre Laudemien fixieren lassen und in zwanzig sog. Maierschaftsfristen abbezahlen. Eine Ausweitung derartiger Reformmaßnahmen in Richtung auf eine vollständige Allodifikation sowie eine Übertragung auf die Güter der privaten Grund- bzw. Gutsherren, die dem staatlichen Beispiel meist nur zögernd folgten, wurde gemeinhin allerdings erst im frühen 19. Jahrhundert in Angriff genommen, teilweise sogar erst 1848. Bereits vor 1800 wurde jedoch deutlich, daß eine Entlastung der Bauern von irgendwelchen Feudalabgaben nicht mit einer Verringerung ihrer Zahlungen an die staatlichen Kassen verbunden sein sollte, ja daß im Gegenteil der Fiskus an einem wachsenden Wohlstand „freierer" Untertanen zu partizipieren hoffte.

Die Entwicklung der Staatsausgaben

Denn besonders nach dem Siebenjährigen Krieg waren fast alle Territorien mehr oder minder hoch verschuldet. Preußen, das den Krieg nicht zuletzt mit Münzmanipulationen, englischen Subsidien und der Ausbeutung Sachsens finanziert hatte, bildete eine Ausnahme. Aber auch hier befand sich die Wirtschaft nach 1763 in einer Krise, und da der Unterhalt von Friedrichs riesigem Heer auch in Friedenszeiten über 70% seiner Staatseinnahmen verschlang und der König sogar noch einen unter seinem Nachfolger schnell aufgebrauchten Staatsschatz anlegte, war das Geld zur Erfüllung anderer staatlicher Aufgaben immer knapp. Dafür fielen bei ihm wenigstens die Hofausgaben kaum ins Gewicht, die etwa bei Karl Theodor ca. 20% des Etats ausmachten. In der Habsburgermonarchie, wo sie unter Maria Theresia bei 6–8% lagen, standen um 1763 Nettoeinkünften von ca. 35 Mio. fl. Ausgaben von über 40 Mio. fl. gegenüber, davon allein 17,65 Mio. fl. für das weiterhin stattliche Militärwesen, 14,32 Mio. fl. aber als Zinsendienst für die rd. 285 Mio. fl. Schulden der Krone. Eine Sanierung der Finanzen gehörte also zu den vordringlichsten Staatsaufgaben.

Deshalb konnte auch von einer Minderung des Steuerdrucks keine Rede sein. Vielmehr reichte das Spektrum der staatlichen Reaktionsmöglichkeiten von Reformen der Finanzverwaltung über gewagte Finanzoperationen – wie die Ausgabe des ersten Papiergelds durch die Wiener Stadtbank – bis hin zu unpopulären, aber die innere Staatsbildung in gewissem Sinne fördernden Maßnahmen wie zur Übertragung der Steuereintreibung an eine „Regie" genannte eigene Behörde mit großenteils landfremden Beamten durch Friedrich II. Freilich konnte der Weg auch in die andere Richtung führen. Herzog Karl Eugen von Württemberg, machtpolitisch ebenso wie kulturell ambitioniert, hatte bereits Domänen an ausländische Geldgeber verpfändet – darin bestanden *seine* Beziehungen zu Voltaire –, als er nach 1763 eine relativ gleichmäßige, von landesherrlichen Beamten erhobene Vermögenssteuer in seinem Land einführen wollte. Aber der Herzog, der einmal eine Bürgerdelegation angeherrscht hatte: „Ich bin das Vaterland!", mußte es sich gefallen lassen, daß ihm 1770 die Stände mit Rückendekkung aus Wien die Fixierung eines Militärbudgets abrangen, das ihm maximal die Aufstellung von 3000 Mann erlaubte. Nicht viel besser erging es dem kursächsischen Administrator Prinz Xaver (1763–1768), nur waren es hier Reformbeamte und Stände gemeinsam, die sich seinem ruinösen Heeresausbau entgegenstellten. Infolge von Krieg und Mißwirtschaft hoch verschuldet, schwor die Dresdner Regierung – ähnlich wie zuvor Max III. Joseph von Bayern – schließlich allen Großmachtambitionen ab und konzentrierte sich auf die Schuldentilgung und den Wiederaufbau des Landes. Sie gab es auf, Akzise und Gerichtsämter zu verpachten, und begann eine nicht von kurzatmigen fiskalischen Interessen bestimmte Politik der Gewerbeförderung, besonders mittels der Vergabe von Prämien. Dadurch gelang es ihr, die Staatsfinanzen zu sanieren und bis zum Ende des Jahrhunderts einen wirtschaftlichen Aufschwung des Landes zu erreichen.

Staatseinnahmen

Das sächsische Rétablissement

Kursachsen erwies sich dabei als relativ erfolgreicher als die beiden deutschen Großmächte. Denn im Unterschied zu der stark dirigistischen Politik Friedrichs II. setzten die aus dem selbstbewußten und kapitalkräftigen Leipziger Großbürgertum bzw. aus „liberalen" Teilen des Adels stammenden sächsischen Reformer bei ihrem „Rétablissement" mehr auf die Förderung privater Eigeninitiative, wofür freilich die Ausgangsbedingungen Sachsens (Verkehrslage, Bodenschätze, Bevölkerungsdichte, Messeplatz Leipzig) auch besonders günstig waren.

Abgesehen von dem spürbaren direkten Einfluß großbürgerlicher Interessen auf die staatliche Wirtschaftspolitik unterschieden sich die sächsischen Maßnahmen allerdings sonst nur in ihrer Dichte und Konsequenz von dem, was in anderen Territorien praktiziert wurde. Dazu gehören der Aufbau bzw. die Neuorganisation staatlicher Wirtschaftsbehörden (Kommerzdeputationen etc.), eine aktive Infrastrukturpolitik (Kanal- und Straßenbau), statistische Erhebungen, Landesvermessung, Gründung kameralistischer Lehrstühle etc. In Kurmainz war es der leitende Minister Graf Stadion (1760–1768) – nebenbei: ein Bewunderer Voltaires! –, der in Konkurrenz zu Frankfurt eine internationale Messe aufzuziehen suchte und eine Organisation des Mainzer Handelsstandes schuf.

Streben der Großstaaten nach Autarkie und aktiver Handelsbilanz

Daß die Einnahmen des Staates letztlich vor allem durch eine aktive Handels- und Gewerbeförderung vermehrt werden könnten, glaubte etwa auch Friedrich der Große: „Das wahre Plus kömmt durch die Industrie ..." Doch spielte in Preußen wie in Österreich die Großmachtpolitik stets eine vorrangige Rolle. Ersten Einflüssen des Wirtschaftsliberalismus und einem teilweise unter physiokratischen Vorzeichen neuerwachten staatlichen Interesse an der Landwirtschaft stand hier noch eine besonders lebendige ältere merkantilistische bzw. kameralistische Tradition gegenüber, die sich auf die Förderung von (Export-)Handel und Gewerbe konzentrierte und durch eine einheitliche staatliche Wirtschaftslenkung die innere Staatsbildung voranzutreiben suchte. Diese unterschiedlichen wirtschaftspolitischen Tendenzen konnten kollidieren: Innerhalb der preußischen Monarchie wurden die Westprovinzen handelspolitisch benachteiligt, um die Gewerbeentwicklung in Schlesien und den Marken nicht zu beeinträchtigen. Sie mochten indes teilweise auch parallel laufen, etwa, wenn in den österreichischen Erblanden der Handel mit Agrarprodukten liberalisiert und 1775 die Binnenzölle (mit Ausschluß der Vorlande und Tirols) beseitigt, dafür aber ab 1784 die Importzölle gegenüber dem nichthabsburgischen Ausland drastisch erhöht bzw. neue Einfuhrverbote erlassen wurden. Friedrich II., vor allem nach 1763 extrem protektionistisch, führte sogar regelrechte Zollkriege gegen seine Nachbarn, versuchte, fremde Zwischenhändler auszuschalten und sogar (über Emden) Übersee-Projekte zu forcieren, hatte damit allerdings offenbar nicht einmal jenen langfristigen Erfolg, den die Österreicher auf dem Weg über Triest bzw. den Balkan erzielten. Hierbei spielte auch die Gegenwirkung der in ihrer ökonomischen Leistungskraft vielbewunderten Seemächte eine Rolle. Immerhin erreichte Preußen schließlich die vom König erstrebte aktive Handelsbilanz.

Dazu trug – neben der Annexion des gewerbereichen Schlesien – auch Friedrichs insgesamt erfolgreiche Manufakturpolitik in den mittleren Provinzen seines Königreichs bei. Doch regte sich am Ende seiner Regierungszeit Kritik am Dirigismus der Monopolverleihungen und staatlichen Subventionen. In den westlichen Provinzen Preußens, z.B. in Krefeld, und generell in den Rheinlanden, weitgehend aber auch in Ansbach-Bayreuth hatte das Manufakturwesen offenbar überhaupt ohne eine derart ausgedehnte staatlich-dirigistische Förderung einen raschen Aufschwung genommen. So wurde der Zugriff der preußischen Regierung auf die Wirtschaft nach dem Tode des Königs gelockert, ähnlich wie die von Maria Theresia in Niederösterreich und Böhmen mit großem Erfolg betriebene Verleihung von Manufakturprivilegien (in der Regel ohne Monopolzusagen) von ihrem Sohn forciert auf eine Verstärkung der Gewerbekonkurrenz ausgerichtet wurde. Weil Staatsbetriebe, auch wenn sie nicht nur (wie Seiden- oder Porzellanmanufakturen) für den Luxusbedarf tätig waren, oft ertragsarm bzw. sogar defizitär arbeiteten, bemühten sich die Regierungen einerseits um eine Reorganisation etwa des Berg- und Hüttenwesens – F. A. v. Heinitz leistete hier Vorbildliches in Braunschweig, Sachsen und Oberschlesien. Andererseits beschränkten sich auch die Großmächte zunehmend auf eine mehr indirekte Wirtschaftsförderung mittels Privilegien und Subventionen. *Förderung von Manufakturen*

Bei aller – wenngleich oft nur kurzfristigen – Dynamik, die das Manufaktur- und das Verlagswesen entfalten konnten, wurde der größte Teil der Gewerbeprodukte doch durch das traditionelle Handwerk erzeugt. Hier bemühten sich die Obrigkeiten größerer Territorien (anders als jene der Städte oder Stadtstaaten) häufig, den Einfluß der Zünfte zurückzudrängen. Die sog. Reichshandwerksordnung von 1731 bot ihnen hierzu eine gewisse rechtliche Handhabe, die sie freilich unterschiedlich nutzten. Rasch und kon- *Handwerkspolitik* sequent wurde in Preußen, mit über dreißigjähriger Verzögerung in Bayern, vielfach überhaupt nicht in den Reichsstädten gegen „Zunftmißbräuche" vorgegangen, teilweise auf dem Weg über eine obrigkeitliche, auf landesweite Einheitlichkeit ausgerichtete Revision der Zunftordnungen. Dabei wurden die Rechte der Gesellen u. a. zwecks Verhinderung von Streiks beschnitten, zugleich aber die (Straf-)Befugnisse der Zunftmeister eingeschränkt. Während die Regierungen einzelner Territorien zur Sicherung der „standesgemäßen Nahrung" der Zunftmitglieder deren Privilegien erneuerten (Würzburg ab 1781, Paderborn ab 1790), förderten die meisten anderen, entgegen einer mitunter noch zunehmenden Tendenz zur Abschließung der Zünfte, die innergewerbliche Konkurrenz. Zudem siedelten manche Niedergerichtsherren gerne sog. Freimeister an und trugen damit zu einer „Territorialisierung" des Gewerbes bei, die einzelne Landesherren – wie Friedrich II. von Preußen – nicht unbedingt gerne sahen.

Andererseits paßte diese Entwicklung sehr gut in das populationistische Konzept, das führende Spätkameralisten (Justi, Sonnenfels) in die offizielle preußische und österreichische Politik hineintrugen. Freilich hatte Friedrich II., dessen Vorfahren Hugenotten und Salzburger Lutheraner in ihrem Lande aufgenommen hatten, schon 1740 erklärt: „... wen Türken und Heiden kähmen und wolten das Land pöpliren, so wollen wier sie Mosqueen und Kirchen bauen". Vielleicht aus dem gleichen Gedanken heraus schrieb er wenige Tage später: „hier mus jeder nach seiner Fason selich werden".

Türken kamen damals zwar kaum nach Preußen, aber Juden gab es in der Hohenzollern- ebenso wie in der Habsburgermonarchie und anderswo (z. B. in Fürth, Frankfurt/M., Hamburg-Altona) durchaus – freilich ganz ungleichmäßig verteilt, mit stark unterschiedlichem Rechtsstatus (bei genereller Diskriminierung) und völlig verschiedenen Lebensformen. Neben einer zahlenmäßig winzigen Gruppe reicher Hoffaktoren und einer Reihe wohlhabender Unternehmer, die kulturell in die Gesellschaft der Aufklärer integriert sein konnten – an ihrer Spitze Moses Mendelssohn in Berlin –, stand die Masse der Juden, deren berufliche Tätigkeit von kleinbürgerlichen Beschäftigungen bis zum Hausierhandel hinabreichte.

Begrenzte Toleranz gegenüber den Juden

Die Emanzipationsbestrebungen der jüdischen Oberschicht und die Wünsche mancher Regierungen trafen sich dabei wenigstens zum Teil. Denn aufgeklärte Beamte plädierten, wie der preußische Staatsarchivar C. W. Dohm in seiner berühmten Schrift (1781/83), für die „bürgerliche Verbesserung der Juden" – was konkret deren

1. Reformen im Zeitalter der Aufklärung 19

bessere rechtliche und soziale Integration in die Gesamtgesellschaft nicht weniger aus staatsutilitaristischen als aus humanitären Gründen bedeutete. Zudem fürchtete man speziell in der Habsburgermonarchie nach dem Erwerb Galiziens (1772), wo mindestens rd. 200 000 Juden lebten, eine Wanderungsbewegung nach Westen. Während Maria Theresia und Friedrich II. eindeutig judenfeindlich gesinnt waren – das preußische Patent von 1750/56 beschränkte die Möglichkeit zur „Ansetzung" jüdischer Kinder –, lehnte zwar auch Joseph II. eine Ausbreitung der Juden in seiner Monarchie ab, erließ aber von 1781 an Patente für die verschiedenen Provinzen, die eine begrenzte Toleranz vorsahen. In der Praxis bedeutete dies: Diskriminierende Ausnahmebestimmungen wie die Pflicht zur Zahlung einer Leibmaut oder zum Tragen bestimmter Kleidungsstücke wurden abgeschafft. Jüdisch-deutsche Schulen wurden errichtet, der Volksschulbesuch streng vorgeschrieben und sogar der Weg zur Universität geöffnet. Zum Erwerb des Meisterrechts und zum Kauf von Grund und Boden – und nicht nur zur Pacht – waren Juden allerdings nur in wenigen Provinzen berechtigt. Gleichzeitig jedoch wurde die Autonomie der jüdischen Gemeinden (z. B. die Rabbinergerichtsbarkeit) begrenzt und der Gebrauch des Hebräischen eingeschränkt. Mit Zuckerbrot und Peitsche also sollte die kulturelle Assimilation der Juden herbeigeführt werden, was aufgeklärte jüdische Kreise warm begrüßten, stärker traditionsverbundene aber um der jüdischen Identität willen mit sehr gemischten Gefühlen aufnahmen. Als Kompromiß zwischen den weiterreichenden Plänen des Kaisers und traditionelleren Ansichten innerhalb seiner Beamtenschaft wirkte die josephinische Judengesetzgebung vorbildlich bzw. beschleunigend auf Überlegungen in anderen Territorien (Kurmainz, Hessen-Darmstadt). Gerade dort aber, wo sich umgekehrt eher die Beamten als der Landesherr gegenüber den Juden aufgeschlossen zeigten, verbesserte sich deren praktische Behandlung früher als deren Rechtsstellung.

Gleiches gilt für die Situation konfessioneller Minderheiten speziell in den geistlichen Territorien. So regierte der Mainzer Erzbischof Erthal zeitweise mit Hilfe protestantischer Ausländer, die nach der Wahlkapitulation sein Kurfürstentum nicht einmal hätten betreten dürfen. Wegen unüberwindlicher religionspolitischer Bedenken erließ indes von den größeren katholischen Territorien lediglich Kurtrier ein formelles Toleranzpatent nach josephinischem Vorbild. Die Verkündung einer weitreichenden Toleranz gegenüber Protestanten bedeutete freilich auch für die Habsburgermonarchie,

Toleranz gegenüber Mitgliedern anderer Konfessionen

a) in katholischen Territorien

trotz gewisser älterer Regelungen zugunsten der orthodoxen Serben und der protestantischen Minderheit in Schlesien, einen echten Kurswechsel in der Konfessionspolitik. Maria Theresia, die Toleranz als „höchst gefährliche und verderbliche Gleichgültigkeit" ansah, fürchtete nämlich die Infizierung der katholischen Bevölkerungsmehrheit durch den Kryptoprotestantismus. Obwohl sie die Ansiedlung nichtkatholischer Facharbeiter an einzelnen Orten gestattete, so sollten nach ihrem Willen doch noch 1777 Protestanten aus Mähren nach Ungarn ausgewiesen werden.

Dagegen protestierte ihr Sohn und erzwang mit Hilfe von Kaunitz wenigstens eine Art „stillschweigender Toleranz". Zwar lag auch ihm die Verbreitung des katholischen Glaubens am Herzen, doch glaubte er nicht, daß in dieser Hinsicht durch Zwang etwas zu erreichen sei. Außerdem war er grundsätzlich gewillt, eine individuelle Glaubensentscheidung, sofern er sie nicht für staatsgefährdend erachtete, zu respektieren. Die von ihm seit 1781 nach einem einheitlichen Schema erlassenen Toleranzpatente für die einzelnen habsburgischen Länder brachten den „Akatholischen" eine weitgehende Gleichstellung mit den Katholiken. Die erbländischen Protestanten – 1782 bekannten sich bei einer Zählung 72 722, 1789 schon 156 865 Personen als solche – nahmen diese Entwicklung zunächst ganz überwiegend mit Freude auf. In der Regel wurde ihnen allerdings die öffentliche Religionsausübung verweigert, und für den Eintritt in den Staatsdienst bedurfte man als Nichtkatholik eines Individualdispenses.

b) in protestantischen Gebieten

Als Christen und Bürger – wenngleich in mancher Hinsicht noch zweiter Klasse – behandelte Friedrich der Große seinerseits seine überwiegend in Schlesien lebenden katholischen Untertanen. Seine Toleranzpolitik, vergleichbar mit jener anderer protestantischer Fürsten (Ansbach-Bayreuth, Nassau-Saarbrücken) und gespeist von aufklärerisch-naturrechtlichen Ideen, religiösem Indifferentismus und traditioneller preußischer Staatsräson, fand nämlich gleichfalls gewisse Grenzen im Bereich der Beamtenernennungen. Denn Friedrich fürchtete außer der „Unvernünftigkeit" der katholischen Lehre die traditionellen Bindungen der katholischen Schlesier an das Haus Habsburg. Doch gelang es ihm, die Bevölkerung in bemerkenswertem Maße für den preußischen Staat zu gewinnen. So machte er zwar durchaus seine landeskirchlichen Hoheitsrechte geltend und unterstellte dem geistlichen Department neben den beiden calvinistischen Oberbehörden und dem erst 1750 gegründeten lutherischen Oberkonsistorium auch den katholischen Klerus. Aber seine

Eingriffe in das Innenleben der Religionsgemeinschaften erfolgten zurückhaltender als in der Habsburgermonarchie; primär aus schulpolitischen Gründen ließ er 1773 sogar den Jesuitenorden in Schlesien bestehen.

Dagegen veranlaßten eine partiell antimonastische Haltung sowie das Problem des Kryptoprotestantismus Maria Theresia schon seit Beginn der 1750er Jahre, unter Rücksprache mit Rom eine Aufhebung von Klöstern zwecks Dotierung neuer Pfarrstellen zu erwägen. Die in der Folgezeit eingeleiteten theresianisch-josephinischen Kirchenreformen gingen indes auf vielfältige, zu verschiedenen Zeiten unterschiedlich stark wirksame Ursprünge zurück. Neben alten Traditionen des landesherrlichen Kirchenregiments samt *ius reformandi*, welches Kaunitz auch gegenüber Rom durchsetzen und in Richtung auf ein staatskirchliches Verwaltungssystem nach dem Vorbild protestantischer Territorien weiterentwickeln wollte, standen naturrechtliche, wirtschaftliche und fiskalische Überlegungen (letztere vor allem während der zweiten Phase der Klosteraufhebungen), aber auch „philo-" und spätjansenistische Einflüsse am Hof, in Bürokratie (Hofrat Heinke) und Episkopat (Migazzi) sowie andere reformkatholische Tendenzen, die sich im Einzelfall oft vermengten (Muratori, Febronianismus, Episkopalismus, katholische Aufklärung). „Geistliches" und „Weltliches" glichen ja ursprünglich zwei sich in einem breiten Bereich der „vermischten Gegenstände" überschneidenden Kreisen, ohne daß die Grenzlinien jemals endgültig festgelegt worden wären. Im Zuge der Verdichtung sowohl des Staats- als auch des Kirchenbegriffs begann nun jedoch die (in ihrer konkreten Ausgestaltung bis heute umstrittene) Trennung: Die Staatsgewalt, zunehmend gestützt auf eine rationale Legitimation ihrer Herrschaft, suchte die Grenzen nach ihren Vorstellungen zu ziehen und dabei vor allem – entgegen der römischen Lehre von der Kirche als „societas perfecta" – die Existenz eines „Staates im Staate" auszuschließen. Da weltliche wie geistliche Kirchenreformer eine „Verinnerlichung" und „Vergeistigung" der Kirche gegen den „äußerlichen Pomp", die „Andächteleien" und den „Aberglauben" des Barockkatholizismus forderten, unterstützten sie meist eine auf schlichtere, modernere Formen von Gottesverehrung und Seelsorge ausgerichtete Kirchenpolitik – bis zu dem Zeitpunkt, an dem auch ein Großteil von ihnen nach und nach die sich ausweitende Staatsmacht beschuldigte, Übergriffe gegen die Kirche zu verüben. Die schon 1763/67 vollzogene kirchenpolitische „Wende" des Wiener Erzbischofs Migazzi von einer anti-

Die theresianisch-josephinische Kirchenpolitik (sog. „Josephinismus")

a) Hintergründe

jesuitisch und episkopalistisch gefärbten Einstellung zu Orthodoxie und Romtreue mag als ein frühes Symptom dieser Entwicklung gelten. Denn vermehrt erst seit 1767/68 (als die mit Habsburg verwandten Herzöge von Parma wegen ihrer Kirchenreformen exkommuniziert wurden) verkündete Maria Theresia neue kirchenpolitische Gesetze, manche zunächst noch mit päpstlicher Zustimmung wie die Abschaffung zahlreicher Feiertage (1754/71) oder die Aufhebung von Klöstern in der Lombardei, andere aber schon ohne Rücksicht auf Rom, wie die Anhebung des Profeß-Alters auf 24 Jahre. Wirtschaftspolitische Motive lagen dem Erlaß bzw. der Erneuerung von Amortisationsnormen, dem Verbot von Geldüberweisungen an auswärtige Ordensobere und der Aufhebung geistlicher Steuerprivilegien zugrunde. In rascher Folge traf dann der allein regierende Joseph II. systematisch weitergehende Maßnahmen. Vorbereitet durch die zentrale Geistliche Hofkommission erfolgte 1782 bis 1789 die Aufhebung von 700–800 Klöstern (etwa eines Drittels des Bestandes der gesamten Monarchie), und zwar nicht nur, wie anfänglich geplant, jener der „unnützen" beschaulichen Orden. Die aus der Versteigerung des Klosterguts erzielten Einnahmen von rd. 89 Mio. fl. sowie das Vermögen der gleichfalls aufgelösten frommen Bruderschaften wurden jedoch verschiedenen Fonds zugeleitet, welche – ähnlich wie zuvor der Exjesuitenfonds – zur Pensionierung der Exreligiosen und zur Besoldung der Pfarrer, aber auch zur Dotierung des Schulwesens, der Pfarrarmeninstitute sowie der rd. 3200 neuen Pfarren und Kaplaneien dienten. Auch neue Bistümer (z. B. Linz) wurden errichtet. Doch stieß die reichsrechtswidrige Diözesanregulierung natürlich auf den Widerspruch jener Reichsbischöfe (besonders von Salzburg und Passau), deren Rechte davon betroffen waren. Gegen den Rat von Kaunitz vergiftete Joseph damit nachhaltig das Verhältnis zwischen dem Kaisertum und den geistlichen Reichsfürsten als dessen traditioneller Klientel, ohne sein Ziel, Diözesan- und Landesgrenzen zur Deckung zu bringen, überall zu erreichen.

Die Geistlichen im eigenen Lande aber sollten als aufgeklärte Seelsorger wirken und gleichzeitig als ebenso umfassend gebildete wie praktisch tätige „Volkslehrer" für Fleiß, Gehorsam und Moral sorgen. Deshalb wurde die Priesterausbildung ausschließlich in die neugegründeten staatlichen Generalseminare verlegt. Der bald spürbar werdende Priestermangel entsprach vermutlich einer allgemeineren Entwicklung. Er könnte jedoch ebenso durch eine zunehmende „Verweltlichung" wie durch den Widerstand breiter Bevölkerungskreise (z. B. in Tirol) gegen eine staatliche Reglementierung des kirchlichen Lebens zu erklären sein (Einschränkung von Prozessionen, Verwendung nach unten aufklappbarer „Sparsärge", Festlegung der Zahl der Kerzen am Altar etc.). Trotzdem wirkte eine „josephinische" Gesinnung noch lange nach dem Tod des Kaisers in weiten Teilen der österreichischen Beamtenschaft und Geistlichkeit, partiell anscheinend selbst im einfachen Volk weiter. Auch der Abbau der staatskirchlichen Gesetze kam – läßt man die Abschaffung der Generalseminarien durch Leopold II. beiseite – noch während des Vormärz nur langsam voran.

Dies weist darauf hin, daß bei aller Radikalität des Vorgehens die österreichische Kirchenpolitik doch auch im Trend der Maßnahmen anderer katholischer Territorien in- und außerhalb des Reichs lag. Gewisse Parallelen lassen sich sogar in protestantischen Gebieten nachweisen – etwa wenn in Sachsen-Weimar 1786 die Kirchenbuße (und damit die kirchliche Strafgewalt) vom Landesherrn stark eingeschränkt und 1804 sogar die Gerichtsbarkeit über Ehefragen sowie den Klerus vom Konsistorium auf ein weltliches Gericht übertragen wurde. Doch bildeten die Maßnahmen zur Kirchenreform in den katholischen Ländern zweifellos einen, wenn nicht den wichtigsten Schwerpunkt des „aufgeklärten" Absolutismus – besaß die Kirche doch beispielsweise in Bayern das Obereigentum über rd. 56% des bebauten Bodens. Gerade die Münchner Regierung beschränkte sich jedoch nicht auf eine Imitation josephinischer Reformen, sondern ging kirchenpolitisch mit bestimmten Maßnahmen voran bzw. betrat eigene Wege. Unter Führung Osterwalds, der übrigens ebenso wie wichtige österreichische Politiker (Bartenstein, Haugwitz) zur katholischen Kirche konvertiert war, „verstaatlichte" sie zwar nicht, wie später Joseph II., das Eherecht, aber immerhin zeitweise das Verlobungsrecht. Territorialistische Prinzipien lagen ebenso ihren Klostermandaten (seit 1768) wie der Einführung des landesherrlichen Plazets für alle geistlichen Kundmachungen (1770) zugrunde. Da München sich gegenüber Rom aber flexibler als Wien zeigte, wurden hier viele der wichtigsten Neuerungen im Interessenausgleich zwischen Landesherr und Kurie eingeführt – etwa eine zehnprozentige Besteuerung des Kirchenvermögens oder die Errichtung einer eigenen Münchner Nuntiatur, letztere sehr zum Unwillen des Salzburger Erzbischofs Colloredo, der seinerseits sein Territorium zu einem Musterland der katholischen Aufklärung machen wollte.

Parallelen in anderen Territorien

Bildungsreformen/ Wissenschaftspflege:

a) Universitätsreformen, Akademien

Dazu gehörte eine 1773 eingeleitete Universitätsreform, mit der sich das katholische Salzburg dem rationalistischen Natur-, Staats- und Völkerrecht ebenso öffnete wie der quellenkritischen Reichs- und Staatengeschichte, später sogar der Kantischen Philosophie. Salzburg vollzog damit allerdings nur eine Entwicklung nach, die anderswo, namentlich in Würzburg oder Wien, schon lange eingesetzt hatte. Bei diesen Reformen stand die Betonung der Realien gegen spätscholastische Bildungsinhalte, der freie Lehrvortrag gegen die Diktiermethode. Der Kampf gegen den mächtigen Einfluß der Jesuiten auf das Bildungswesen bzw. die Notwendigkeit von dessen Neuordnung nach der Aufhebung des Ordens 1773 bildeten in den katholischen Territorien den Hintergrund der meisten Bildungsreformen, die als „verordnete Aufklärung" [N. HAMMERSTEIN] bei breiten Schichten vielfach wenig populär waren.

Ähnlich wie zuvor schon Aufklärer im Fürstbistum Augsburg, allerdings mit mehr Erfolg bemühten sich im Wien der 1750er Jahre der kaiserliche Leibarzt Gerard van Swieten und die Erzbischöfe Trautson bzw. Migazzi, den Einfluß der Gesellschaft Jesu auf Universitäts- und Priesterausbildung zurückzudrängen. Nach dem hauptstädtischen Beispiel wurden schließlich in der gesamten Monarchie die Universitäten zu Staatsanstalten mit neuen Lehrinhalten und -methoden umgestaltet, was Joseph II. so weit trieb, daß die Hochschulen (Lyzeen und verbleibende Universitäten) fast nur noch dem unmittelbaren Zweck der Berufs-, speziell der Beamtenausbildung dienten und, ähnlich wie in einigen anderen Ländern, der Zugang für Kandidaten aus einfacheren Schichten trotz Stipendienvergabe praktisch erschwert wurde.

Die Vorbilder, denen manche katholische Universität wie Mainz oder Würzburg nicht ohne Erfolg nacheiferte, waren freilich die protestantischen Wissenschaftszentren Halle (Thomasius, Wolff), wo 1727 erstmals ein Lehrstuhl für Kameralistik eingerichtet worden war, und vor allem die 1736/37 gegründete Georgia Augusta in Göttingen. Hier stand die Theologie nicht mehr im Mittelpunkt. Ein differenziertes Lehrangebot, neue Ideen (A. Smith) und die grundsätzliche Freiheit der Lehre lockten bald zahlreiche Adels- und Bürgersöhne – oft zukünftige Beamte und Politiker – aus allen deutschen Landen in die Stadt, die 1751/52 zudem noch um eine Akademie der Wissenschaften bereichert wurde. Auch anderswo widmeten sich die in dieser Zeit teilweise neugegründeten (München 1759, Mannheim 1762/63) oder reorganisierten Akademien (Berlin) der wissenschaftlichen Forschung in vorbildlicher Weise,

z. B. auf historischem oder naturwissenschaftlichem Gebiet. Das Besondere und Zukunftsweisende der maßgeblich von dem führenden Hannoverschen Politiker der Zeit, G. A. Frhr. von Münchhausen, geprägten Göttinger Bildungslandschaft bestand aber in der engen Verflechtung von Lehre *und* Forschung.

Universitäts- und Gymnasialwesen waren noch nicht streng geschieden. In diese Richtung ging erst das preußische Abiturreglement von 1788, das zusammen mit der im Jahr zuvor erfolgten Gründung des Oberschulkollegiums sowie der im Allgemeinen Landrecht (ALR) verkündeten Definition aller Bildungseinrichtungen als „Veranstaltungen des Staates" die Zielrichtung staatlicher Bildungspolitik vorgab. In enger Verbindung zu Preußen stehend, versuchte der Braunschweiger Herzog Karl Wilhelm Ferdinand mit Hilfe des Aufklärungspädagogen J. H. Campe das gesamte Bildungswesen seines Territoriums im philantropischen Sinne neu zu ordnen. Auch anderswo (z. B. in Lippe) unterlagen gerade die protestantischen Gelehrtenschulen dem Einfluß, der von Basedow 1774 in Dessau gegründeten Philanthropin ausging. Daneben entstanden an verschiedenen Orten unmittelbar berufsbezogene Realschulen bzw. Fachakademien, etwa die Bergakademien in Clausthal und Freiburg oder die Hohe Kameralschule in Kaiserslautern. Schließlich lag die Ausweitung des Unterrichts in den Realien und den modernen Sprachen ebenso auf der Linie der praxisorientiert-eudämonistischen Aufklärungspädagogik wie im landesherrlichen Interesse, was für die Erziehung zum selbständigen „Räsonieren" nicht unbedingt gelten mußte. In den katholischen Territorien, wo Maria Theresia dieses hier ebenfalls schon längerfristige Interesse am Bildungssektor 1770 in die Worte kleidete, die Schule sei „allezeit ein politicum" (und eben kein „ecclesiasticum"!), wurden zwar nach 1773 Jesuiten oftmals als Gymnasiallehrer weiterbeschäftigt. Aber auch hier fanden die Ideen der Aufklärungspädagogik, insbesondere durch das Wirken von Benediktinern und Piaristen, partiell Eingang in das höhere Schulwesen.

b) Fachakademien, Realschulen, Gymnasien

Allerdings darf man bei einer Betrachtung des Gymnasial- und noch mehr des Elementarschulbereichs nicht die Vielgestaltigkeit der Strukturen und die Vielfalt der Träger (Gutsherren, Magistrate, Klöster etc.) übersehen, welche staatliche Schulvorschriften nur in begrenztem Umfang wirksam werden ließen – von der Weiterexistenz des Hauslehrerwesens bzw. der sog. Winkelschulen ganz zu schweigen. Obwohl in manchen Territorien die Schulpflicht schon im 17. Jahrhundert verkündet worden war, differierten Schuldichte und effektive Schulbesuchsquote sogar in ein und demselben Staat (etwa in der preußischen Monarchie zwischen Magdeburg/Halberstadt und Ostpreußen) mitunter gewaltig. Allgemein läßt sich jedoch feststellen, daß gegen Ende des 18. Jahrhunderts bei berufsständischer Ausrichtung des Schulwesens und fortdauernder Beteiligung von Geistlichen an der Schulaufsicht zentrale staatliche Schulbehörden entstanden, Lehrpläne vereinheitlicht und Ansätze zur Hebung von Ausbildungsstand, Besoldung und Sozialprestige des Lehrerstandes verwirklicht wurden. Man baute Schulhäuser, verschärfte die Schulpflicht und widmete auch der Mädchenerziehung vermehrte Aufmerksamkeit, allerdings ganz orientiert am Ideal der Hausfrau und Mutter.

c) Elementarschulen

Aufgrund des Wirkens von staatlicher *und* „privater" Seite (F. E. v. Rochow) verbesserte sich das Trivialschulwesen quantitativ wie qualitativ. In manchen slawischen Gebieten Preußens und der Habsburgermonarchie wurde ein solches geradezu erstmalig geschaffen – mit weitreichenden Folgen für die kulturelle und nationale Entwicklung der dortigen Bevölkerung. Im direkten Vergleich der beiden Mächte scheint allerdings der österreichische Zugriff auf das Elementarschulwesen im Sinne einer „Nationalerziehung" – etwa in Form der von dem pädagogischen Eklektiker J. I. Felbiger entworfenen „Allgemeinen Schulordnung" (1774) – bei weitem wirkungsvoller gewesen zu sein: Durch konsequenten Einsatz der unteren staatlichen Verwaltungsbehörden wie auch erheblicher, aus den Säkularisationen stammender Finanzmittel konnte etwa in Niederösterreich die Schulbesuchsquote von rd. 40% (1781) in nur drei Jahrzehnten auf rd. 90% gesteigert werden.

Armen- und Wohlfahrtspolitik

Desgleichen brachte in den geistlichen Landen die christliche caritas besondere Leistungen hervor, ohne freilich die zumindest in absoluten Zahlen zunehmende Armut wirksam eindämmen zu können. Doch ging man unter Mitwirkung Dalbergs bei den weitgehend parallelen Reformen im Armenwesen von Mainz, Erfurt und Würzburg bereits von der Idee aus, daß private und kirchliche Fürsorge durch staatliche Planung und vorbeugende Maßnahmen ersetzt werden müßten. Daher blieb es z. B. im Würzburgischen nicht bei der Einführung einer Armenstatistik, der Differenzierung des Armutsbegriffs, bei Almosenverboten und Bettlerschüben. Vielmehr suchte Fürstbischof Franz Ludwig durch Hygienevorschriften und das Verbot schwerer körperlicher Arbeit künftigen Gesundheitsschäden bei Jugendlichen vorzubeugen. Er ließ ein Gebärhaus errichten, reorganisierte die bereits bestehende Hebammenschule, führte eine Art

1. Reformen im Zeitalter der Aufklärung 27

Krankenversicherung für Handwerkslehrlinge und -gesellen (in Bamberg auch für Dienstboten) ein, verordnete – entgegen der bis dahin herrschenden „Kurierfreiheit" – Prüfungen für Wundärzte und begann durch die erstmalige Aufnahme *zahlender* Patienten das ehrwürdige Juliusspital in ein Krankenhaus modernen Zuschnitts zu verwandeln. Derartige Maßnahmen einer aktiven Wohlfahrtspolitik zählen zu den Merkmalen des Aufgeklärten Absolutismus: Joseph II. war der erste, der die Fabrikarbeit von Kindern beschränkte. Berühmt wurde das von ihm gegründete Allgemeine Krankenhaus in Wien. Friedrich der Große sorgte sich besonders um Invalide sowie um die Witwen und Waisen von Offizieren und konnte durch die Öffnung der ursprünglich für militärische Zwecke angelegten Getreidemagazine und die Ausnutzung polnischer Lieferungen die Lebensmittelpreise in seinem Land während der Hungerkrise zu Anfang der 1770er Jahre vergleichsweise niedrig halten. Der besondere Erfolg der Würzburger Maßnahmen, der sich in ihrer teilweisen Übernahme durch den fränkischen Reichskreis zeigte, scheint darin bestanden zu haben, daß es gelang, neben Beamten und Geistlichen auch die Öffentlichkeit für das Armenwerk zu gewinnen. Denn die bekannteste norddeutsch-protestantische Armenanstalt in Hamburg verdankte ihre Existenz ebenfalls wesentlich dem privaten Engagement von Hunderten von Bürgern.

Im übrigen verzichteten diese kleineren Territorien nicht darauf, die fortschrittlichen Leistungen ihrer Wohlfahrtspolitik – so humanitär sie motiviert sein mochten – bekanntzumachen. Wenn Hamburg, Salzburg oder Erfurt darüber hinaus noch in den 1790er Jahren kritischen Publizisten Asyl boten und eine weit großzügigere Pressepolitik verfolgten als manch größeres Territorium, so mag dabei der Wunsch der oftmals kritisierten und zunehmend von der Mediatisierung bedrohten kleineren Reichsstände nach einer „guten Presse" eine Rolle gespielt haben.

In dieser Beziehung galt das friderizianische Preußen ebenfalls lange Zeit als verhältnismäßig „liberal". Doch wurde kürzlich für den gesamten Zeitraum zwischen 1740 und 1819 von einer „Dominanz von Unterdrückung und Kontrolle in der preußischen Pressepolitik" gesprochen, wodurch sich der Hohenzollernstaat allerdings kaum von anderen deutschen Territorien unterschieden habe [87: U. SCHÖMIG]. Indes war selbst die Haltung der Aufklärer gegenüber der Zensur so unterschiedlich wie deren Schwerpunkte. Ging es etwa in den geistlichen Territorien, aber auch im Preußen Friedrich Wilhelms II. (Wöllnersches Religionsedikt und Zensuredikt 1788) pri-

Presse- und Sicherheitspolitik

mär um den Schutz eines bestimmten Verständnisses von Sittlichkeit und Religion, so ließ dessen Vorgänger auf dem Thron die Gebildeten frei „räsonieren", solange nicht am absolutistischen Herrschaftssystem Kritik geübt oder etwas für die preußische Außenpolitik Abträgliches publiziert wurde. Darüber hinaus suchte Friedrich mit Erfolg die Presse – auch jene anderer Territorien – zu beeinflussen und in seinem Sinne zu lenken.

In der Habsburgermonarchie dagegen lag das Zensurwesen bis 1751 faktisch in den Händen der Jesuiten, bevor unter Gerard van Swieten eine zentrale staatliche Zensur institutionalisiert wurde, die schließlich auch die vorübergehend „episkopalisierte" Revision theologischer Werke übernahm. Die dezidert aufklärungsfreundliche, „liberale" Zensurpolitik des Niederländers fand nach dessen Tod (1772) aber erst mit dem Zensurpatent Josephs II. (1781) ihre Vollendung: Im Rahmen einer weitgehenden Pressefreiheit (jedenfalls für „gelehrtes" Schrifttum) war nun sogar sachliche Kritik am Landesherrn ausdrücklich erlaubt. Das „Tauwetter" in Wien, das eine Publikationsflut auslöste und sich auch auf den Bücherexport günstig auswirkte, endete jedoch rasch. Denn die Hoffnungen Josephs, die Öffentlichkeit für seine Politik zu gewinnen, erfüllten sich nur teilweise. Eine weitergehende Emanzipation war ihm jedoch unerwünscht. So wurde schon seit 1784/86 – parallel zur Beschränkung und Beaufsichtigung der Freimaurerlogen – die Zensurpraxis wieder verschärft. Leopolds II. Doppelspiel der geheimen Förderung radikal-aufklärerischer Publizisten bei gleichzeitiger Übertragung der Zensur an die konservative Hofkanzlei fand unter seinem Sohn Franz II. keine Fortsetzung: 1795 war die Zeit relativer Pressefreiheit auch formell endgültig zu Ende. Von 1801 bis 1848 sollte dann die Wiener Polizei- und Zensurhofstelle die Presseaufsicht in äußerst restriktiver Weise handhaben.

Schon 1782/86 war nämlich in der Habsburgermonarchie eine „geheime Polizei" aus der schon unter Maria Theresia geschaffenen (haupt-)städtischen Sicherheitspolizei ausgegliedert worden. Ihre Spitzeltätigkeit wurde unter Leopold II. nur vorübergehend eingeschränkt. Österreich trug damit wesentlich dazu bei, daß der Begriff „Polizeistaat" einen negativen Beigeschmack erhielt, spielte aber andererseits eine Vorreiterrolle beim Aufbau eines effizienten staatlichen Polizeiapparats zur Wahrung der „inneren Sicherheit".

Ausbau der preußischen Militärmacht

Im übrigen erfolgte der Prozeß der Staatsbildung jedoch im Habsburgerreich eher über Kirche und Schule, in Preußen dagegen über Verwaltung und Militär, zumal letzteres auch einen bedeuten-

1. Reformen im Zeitalter der Aufklärung

den Wirtschaftsfaktor darstellte. Das preußische Heer war mit einem Anteil von bis zu knapp 4% der Bevölkerung relativ das stärkste in Europa. Das Fundament der Heeresorganisation, das Kantonsystem, hatte schon der „Soldatenkönig" gelegt (1733). Friedrichs Beitrag zum Ausbau der preußischen Militärmacht bestand in seinen Führungsqualitäten und glänzenden Siegen, der (u. a. dank verstärkter „Auslands"-Werbung) zahlenmäßigen Ausweitung, jedoch konsequent einheitlichen Schulung seines Heeres sowie in der Zurückdrängung der Kompaniewirtschaft (nach 1763), weniger in seinen begrenzten organisatorischen, strategischen und taktischen Neuerungen.

Weiterwirkende Anregungen in Richtung auf eine stärkere Gewichtung der Artillerie, die Ablösung der Lineartaktik, die Einführung einer allgemeinen Wehrpflicht und eine auf Allgemeinbildung und humane Menschenführung abzielende Offiziersausbildung vermittelte dagegen Graf Wilhelm von Schaumburg-Lippe. Den meisten kleineren und mittleren Fürsten dienten ihre Truppen allerdings vornehmlich zu Repräsentationszwecken oder zur schnellen Erlangung von Subsidien. Dazu richtete sich die Armee von Hessen-Kassel bezüglich Uniform, Bewaffnung, Exerzierreglement und Rekrutierungswesen (beschränkt allerdings auf Landeskinder) ganz nach dem preußischen Vorbild. Nachdem Daun und Lacy die habsburgische Militärverwaltung vereinfacht, den Offiziersstand aufgewertet und besser ausgebildet sowie die „Verstaatlichung" des Heeres vorangetrieben hatten, führte Joseph II. das Kantonsystem in modifizierter Form ebenfalls ein. Verschiedene Umstände, darunter die mangelnden Feldherrnqualitäten des Kaisers, trugen jedoch dazu bei, daß der Türkenkrieg am Ende seiner Regierungszeit militärisch zu einem Fehlschlag, politisch und finanziell aber zu einer Katastrophe geriet.

Imitation und Neuansätze in anderen Territorien

1.3 Die Grenzen des Aufgeklärten Absolutismus

So drohte im Todesjahr dieses Herrschers, der wahrscheinlich von allen absolutistischen Fürsten seiner Zeit die radikalsten Reformen durchgeführt hatte, die Auflösung seines Reiches. Seine Hast, seine Verachtung und Rücksichtslosigkeit gegenüber allen Anhängern historisch gewachsener Strukturen, aber auch gegenüber potentiellen Mitstreitern, seine Unfähigkeit zu einer Politik der Balance, die seine Mutter so gekonnt beherrscht hatte, mögen erklären, daß es notwendig wurde, viele von seinen Maßnahmen zurückzunehmen:

Das „Scheitern" Josephs II. als Symptom

Joseph II. schuf sich während seiner kurzen Alleinregierung innenpolitisch – vor allem in Ungarn und Belgien – zu wenig Freunde und zu viele Feinde, als daß er sich auch noch außenpolitisch auf Abenteuer hätte einlassen dürfen. Der Kaiser stieß, wie alle anderen aufgeklärt-absolutistischen Fürsten, an die Grenzen der traditionellen Ordnung von Staat und Gesellschaft.

Dienten „nahezu alle verbliebenen Reformen Josephs II. ... langfristig der Stabilisierung der Monarchie" [V. PRESS], so erfolgte diese doch unmittelbar durch das Einlenken Leopolds und die nachfolgende Erneuerung des traditionellen Bündnisses zwischen der Krone und den konservativen Teilen des Adels. Damit war Wien immerhin stark genug, um – im Gegensatz zu Berlin – trotz zeitweilig erheblicher Gebietsverluste die Großmachtstellung Österreichs stets zu wahren und zum ständigen Widerpart von Revolution und Empire zu werden. Dadurch fehlte aber sowohl der eigene Wille als auch der äußere Antrieb zu Reformen, die weitergegangen wären als die in Auseinandersetzung mit Napoleon notwendigen Modernisierungsmaßnahmen im Heerwesen und der Abschluß der schon unter Maria Theresia begonnenen Arbeiten an einem neuen Zivilrecht. Zeillers Allgemeines Bürgerliches Gesetzbuch (ABGB) von 1811 verband jedoch feudal- und rechtsstaatliche Elemente und darf von daher als eine Spätfrucht des Aufgeklärten Absolutismus angesehen werden, vergleichbar dem ALR, nur methodisch anders, subtiler ständisch als das kasuistisch angelegte preußische Gesetzbuch. Einerseits wurde nämlich die Kantsche Kritik am vernunftrechtlich begründeten staatlichen Eudämonismus aufgegriffen, die Rechtsordnung mit positiv-rechtlichen Normen identifiziert und zwischen einem prinzipiell gleichheitlichen bürgerlichen (Vertrags-) Recht und einem auf dem staatlichen Gewaltmonopol beruhenden öffentlichen Recht unterschieden. Andererseits aber leitete sich aus letzterem das grundherrliche Verhältnis ab, das im Zivilrecht ebenso erhalten blieb wie Fideikommisse und spezielle „Standesvorzüge". Unter diesen Vorzeichen stagnierte die österreichische Innenpolitik bis 1848.

Das ABGB als Spätfrucht des Aufgeklärten Absolutismus

In fast allen anderen deutschen Territorien haben dagegen speziell die antikorporativen Implikationen der staatlichen Reformen im Zeitalter der Aufklärung – die der „klassische" Absolutismus noch nicht gekannt hatte – einen Prozeß zwar nicht in Gang gesetzt, aber doch wesentlich gefördert, der unter neuen außenpolitischen Vorzeichen die herkömmliche Ordnung von Staat und Gesellschaft bis zu einem gewissen Grade sprengen sollte. Weniger durch das,

Der Aufgeklärte Absolutismus – Vorstufe der „Revolution von oben"

was tatsächlich schon erreicht wurde, als durch die atmosphärische Vorbereitung künftiger grundlegenderer Veränderungen im rationalen und etatistischen Sinn leitet die Epoche des Aufgeklärten Absolutismus somit über zur „Revolution von oben".

2. Die sog. Deutsche Reformzeit (1797/1803–1814/21)

2.1 Reformziele vor dem Hintergrund machtpolitischer und territorialer Veränderungen

Mit dem Begriff: „Revolution von oben" kann – um diversen Einwänden aus dem Weg zu gehen – freilich nur auf die Intensität und die zeitliche Gedrängtheit des von der Staatsspitze vorangetriebenen Reformprozesses angespielt werden. Die erste revolutionäre Umgestaltung der Verhältnisse innerhalb des Reichs, nämlich jene in den linksrheinischen Gebieten, erfolgte allerdings tatsächlich „von oben", oder besser noch „von außen". Denn seit 1792 griff die Französische Revolution, gleich bedeutend als Ereignis und Erfahrung, mit ihren Revolutionsheeren über die französischen Ostgrenzen hinaus. Zwar blieb die Okkupation von 1792/93 samt der Mainzer Republik eine nur mittelbar bedeutungsvolle Episode; doch wurde die Besatzungsherrschaft seit 1794 zunehmend als belastend empfunden und veränderte durch ein organisatorisches Hin und Her die gewohnten Verwaltungsstrukturen. Seit 1797/98 wurden dann die französischen Gesetze schrittweise eingeführt und die linksrheinischen Gebiete in vier Departements eingeteilt. Ihre Integration in das Napoleonische Frankreich wurde 1801/02 rechtlich abgeschlossen – ein Zustand, der bis 1814 dauern sollte. Dem übrigen Deutschland sollte die Französische Revolution eine Dimension der Veränderungsmöglichkeiten zumindest aufzeigen, die der Aufgeklärte Absolutismus noch nicht gekannt hatte.

Besetzung und Eingliederung der linksrheinischen Gebiete

Schon seit 1796 wurde noch eine andere traditionelle „Reichs"-landschaft von einem „revolutionären" Prozeß erfaßt: Franken. Machtpolitisch erfolgreich, suchte nämlich der für die 1791 an Preußen gefallenen Fürstentümer Ansbach und Bayreuth zuständige Minister Hardenberg mit historisch höchst fragwürdigen Rechtsdeduktionen („Revindikationen") die Hoheitsverhältnisse unter massivem Druck auf die benachbarten Reichsstände und vor allem auf die zahlreichen Reichsritter zu „purifizieren". Bis zum Ende des Alten Reiches wurde dieses Vorgehen, obwohl schließlich von anderen

Die „Ära Hardenberg" in Franken

Staaten nachgeahmt, jedoch auch in der Publizistik überwiegend als illegal abgelehnt.

Indes konnten die neuen Machtverhältnisse auf Dauer nicht ohne rechtliche und sozialpsychologische Wirkung bleiben. Schon die mit der Einführung des ALR und einer Kreiseinteilung nach französischem Vorbild [!] verbundene hohenzollernsche Staatsbildung in Franken erfolgte im Windschatten der Französischen Revolution. Denn als preußischer Verhandlungsführer hatte Hardenberg 1795 in Basel einen Vertrag mit Frankreich abgeschlossen, welcher bis 1806 mit Ausnahme der vom englisch-französischen Konflikt betroffenen Gebiete (1. französische Okkupation Hannovers 1803/05) der nördlichen Reichshälfte bis über den Main hinaus den Frieden sicherte. Während z. B. in Weimar die kulturelle Blüte andauerte, erlebte der Süden insgesamt drei Koalitionskriege (1792–1797, 1799 bis 1802, 1805). Das wachsende französische Übergewicht und die Machtlosigkeit bzw. das Hausmachtinteresse des Reichsoberhaupts ermöglichten aber auch den größeren süddeutschen Staaten 1802/03 Übergriffe gegen schwächere Reichsglieder, stand doch schon seit dem abgebrochenen Rastatter Kongreß (1797/99) im Prinzip fest, daß die rechtsrheinischen Dynasten für Verluste auf dem linken Rheinufer entschädigt werden sollten.

Der Friede von Basel und die Koalitionskriege bis 1805

Schließlich erklärte der Reichsdeputationshauptschluß vom 25.2.1803 als das von Frankreich und Rußland vermittelte Ergebnis von Beratungen der wichtigsten Reichsstände den weltlichen Besitz der Reichskirche zur Entschädigungsmasse. Ausgenommen blieben die dem Mainzer Kurfürsten und Reichserzkanzler Dalberg zugesprochenen Territorien (Regensburg, Wetzlar, Aschaffenburg, später das neugebildete Großherzogtum Frankfurt) sowie die Besitzungen der indes bis 1809 ebenfalls säkularisierten geistlichen Ritterorden. Infolgedessen erhielten 3,16 Mio. bislang geistliche Untertanen neue, weltliche Landesherren. Gleichzeitig wurden die schon eingeleiteten und alle zukünftigen Aufhebungen von Klöstern – es waren dies Hunderte – und gewaltige Mengen an Kirchengut (in Württemberg und der Pfalz auch evangelisches) verstaatlicht. Die daraus resultierenden Einnahmen kamen den Staatskassen zugute, jedoch hatten diese auch zahlreiche Verpflichtungen, z. B. für Pensionen, Schulen und Wohlfahrtseinrichtungen, zu übernehmen. Eindeutig negativ fiel die fiskalische Bilanz bei der Übernahme der großenteils hochverschuldeten Reichsstädte aus, die ebenfalls fast alle der territorialen Flurbereinigung zum Opfer fielen. Aber machtmäßig waren die säkularisierenden und mediatisierenden Regierungen

1802/03: Säkularisierung und Mediatisierung

eindeutig die Gewinner. Die Verdrängung des finanzstarken Klerus aus der bayerischen Ständevertretung schwächte die Machtbasis der Stände ebenso wie die von allen Bewilligungen unabhängige Quelle neuer Einkünfte, die Herzog Friedrich durch seine neuwürttembergischen Erwerbungen erschloß. Nicht zuletzt die Hoffnung auf weiteren Gewinn führte viele Fürsten 1805 endgültig in das Lager Napoleons – und sie wurden nicht enttäuscht, jedenfalls, soweit sie sich nicht gar zu viel erwartet hatten. So wurden Bayern, Württemberg und Sachsen zu Königreichen, Baden und Hessen-Darmstadt zu Großherzogtümern erhoben. Nach dem auf die Dreikaiserschlacht bei Austerlitz folgenden Frieden von Preßburg (26.12.1805) sowie erneut nach dem Abschluß des Rheinbundvertrages (12./17.7.1806) konnten die meisten von ihnen einen weiteren Gebietszuwachs verzeichnen, nunmehr hauptsächlich auf Kosten der kleineren weltlichen Reichsstände und der Reichsritterschaft.

Vor allem aber erklärte Napoleon seine Verbündeten für souverän und zündete damit den Sprengsatz, der das Reich endgültig zerstören sollte. Dessen Struktur war schon 1803 – u.a. durch die Schaffung neuer Kurwürden – grundlegend verändert worden. Nunmehr legte Franz II., der bereits 1804 den Titel eines Kaisers von Österreich angenommen hatte, auf französischen Druck hin am 6.8.1806 die Reichskrone nieder und löste das Reich auf. Die jahrhundertealte politische Ordnung Mitteleuropas, die bis zuletzt ihre Aufgaben der Rechts- und Friedenswahrung zum Teil noch hatte erfüllen können, bestand nicht mehr.

Die Gründung des Rheinbundes und das Ende des Alten Reiches

Der Rheinbund aber bot dafür einen gewissen Ersatz, organisierte er doch bald, wenngleich unter dem Vorzeichen französischer Hegemonie, das gesamte rechtsrheinische Deutschland mit Ausnahme der österreichisch, preußisch, dänisch oder schwedisch regierten Gebiete. Bestrebungen, ihn zu einem Bundesstaat auszubauen, gab es bis 1808 verschiedentlich. Insbesondere Dalberg, der „Fürstprimas" des Bundes, und andere kleinere Territorialherren hatten schon um ihrer Sicherheit willen ein Interesse daran, in dieser Richtung zu wirken. Gelehrte oder Journalisten wie P. A. Winkopp griffen die Idee auf. Auch im Pariser Außenministerium wurden derartige Überlegungen angestellt. Der „Protektor" selbst, Napoleon, hielt sich verschiedene Optionen offen. Aber die Funktion des Bundes als militärisches Glacis, Aufmarschgebiet, Truppenreservoir und als Geldquelle besaß für ihn immer Vorrang. Deshalb unternahm er angesichts wachsender Schwierigkeiten seit 1808

Der Rheinbund im Napoleonischen Herrschaftssystem

(Aufstände in Spanien und im seit 1806 bayerischen Tirol, Krieg gegen Österreich 1809) keinen Versuch mehr, die Rheinbundmitglieder zu einer einheitlichen Innenpolitik zu zwingen, obwohl er in Deutschland zunächst niemand mehr zu fürchten brauchte.

Der Zusammenbruch Preußens Denn 1806 hatte er Preußen bei Jena und Auerstedt vernichtend geschlagen – jenes Preußen, das sich durch den französischerseits geförderten Erwerb Hannovers von der antifranzösischen Allianz isoliert hatte, sich aber andererseits dem Imperator nicht unterordnen wollte. Im Frieden von Tilsit (9.7.1807) verlor es deshalb rund die Hälfte seines Territoriums und blieb nur auf Intervention des Zaren hin überhaupt als Staat erhalten. Abtreten aber mußte es an das neue Großherzogtum Warschau einen Teil der zuvor erworbenen polnischen Gebiete, um deren politische Integration – ähnlich wie Frankreich im linksrheinischen Deutschland – es sich durchaus bemüht hatte. Seine westelbischen Lande kamen dagegen an das 1806 von Napoleon für seinen Schwager Murat geschaffene Großherzogtum Berg (u.a. aus dem preußischen Kleve und dem wittelsbachischen Berg) sowie an das 1807 für seinen jüngsten Bruder Jérôme eingerichtete Königreich Westfalen, einen nicht zuletzt aus militärischen Erwägungen kreierten Kunststaat mit der Hauptstadt Kassel, dessen östlichster Vorposten – Magdeburg – weiterhin eine französische Garnison beherbergte.

Der österreichisch-französische Krieg von 1809 und seine Folgen Nachdem sich auch die durch den Krieg von 1809 genährten Hoffnungen der deutschen „Patrioten" zerschlagen hatten, nahm Napoleon weitere territoriale Veränderungen vor. Beispielsweise erhielt Bayern 1810 die Fürstentümer Salzburg und Bayreuth, Westfalen den Hauptteil Kurhannovers. Wie Berg verlor Westfalen aber seinerseits bald Gebietsteile an das Empire, welches sich zudem das gesamte nordwestdeutsche Küstengebiet bis hinüber nach Lübeck angliederte. Daß diese ständige Umgestaltung der Territorienwelt, die einzelne Kleinstaaten (wie Hohenzollern-Sigmaringen) oft nur dank irgendwelcher persönlicher Beziehungen zur Dynastie Bonaparte überlebten, die Bevölkerung verunsicherte und nicht gerade zur Stärkung des monarchischen Gedankens beitrug, liegt auf der Hand.

Politisch motiviert wurde die zuletzt genannte Maßnahme jedoch durch den Wunsch Napoleons, den Warenverkehr zwischen England und Deutschland wirkungsvoll zu unterbinden. Ende 1806 hatte der Kaiser den Wirtschaftskrieg gegen das Inselreich verschärft: Niemand durfte mehr mit englischen Waren Handel treiben. Der Blockadekrieg zwischen dem Napoleonischen Herrschaftsbereich und England traf die Hafenstädte schwer. Auch die gewerbliche Produktion hatte zu leiden, wenn sie von wichtigen Rohstoff- oder Absatzmärkten abgeschnitten wurde. Das war aber nicht nur eine mögliche Folge dieser sog. Kontinentalsperre, sondern häufig eine Konsequenz des – zugespitzt formuliert – französischen Wirtschaftsimperialismus, des sog. Kontinentalsystems. Im Interesse der heimischen Industrie ließ Napoleon an der Rheingrenze hohe Zölle erheben, was z. B. die exportorientierte bergische Baumwollindustrie in Schwierigkeiten stürzte. Er brachte einen bayerisch-italienischen Handelsvertrag zu Fall und zwang seine Verbündeten, durch Prohibitivzölle den Import von Kolonialwaren einzuschränken. Abgesehen davon, daß der Handel in frankreichfernen Gebieten (Sachsen) nicht selten von dieser Politik profitierte, konnte der ausgedehnte Schmuggel (z. B. via Helgoland an die deutsche Küste oder mittels nächtlicher Rheinfähren) deren negative wirtschaftliche Folgen freilich vielfach in Grenzen halten. Beliebter machten sich der Kaiser und seine Agenten (z. B. die sog. Kaffeeschnüffler) damit aber weder bei den Regierungen seiner Alliierten noch bei deren Untertanen. *Kontinentalsperre und Kontinentalsystem*

Unter diesen Vorzeichen wuchs mancherorts der Widerstand gegen die französische Herrschaft, wurden national-deutsche Parolen vermehrt aufgegriffen. Einzelaktionen von „Freiheitskämpfern" (Dörnberg, Schill, Friedrich Wilhelm von Braunschweig-Öls) erregten allerdings zwar Aufsehen, das Napoleonische System vermochten sie aber kaum zu erschüttern. Schwerer wog die Tiroler Erhebung, die nur mühsam niedergeschlagen werden konnte. Aber erst die Katastrophe Napoleons in Rußland (1812) wirkte vor dem Hintergrund vermehrter Agitation (Arndt, Fichte) und wachsender wirtschaftlicher Schwierigkeiten in breiteren Kreisen wie ein Fanal. Von einer allgemeineren Volkserhebung wird man trotzdem selbst in Norddeutschland schwerlich sprechen dürfen. *Der Zusammenbruch der Napoleonischen Herrschaft*

Nach der Völkerschlacht bei Leipzig (16./19. 10. 1813) wurden die anschließend von den Alliierten besetzten deutschen Territorien teils umgehend der Regierung der wiedereingesetzten Fürsten, teils zunächst einem von Stein geleiteten Zentralverwaltungsrat unterstellt und dann bis 1816 aufgeteilt. Preußen bekam dabei den weitaus größten Part, nämlich neben Schwedisch-Pommern und Posen die bald so genannten Provinzen Rheinland und Westfalen, und zwar teilweise auf Kosten Hessen-Darmstadts, das dafür mit einem Gebiet von Mainz bis Worms abgefunden wurde (Rheinhessen). Bayern, das gegen entsprechende Zusagen (wie nach ihm die ande- *Teilrestauration, Wiener Kongreß und Deutscher Bund* ren süddeutschen Rheinbundstaaten) rechtzeitig die Seiten gewechselt hatte, erhielt Würzburg und die zunächst gemeinsam mit Österreich verwaltete Rheinpfalz, mußte dem Kaiserstaat dafür aber Tirol und Salzburg abtreten. In Norddeutschland war die Wiederherstellung und sogar Ausdehnung früherer Territorialgewalten (Hannover, Oldenburg) – von denen ehemalige kleine Rheinbundstaaten wie Salm zumeist ausgeschlossen blieben – ebenfalls mit zahlreichen Kompensations- bzw. Tauschgeschäften verbunden. Schlimm erging es Sachsen, das Napoleon treu geblieben war: Auf dem Wiener Kongreß verlor es über die Hälfte seines Gebietes an Preußen.

Aber es waren nicht nur die Eigeninteressen der Großmächte, die einer Totalrestauration im Wege standen. Natürlich gab es einzelne zurückgekehrte Fürsten, die das Rad der Zeit zurückdrehen wollten: In Hessen-Kassel führte der Kurfürst – so nannte er sich immer noch, obwohl es keinen Kaiser mehr zu küren galt – sogar den Zopf wieder ein! Doch so lassen sich historische Erfahrungen in den Köpfen nicht einfach auslöschen. Auch waren die fortexistierenden ehemaligen Rheinbundstaaten nicht gewillt, ihre Souveränität zu opfern – weder der Restitution der Mediatisierten noch einer starken deutschen Zentralgewalt. So wurde mit Hilfe der Deutschen Bundesakte (1815) und der Wiener Schlußakte (1820) schließlich nur ein verhältnismäßig lockerer Staatenbund organisiert, der lediglich dann auf widerstrebende Mitglieder einen entscheidenden Druck auszuüben vermochte, wenn Preußen und Österreich am gleichen Strang zogen. Dies war allerdings der Fall bei der Durchsetzung der Karlsbader Beschlüsse (1819). Doch ist das Ende der sog. Deutschen Reformzeit nur teilweise darauf zurückzuführen. In mancher Hinsicht hatten die Reformer nämlich ihre Ziele schon verwirklicht, als die Reaktion voll einsetzte.

Differenzierung nach Ländergruppen:

Freilich waren ohnehin nicht in allen deutschen Territorien Reformen durchgeführt worden. So lassen sich in dieser Hinsicht, abgesehen von den Sonderfällen Habsburgerreich und Schleswig-Holstein, im Prinzip folgende Ländergruppen bilden: Nach einer Phase der sog. „Vorreformen", die eher von Diskussionen über mögliche bzw. wünschenswerte Neuerungen als durch deren legislative Inangriffnahme gekennzeichnet war, erfolgte in Preußen 1807/08 unter Stein ein erster Reformanlauf, der nach einer gewissen Pause unter dem Ministerium Altenstein/Dohna in modifizierter Form seit 1810 von Hardenberg fortgesetzt wurde.

1. Preußen

2. Staaten ohne weiterführende Reformen

Die meisten Staaten Nord- und Mitteldeutschlands gehörten dagegen zu jenen, in denen keine weitergehenden Reformen verwirklicht wurden, so auch die beiden Mecklenburg und Sachsen, die dem Rheinbund angehörten. Einzelne Reformbemühungen von herzoglich-mecklenburgischer Seite scheiterten ebenso am Widerstand der Ritterschaft wie die von bürgerlicher Seite geführte Verfassungsreformbewegung in Sachsen, die im Zusammenhang mit dem Landtag von 1811 immerhin eine breite Diskussionsbasis besaß. Die Masse der noch verbleibenden kleinen Fürsten, etwa in den sächsisch-thüringischen Duodezstaaten, sah – mit Ausnahmen wie dem Herzog von Anhalt-Köthen, der durch die möglichst vollständige Übernahme der französischen Gesetzgebung sein winziges Fürstentum in erhebliche Schwierigkeiten stürzte – weder eine Notwendigkeit noch teilweise auch nur die Möglichkeit, an den Verhältnissen in ihren Ländern Grundlegendes zu ändern. Ein derartiger politischer Immobilismus schloß freilich nach 1806 etwa die Übernahme französischer Amtsbezeichnungen nicht aus. Das galt bis 1810 weitgehend auch für das Großherzogtum Frankfurt sowie allgemein für das ebenfalls von Napoleon ins Leben gerufene Großherzogtum Würzburg, nachdem dort zur Zeit der ersten bayerischen Herrschaft (1803/05) bereits weitergehende Reformen eingeleitet worden waren.

Bayern, Baden und Württemberg, in geringerem Maße auch Hessen-Darmstadt und Nassau waren die eigentlichen Reformstaaten unter den nicht von Napoleoniden regierten Rheinbundmitgliedern. Hier waren teilweise bereits vor 1806, insbesondere im Kontext von Säkularisation und Mediatisierung, Neuerungen eingeführt worden. Die Aussicht auf eine Nachfolge Beauharnais' veranlaßte Dalberg seit 1810, die Innenpolitik seines Fürstentums mehr jener der Napoleonischen Modellstaaten anzunähern, ohne daß dieser Kurswechsel noch allzuviele dauerhafte Ergebnisse gezeitigt hätte.

3. Die süddeutschen Reformstaaten

Dem Königreich Westfalen – bis zu einem gewissen Grad auch dem Großherzogtum Berg – hatte Napoleon nämlich die Aufgabe zugedacht, durch eine vorbildliche Organisation von Staat und Gesellschaft „moralische Eroberungen" im übrigen Deutschland zu machen und damit die Angleichung der Rheinbundstaaten an das französische Herrschafts- und Gesellschaftssystem zu fördern. Doch geriet diese Modellstaatskonzeption in einen unauflöslichen Widerspruch zu den kaiserlichen Machtambitionen, die nicht nur zu einer direkten Unterstellung Bergs unter die Befehlsgewalt der Pariser Zentrale führten (1808), sondern besonders im Falle Westfalens auch zu einer regelrechten finanziellen Ausbeutung des Landes. Die Tatsache, daß Napoleon Spitzenvertreter seines neuen Reichsadels

4. Die Napoleonischen Modellstaaten Berg und Westfalen

mit rd. der Hälfte der westfälischen und zeitweise fast einem Drittel der bergischen Domänen dotierte und selbst noch enorme Geldsummen und große Truppenkontingente verlangte, verurteilte das Modell zum Scheitern. Die Nachfolgestaaten, insbesondere Hessen-Kassel, in geringerem Maße auch Hannover und Braunschweig, machten nicht nur den größten Teil der westfälischen Gesetzgebung, sondern im Gegensatz zu Preußen z. B. auch manche der nach diesen Normen abgewickelten Ablösungsgeschäfte rückgängig.

5. Die französisch besetzten Gebiete

In den nur 1810–1813 dem Empire angegliederten Gebieten Norddeutschlands, z. B. in Hamburg, erlangten die alten Gesetze und Verfassungen ebenfalls wieder weitgehend ihre Gültigkeit. Trotz französischer Amtssprache und Gesetzgebung war die völlige (z. B. auch zollpolitische) Integration in das Kaiserreich hier kein vorrangiges Ziel Napoleons gewesen. Reine Besatzungsgebiete (wie Hannover 1803/05 und – ebenso wie Braunschweig und Bayreuth – 1806/10) dienten ihm ohnehin nur als vorgeschobene Bastionen bzw. Pfänder sowie als Objekte einer Ausbeutungs-, nicht einer auf Dauer angelegten Reformpolitik.

Dagegen hatte die zwanzigjährige französische Herrschaft den linksrheinischen Gebieten so weitgehend ihren Stempel aufgedrückt, daß die nachfolgenden Regierungen sich veranlaßt sahen, der dortigen Bevölkerung mit einigen Modifikationen die Fortdauer der französischen Rechtsverhältnisse zuzugestehen.

Die Reformmotive:

Reformen und territoriale Veränderungen standen also in einem direkten Zusammenhang: Neuerungen wurden im Rheinbund praktisch nur dort durchgeführt, wo neue Staatsgebilde geschaffen oder aber bestehende ausgeweitet wurden. Denn das vielleicht wichtigste Antriebsmoment dieser Reformen bestand in dem Wunsch, neuerworbene Landesteile zu einem geschlossenen Ganzen zu verschmelzen. Diese Integration sollte nicht nur auf juristischem Wege erfolgen, d. h. durch die Vereinheitlichung der Gesetze, sondern auch wirtschaftlich und gesellschaftlich. Nicht zuletzt mußte die Loyalität der neuen Untertanen erst gewonnen werden.

a) Die Integration neuerworbener Gebiete

Politisch gesehen boten die territorialen Veränderungen und der Zusammenbruch des Reiches den Regierungen jedoch die Möglichkeit, einen eventuell noch bestehenden Verfassungsdualismus zu beseitigen und die Staatssouveränität nach innen voll durchzusetzen. Eine rationale, zentralistische Verwaltungsorganisation sollte von nun an eine maximale Effizienz des Staates gewährleisten – konnte man doch nur auf diese Weise Napoleon als wertvoller Verbündeter erscheinen. Ihres reichsrechtlichen Schutzes beraubt, wur-

b) Beseitigung der Ständeverfassung – Durchsetzung der Staatssouveränität den daher die Landstände z. B. in Württemberg, Tirol und Hessen-Darmstadt 1806 ein Opfer dieser Entwicklung.

Da aber die wichtigste Funktion der alten Stände meist im Recht der Steuerbewilligung und -erhebung bestanden hatte, glaubten manche Spitzenpolitiker, auf diesem Wege auch die drängenden Probleme des Fiskus lösen oder wenigstens lindern zu können. Niemand vermochte ja nunmehr gegen geplante Steuererhöhungen legal zu opponieren; der Beseitigung von Steuerprivilegien stand rechtlich nichts mehr im Wege. Jedoch zeigte es sich bald, daß diese finanzpolitische Allmacht der Regierungen ihre Kehrseite hatte. Denn mit der Beseitigung ständischer Repräsentativorgane fehlten auch Garantien für die Rückzahlung der Staatsschulden, allgemeiner: Es fehlte jede Kontrolle über das Finanzgebaren der Staatsführung.

c) Versuch zur Lösung der fiskalischen Probleme durch Abbau von Privilegien

Dabei waren die Regierungen durchaus bestrebt, ihre Entscheidungen nicht als Willkürakte erscheinen zu lassen. Deshalb bemühten sich die preußischen Reformer – gegen Widerstände am Hof, im Adel und in der Bürokratie selbst – schließlich vergeblich um die Einberufung einer neukonzipierten „Nationalversammlung", und deshalb wünschten sie – erfolglos – zumindest die Unterstützung einer Notabelnversammlung für ihre (Finanz-)Gesetze. Die ersten umfassenden Dokumente einer politischen Neuordnung in den Rheinbundstaaten, die Konstitutionen von Westfalen (1807) und Bayern (1808), sahen ebenfalls „Reichsstände" vor, welche allerdings in Westfalen nur zweimal, in Bayern überhaupt nie einberufen wurden. Trotzdem besaßen diese Verfassungen eine erhebliche Bedeutung, und zwar nicht nur als rechtliches Fundament einer starken Staatsgewalt, sondern auch als erste Zusammenfassung und Fixierung grundlegender Garantien zahlreicher bürgerlicher Freiheitsrechte in Deutschland. In diesem Sinne bildeten sie den Abschluß einer langen aufgeklärten bzw. aufgeklärt-absolutistischen Reformtradition und den Auftakt zur konstitutionellen Entwicklung im 19. Jahrhundert.

d) aufklärerische Reformtradition: Verankerung der „bürgerlichen Freiheit"

Zwischen beiden Konstitutionen existierten allerdings auch charakteristische Unterschiede: Die westfälische führte beispielsweise den Code Napoléon im Lande unmittelbar ein, die bayerische sprach nur von einer künftigen einheitlichen Zivilgesetzgebung. Denn die Verfassung Westfalens war vom Kaiser selbst erlassen worden, diejenige Bayerns hatte Montgelas entworfen, sich dabei zwar am westfälisch-französischen Vorbild orientiert, aber doch bemüht, sich einen Handlungsspielraum für eigene gesetzgeberische

e) napoleonischer Druck und französisches Vorbild

Maßnahmen zu bewahren. Natürlich wurde die Effizienz des französischen Staatsapparats überall bewundert. Aber die geographische und politische Nähe der verschiedenen Rheinbundstaaten zu Frankreich war unterschiedlich: in Baden etwa viel größer als in Sachsen. Dementsprechend verschieden war die Chance, gegenüber dem von Frankreich ausgehenden Druck einheimische Gegebenheiten zu erhalten bzw. eigenständige Reformvorstellungen zu realisieren.

f) Distanz bzw. Revanche gegenüber Frankreich

Schließlich dachte mancher Rheinbundpolitiker schon frühzeitig an den Tag, an dem Napoleons Stern sinken würde. Bis dahin wollte man keine Gelegenheit versäumen, schon lange geplante Veränderungen durchzusetzen, sich jedoch nicht vollständig in die Hand des Imperators geben. Die Distanz gegenüber Frankreich sollte wenigstens so groß sein, daß man, innerlich gestärkt, eines Tages gegebenenfalls auch einen Bündniswechsel vollziehen konnte.

Eine ähnliche Gratwanderung kennzeichnet das Vorgehen Hardenbergs. Dessen diplomatische Leistung bestand darin, Preußen nach 1810 als einigermaßen loyalen Verbündeten Frankreichs erscheinen zu lassen, wiewohl ein Scharnhorst zu gleicher Zeit mit Erfolg die Wiederaufrüstung betrieb. Nur mußte es hier den Reformern von Anfang an um eine Wiedergewinnung der Großmachtstellung Preußens gehen, die nur auf Kosten der Napoleonischen Schöpfungen Westfalen und Warschau, also nur im Rahmen eines Revanchekrieges gegen Frankreich, möglich war. Insofern nahm die Idee der „Befreiung vom napoleonischen Joch" in Preußen – anders als in den Rheinbundstaaten – immer einen prominenten Platz im Konglomerat der Reformmotive ein.

g) Bildung, politische Erziehung und Mobilisierung einer „Staatsnation"

Indes mußte dazu in beiden Fällen – als Ergebnis eines Integrationsprozesses – ein Gemeinschaftsbewußtsein wenigstens innerhalb der (preußischen, bayerischen etc.) „Staatsnation" geschaffen bzw. gestärkt werden. An ein übergreifendes Deutschland bzw. deutsches Volk dachten nur wenige Politiker wie etwa Stein. Die Idee des selbstverantwortlich tätigen, aber für die (staatliche) Gemeinschaft wirkenden Einzelnen war jedoch, vielleicht als Reaktion auf den friderizianischen Drill und Untertanengeist, bei den preußischen Reformern besonders ausgeprägt. Stein und die Berliner Militärreformer plädierten dafür, die preußische Nation – vor allem auf kommunaler Ebene – politisch mitwirken zu lassen und sie dadurch für spätere, gesamtstaatliche Aufgaben zu bilden bzw. sie (durch Einführung der allgemeinen Wehrpflicht) zu einer solchen Aufgabe bereits heranzuziehen. Die Absicht, dem besitzenden und gebildeten

Teil der Untertanenschaft nach einer längeren Phase entsprechender Erziehung politische Mitbestimmungsrechte einzuräumen, teilten jedoch auch verschiedene rheinbündische Staatsmänner.

2.2 Die einzelnen Reformbereiche

Praktisch stand überall am Beginn des Reformwerks die Reform von Verwaltung und Bürokratie, da alle neuerungswilligen Minister eines effektiven Instruments zur Durchsetzung ihrer Vorstellungen bedurften.

Vorbildlich (z. B. für Baden 1809/19, Nassau 1811) wirkte hier die Reform des bayerischen Beamtenrechts, in deren Zentrum die Dienstpragmatik von 1805 stand. Dabei wurde, auch besoldungsmäßig, eine klar gegliederte Beamtenhierarchie geschaffen, verbunden mit festen Rechtsansprüchen auf Pensionierung und Hinterbliebenenversorgung. Das (unregulierte) Sportelwesen sowie die Käuflichkeit und Erblichkeit von Ämtern gehörten der Vergangenheit an. Dafür mußten sich die jetzt auch äußerlich „uniformierten" sog. „Staatsdiener" bestimmten Qualifikations- bzw. Leistungsanforderungen unterwerfen. Bei Amtsdelikten einschließlich Fahrlässigkeit und Faulheit drohten ihnen (abgestufte) Sanktionen bis hin zur gerichtlich ausgesprochenen Entlassung. Diese blieb aber eben nicht mehr der Willkür des Fürsten oder eines Vorgesetzten überlassen. Allerdings wurden die Beamtenprivilegien bald auf den im übrigen auch vergleichsweise sehr gut besoldeten höheren Staatsdienst beschränkt. Doch sorgte der Konkurrenzdruck angesichts des hohen Angebots an bisherigen Beamten (z. B. aus den mediatisierten Gebieten) dafür, daß sich in der Folgezeit tatsächlich ein diszipliniertes, leistungsfähiges Beamtentum ausbildete, das freilich seinerseits gewisse „neuständische" Züge trug.

Beamtenreformen: Die bayerische Dienstpragmatik von 1805

Die administrative Integration erforderte darüber hinaus eine Neuorganisation des Verwaltungsapparats im Sinne des bürokratischen Zentralismus, welcher freilich oft in eine unpopuläre „Vielschreiberei" mündete. Die Zentralbehörden wurden nun endgültig nach dem Realprinzip gegliedert – also in drei bis sechs Fachministerien unterteilt, die auf ihrem Sachgebiet für den Gesamtstaat zuständig waren – und zunehmend nach dem Direktorialprinzip geführt. Hierbei dominierten vielfach einzelne Minister: Reitzenstein in Baden, Montgelas in Bayern, Beugnot in Berg, Siméon in Westfalen, Hardenberg als Staatskanzler ab 1810 in Preußen. Der Einfluß

Verwaltungsreformen und administrative Integration

von Kabinettsräten und damit indirekt die unmittelbare Eingriffsmöglichkeit des Fürsten in die Verwaltung wurden zurückgedrängt. Auch regelmäßige Ministerkonferenzen oder Geheim- bzw. Staatsratsgremien, in denen – vorbehaltlich der Sanktion durch den Fürsten – die wichtigsten Angelegenheiten durch Mehrheitsbeschluß hätten entschieden werden können, bildeten entweder oft kein ausreichendes Gegengewicht gegen die Macht dieser Minister oder wurden ohnehin erst verspätet (re-)organisiert (z. B. Württemberg 1816, Preußen 1814/17). Die teilweise erst jetzt eingerichtete mittlere Verwaltungsschiene wurde in fast allen rheinbündischen Reformstaaten – unter Umständen nach Durchlaufen der Zwischenstufe einer Provinzialeinteilung (Baden) – im wesentlichen nach französischem Vorbild gestaltet, also in Form neugebildeter, meist nach Flüssen benannter Kreise. An deren Spitze stand in den Napoleonidenstaaten ebenso wie im linksrheinischen Deutschland ein Präfekt. Auch in den übrigen Rheinbundreformstaaten wurde das Bürosystem weitgehend verwirklicht und die kollegiale Entscheidungsfindung auf bestimmte Angelegenheiten eingegrenzt. Lediglich in Hessen-Darmstadt, wo die Provinzorganisation noch erhalten blieb, dominierte das Kollegialprinzip – wie in geringerem Maße auch bei den neugeschaffenen preußischen „Regierungen" – weiterhin. In ähnlicher Weise übernahmen auf der unteren Verwaltungsebene der Bezirke und Gemeinden nur die am stärksten von Frankreich geprägten Staaten dessen streng bürokratisches System ohne größere Modifikationen, zumal hier Justiz und Verwaltung oftmals weiterhin in einer Hand vereinigt blieben. Teilweise wurde jedoch die Sicherheitspolizei nach dem Vorbild der linksrheinisch im Kampf gegen das Räuberunwesen sehr erfolgreichen französischen Gendarmerie organisiert. Infolgedessen mußten die Patrimonialgerichte vielfach Befugnisse abgeben und sich, z. B. in Bayern, einer schärferen staatlichen Aufsicht unterwerfen. Im französisch regierten Deutschland, in Württemberg (1809) und Baden (1813) wurden sie sogar aufgehoben; dies wurde im Vormärz nur teilweise wieder rückgängig gemacht.

Das Scheitern des preußischen Gendarmerie-Edikts von 1812

Entsprechende Pläne (u. a. Steins) scheiterten in Preußen gänzlich. Zwar wollte Hardenbergs Gendarmerie-Edikt von 1812 die Unterbehörden nahezu vollständig verstaatlichen: Über den paritätisch von Bauern, Bürgern und Gutsbesitzern gewählten Kreisdeputierten sollte als Chef der Exekutive, insbesondere der neuen Landpolizei, ein beamteter Kreisdirektor stehen. Die adelige Opposition und ihr Einfluß bei Hofe führten jedoch dazu, daß das Edikt zu-

2. Die sog. Deutsche Reformzeit

nächst suspendiert, später wieder aufgehoben wurde. So blieb schließlich der alte adelige Landrat erhalten; seine Kompetenzen wurden sogar noch erweitert. Dies beweist, daß die Staatssouveränität im Kampf gegen konkurrierende Gewalten nicht überall und auf Dauer mit Erfolg durchgesetzt werden konnte.

Nur in den linksrheinischen Gebieten wurden die adeligen Herrschaftsrechte und Privilegien zur Gänze beseitigt. In Preußen dagegen blieben sogar die Steuerfreiheiten der Rittergutsbesitzer noch Jahrzehnte erhalten. Die Rheinbundstaaten verkündeten zwar teilweise das Prinzip der Rechtsgleichheit auf diesem und anderem Gebiet, durchbrachen es aber – mit Ausnahme Württembergs – vielfach zugunsten der kaiserlichen Donatare (Westfalen) bzw. der Standesherren. Die bayerische Regierung beispielsweise verfuhr mit den Mediatisierten durchaus schonungsvoll – ihre diesbezüglichen Regelungen wurden 1815 für die übrigen Bundesmitglieder verbindlich. Aber die Reichsritter und Landadeligen, nunmehr rechtlich zu einer einheitlichen Adelsschicht zusammengefaßt, konnten ebenfalls zahlreiche Privilegien behaupten und wurden steuerlich milde eingeschätzt, sofern sie nur über größeren Grundbesitz verfügten. Wie in Frankreich, suchten sich auch in Deutschland die Regierungen auf eine Schicht der „Besitzer" zu stützen, nur daß diese rechts des Rheins überwiegend noch aus Adeligen bestand. Soweit jedoch die von der Rheinbundakte aufgezählten Souveränitätsrechte (Steuerhoheit, hohe Gerichtsbarkeit und Polizeigewalt etc.) nicht wesentlich tangiert waren, änderte sich deren Rechtsstellung nicht radikal. Neue Majoratsgesetze für größere, schuldenfreie Güter konnten ebenso wie die Aufhebung von bisherigen Beschränkungen des Güterverkehrs oder Moratorien für Grundschulden (preußisches Oktoberedikt bzw. sog. Indult vom November 1807) das Ziel verfolgen, die ökonomische Basis dieser Schicht zu festigen.

Härter traf der Privilegienabbau den Klerus, dem lediglich in Dalbergs Herrschaftsbereich ein Sonderrecht wie der privilegierte Gerichtsstand belassen wurde; infolgedessen büßte er viel von seiner Attraktivität für junge Adelige ein. Hatte das Aufklärungszeitalter schon eine weitgehende praktische Toleranz gebracht, wurde nun, unter Integrationsgesichtspunkten, die rechtliche Fixierung von Toleranz, ja Parität zwischen den christlichen Konfessionen infolge der Mediatisierungen geradezu unausweichlich (z. B. Württemberg 1806). Nach dem Reichsdeputationshauptschluß wurde aber auch das Staatskirchentum auf die Spitze getrieben und die Geistlichkeit in hohem Maße in den Dienst des Staates gestellt. Am

Der Abbau von Privilegien und die Durchsetzung der Staatssouveränität:

a) gegenüber dem Adel

b) gegenüber dem Klerus

Ende stand hier mitunter eine vom Staat verordnete bzw. beaufsichtigte protestantische Union (Rheinpfalz 1818, Preußen 1819). Um das neue Verhältnis zwischen Staat und Kirche auch katholischerseits von der höchsten geistlichen Autorität absegnen zu lassen, leiteten verschiedene Politiker Verhandlungen ein, die im Falle Dalbergs auf ein Reichs- bzw. Rheinbundkonkordat, sonst aber, um ein solches zu verhindern, auf einzelstaatliche Konkordate nach dem französischen Vorbild von 1801 abzielten. Auch letztere Bestrebungen führten jedoch erst nach 1815 zur Beendigung des bis dahin oft nur provisorischen Zustands z. B. hinsichtlich Ämterbesetzung und Diözesangrenzziehung.

c) gegen das städtische Bürgertum

Wie der Klerus verlor auch das städtische Bürgertum seine eigenberechtigte Stellung, wo es eine solche noch besessen hatte, und zwar nicht nur in Form seiner Korporationen (wie der Zünfte). Selbst die oftmals oligarchische Führungsschicht ehemaliger Reichsstädte büßte ihre Ämter ein; staatliche Beamte übernahmen die Verwaltungsaufgaben. Da sich die extreme Zentralisierung aber nur wenig bewährte, wurden die ehemals städtischen Befugnisse nach einer Reihe von Jahren an neuformierte, gewählte Stadtmagistrate teilweise wieder zurückgegeben (z. B. Bayern 1818, Hessen-Darmstadt 1821).

In Preußen waren „Privatherrschaft" und „Willkür" zusammen mit der traditionellen städtischen Selbstverwaltung bereits unter Friedrich Wilhelm I. weitgehend beseitigt worden. Deshalb

Idee und Praxis der Selbstverwaltung in Preußen

konnte man hier früher als anderswo daran denken, durch eine neue Form der Selbstverwaltung, den „Gemeingeist" und „Bürgersinn" wieder zu beleben und dadurch auch den Staat, den seine Vormundschaft ohnehin teuer zu stehen kam, zu stärken. Unter Mitarbeit vor allem des Königsberger Polizeidirektors Frey konzipierte daher der Freiherr vom Stein die nach ihm benannte, für das gesamte damalige Preußen gültige Städteordnung (1808). Danach verschwand der für die Stadt bisher zuständige Steuerrat. Zahlreiche Privilegien, z. B. einzelner Städte oder Mediatherren, entfielen. Jedem Unbescholtenen stand gegen eine Gebühr der Erwerb des Bürgerrechts offen, sämtliche „Eigentümer" (Gewerbetreibende, Haus- und Grundbesitzer, nicht automatisch jedoch Beamte bzw. Akademiker) *mußten* es sogar erwerben. Alle Bürger, die einen niedrigen Zensus erfüllten, bestimmten in freier Wahl die Stadtverordneten, welche ihrerseits das Budgetrecht besaßen, den Magistrat bestellten und kontrollierten. Außerhalb der Justiz und des vom Gesetzgeber nicht definierten Bereichs der Polizei, die nun von staatlichen Behörden oder zumindest im staatlichen Auftrag verwaltet wurden, beschränkte sich der Einfluß des Staates auf ein bloßes Aufsichtsrecht. Insofern zielte diese Städteordnung auf einen längerfristigen politischen Erziehungsprozeß. Dieser setzte tatsächlich ein, allerdings durchaus mühsam, wie die Distanz vieler Bürger gegenüber der neuen, ja auch belastenden Selbstverantwortung belegt: Selbst in Berlin war der erste freigewählte Oberbürgermeister ein adeliger Beamter!

Jedoch ging die Städteordnung, obwohl als „Modell einer Repräsentativverfassung mit Gewaltenteilung" [M. BOTZENHART] und als wichtiger Schritt zu einem gesamtstaatlichen Bürgerrecht zukunftweisend, noch nicht von einer Einwohnergemeinde aus – faktisch am wenigsten in den Großstädten. Indes konnten grundsätzlich auch Juden das Stadtbürgerrecht erwerben, und die inländischen Schutzjuden wurden durch das Emanzipationsedikt von 1812 sogar zu preußischen Staatsbürgern erklärt. Jedoch entfiel für sie dabei nur die Masse der Beschränkungen im persönlichen und wirtschaftlichen Bereich, und auch dieser Fortschritt galt nach 1815 nur für die „alten" Provinzen, nicht z. B. für Posen. Der Zugang zu öffentlichen Ämtern (außer Lehr- und Gemeindeämtern) blieb ihnen generell noch lange verschlossen. Doch abgesehen vom linksrheinischen Deutschland (bis 1808) erreichten die Juden während der Reformzeit nur in den kurzlebigen Staatsschöpfungen Westfalen und Frankfurt die volle Gleichberechtigung und damit mehr als in Preußen, wobei in allen Fällen die Zahlung (in Frankfurt ab 1810) bzw. die Beschaffung hoher Summen zugunsten der Staatskasse diese Emanzipation zumindest begünstigte. In Sachsen blieb sogar der Leibzoll noch bestehen, wogegen in der Mehrzahl der übrigen Rheinbundstaaten die existierenden Judengesetze vereinheitlicht und meist auch im Sinne einer Emanzipation weiterentwickelt wurden, ohne daß diskriminierende Bestimmungen – wie etwa die Festlegung einer bestimmten Höchstzahl einheimischer Juden (Bayern 1813) – vollständig entfallen wären. Hier glich das Ziel der Gesetzgeber jenem Josephs II.: Assimilation der Juden unter Einsatz aller Mittel und unter utilitaristischen Gesichtspunkten.

Breites Spektrum der Judenpolitik

Auch auf anderen Gebieten der Legislation fielen zahlreiche, doch selten alle bisherigen Sonderrechte den neuen Integrations- und Modernisierungstendenzen (im Sinne der Durchsetzung rechtsstaatlicher Prinzipien) zum Opfer. Immerhin konnte der führende Strafrechtsdogmatiker seiner Zeit, Anselm Feuerbach, auf den die Formulierung „nulla poena sine lege" zurückgeht, als Ministerialreferent seine Vorstellungen in das bayerische Strafgesetzbuch von 1813 in hohem Maße einbringen. So fand darin lediglich die Festungshaft Aufnahme als eine (neu-)ständische, „ehrenhafte" Sonderstrafe zugunsten von Tätern aus den „gebildeten Ständen". Sie war jedoch von gleicher Dauer wie eine Zuchthaus- bzw. Gefängnisstrafe. Durch weitgehende Rechtsgleichheit, fortentwickelte Oberbegriffe (im Unterschied zur Kasuistik des ALR), durch eine präzise Fassung der einzelnen Tatbestände, die strenge Trennung von Recht und Moral und eine Humanisierung des Strafensystems, in dessen Zentrum nunmehr eindeutig die Freiheitsstrafen rückten, wirkte dieses erste wirklich moderne Strafgesetzbuch Deutschlands vorbildlich nicht nur innerhalb des deutschen Sprachraums, wo es bereits 1814 von Oldenburg rezipiert wurde. Im Strafprozeßwesen wies dagegen das französische Recht mit seinen Prinzipien der Öffentlichkeit und Mündlichkeit des Verfahrens in die Zukunft.

Die Entwicklung des Zivilrechts stand weithin unter dem Einfluß des Code Napoléon. Er wurde nicht nur linksrheinisch geltendes Recht (und blieb es dort bis 1900), sondern auch in den Satellitenstaaten, wo sich seine aus der Revolution hervorgegangenen antifeudalen Bestimmungen (Prinzipien der Erbteilung und des Volleigentums, Verbot von Personalfronen und „ewigen" Grundrenten) allerdings in vieler Hinsicht an den traditionellen gesellschaftlichen Verhältnissen und den übergeordneten Machtinteressen Napoleons brachen. In den Großherzogtümern Baden und Frankfurt wurde die Feudalverfassung juristisch sogar in den Code eingebaut; so entstand das „Badische Landrecht" des 19. Jahrhunderts. In Bayern aber scheiterte der Rezeptionsanlauf, und gegenüber Württemberg und Sachsen hatte Napoleon nicht einmal den Versuch unternommen, ihnen „sein" Gesetzbuch aufzudrängen.

Neben der Frage der Zivilehe lag der neuralgische Punkt regelmäßig in der Behandlung der traditionellen feudalen Agrarverfassung mit ihren herrschaftlichen und genossenschaftlichen Bindungen. In Frankreich, wo die Revolution diesbezüglich weitgehend tabula rasa geschaffen hatte, konnte man fortexistierende Rechte als „bürgerliches Eigentum" klassifizieren und für die Zukunft schützen. Im rechtsrheinischen Deutschland stand man dagegen vor dem Problem, daß ursprünglich feudale Rechte inzwischen oft versachlicht, ja zum Spekulationsobjekt geworden waren. Der gegenwärtige Eigentümer hatte sie ererbt oder gar titulo oneroso erworben. Aus welchem Grunde sollten derartige Herrschaftsrechte nun abqualifiziert und – unter Umständen als „Mißbrauch" sogar entschädi-

2. Die sog. Deutsche Reformzeit

gungslos – abgeschafft werden, wenn gleichzeitig ein ererbtes Kapital oder ein verpachtetes Grundstück zum unantastbaren Eigentum erklärt wurde? Durfte man „wohlerworbenen Rechten" den Eigentumscharakter absprechen, ohne die Existenz von fremdbewirtschaftetem Grundeigentum überhaupt zu gefährden?

In der Regel versuchte man in dieser Situation zwischen Rechten, welche aus einer persönlichen Abhängigkeit resultierten, und solchen, die auf Grund und Boden hafteten (sog. Realrechten), zu unterscheiden. So wurden – von Ausnahmen (Württemberg vor 1817) abgesehen – Ansprüche aus der Personalleibeigenschaft als naturrechtswidrig überall entschädigungslos beseitigt. Schon die Frage, ob eine bestimmte Pflichtigkeit nun etwa aus der Leib- oder der Grundherrschaft resultierte, erwies sich jedoch oftmals als schwer oder gar nicht beantwortbar. Realrechte, die – wie Zehnt- oder (grund- bzw. gerichtsherrliche) Fronrechte – als hinderlich für die Entwicklung der Agrarproduktion angesehen wurden, sollten langfristig ebenfalls verschwinden, aber nur auf dem Wege der Ablösung, also gegen Entschädigung der bisherigen Berechtigten. *Versuch einer Differenzierung: Personalrechte – Realrechte*

Zu einer radikaleren Umgestaltung der Eigentumsordnung kam es daher – infolge der Flucht vieler Feudalherren und der Übertragung französischer Rechtsnormen – nur in den linksrheinischen Gebieten. In Berg und Westfalen fehlte es dagegen weitgehend sowohl an einem wohlhabenden Bürgertum, das an agrarkapitalistischen Verhältnissen interessiert gewesen wäre, als auch an einer niederen Beamtenschaft, welche die Verwirklichung in diese Richtung zielender gesetzlicher Vorschriften aktiv betrieben hätte. Der häufig verbeamtete Adel verhinderte zusammen mit den kaiserlichen Donataren den Erfolg einer Ablösungsregelung (z. B. 1:20 für Geld-, 1:25 für Naturalabgaben), die angesichts der besonders in Westfalen hohen steuerlichen Belastung den Bauern ohnehin wenig Chancen bot. In Berg wurde zwar die Aufhebung des geteilten Eigentums Ende 1808 offiziell verkündet – ein für Deutschland einmaliger programmatischer Akt. Doch führte auch hier die Verworrenheit der Agrarverfassung zu einer solchen Fülle derart komplizierter Prozesse, daß sich die Regierung 1812 genötigt sah, alle schwebenden Verfahren niederzuschlagen, obwohl sie noch durch das sog. Septemberdekret von 1811 eine Bereinigung der wirren Rechtsverhältnisse versucht und im Zuge dessen z. B. sämtliche Banngerechtigkeiten entschädigungslos aufgehoben hatte. *Das Scheitern der Ablösungsgesetzgebung in Berg und Westfalen*

Ähnliche Probleme – und ähnlich geringe Erfolge – zeigten sich in den anderen Rheinbundstaaten, die in dieser Zeit die Agrarver- *Ähnlich geringe Erfolge in anderen Rheinbundstaaten* fassung zu reformieren suchten. Verschiedentlich, z. B. in Hessen-Darmstadt, wurden Weiderechte eingeschränkt und die Freiteilbarkeit der Güter verkündet, der jedoch die Grundbesitzer durch testamentarische Verfügungen entgegenwirken konnten. Die Fixierung bäuerlicher Realleistungen machte Fortschritte, aber deren Ablösung blieb in aller Regel dem Einvernehmen von Pflichtigen und Berechtigten überlassen. Auch Regierungen, die wenigstens für einen Teil ihrer Domänenbauern noch vor oder während der Rheinbundzeit Ablösungsnormen verkündeten (Bayern 1803 für die ehemaligen Klosteruntertanen), scheiterten damit weitgehend an den Konjunkturkrisen seit ca. 1810/12, am Kapitalmangel der Bauern sowie an der Tatsache, daß der Staat als Feudalherr bzw. Rechtsnachfolger von Feudalherren in seiner Finanznot wenig Entgegenkommen zeigen konnte. Im Ablösungsprozeß erzielten die betreffenden Staaten kaum einen Vorsprung gegenüber anderen, die entsprechende Regelungen für ihre grundherrlichen Bauern erst einige Jahre später verkündeten (Württemberg 1817, Baden 1820, Preußen 1821 für seine oft unterschätzte, erhebliche Zahl grundherrlicher Bauern selbst in den ostelbischen Gebieten).

Die Umstrukturierung der Gutsherrschaft:
a) in Schleswig-Holstein

Verschärft stellten sich die Probleme im Bereich der Gutsherrschaft. Geschah in Mecklenburg und der sächsischen Oberlausitz vorerst kaum etwas zur Verbesserung der bäuerlichen Besitzrechte, so wurden die rd. 100 000 gutsherrlichen Untertanen in Schleswig-Holstein im Jahre 1805 persönlich befreit. Viele von ihnen konnten sogar dank Bauernschutz, weitergeltender Fürsorgepflichten und massiver Kredithilfen einen Großteil des von ihnen bestellten Landes in Eigentum oder Besitz nehmen, was wesentlich zu erheblichen Produktionssteigerungen beitrug, obgleich z. B. aus der Patrimonialgerichtsbarkeit resultierende Abhängigkeitsverhältnisse weiterbestanden und die soziale Differenzierung wuchs.

b) in Preußen

Bekannter ist allerdings die preußische „Bauernbefreiung". Nachdem bereits vor 1806 für einen Teil der Domänenbauern – die in Ostpreußen rd. 55 %, in Schlesien aber nur ca. 7 % der gesamten Bauernschaft ausmachten – eine Umwandlung der Fronen in eine Geldabgabe sowie eine Verbesserung ihrer Besitzrechte eingeleitet worden waren, hob das sog. Oktoberedikt von 1807 bisherige Beschränkungen im Grundstücksverkehr auf und statuierte ab Martini (11. 11.) 1810 die persönliche Freiheit aller Gutsuntertanen. Damit entfielen noch nicht alle Fronpflichten, jedoch die Gesindezwangsdienste sowie die Beschränkungen der Freizügigkeit, der Berufswahl und der Heirat. Die Frist bis 1810 sollte den Gutseigentümern die

Umstellung ihrer Wirtschaft auf persönlich freie Arbeitskräfte (Gesinde bzw. Landarbeiter) erleichtern. Eine im selben Jahr erlassene Gesindeordnung stellte sicher, daß Dienstboten auch weiterhin handgreiflich diszipliniert werden konnten. Angesichts der Kriegsschäden ging die preußische Regierung nämlich bereits seit Stein in hohem Maße von Rentabilitätsgesichtspunkten aus. Im Gefolge einer Verordnung vom 14. 2. 1808 wurde unter bestimmten Bedingungen das Bauernlegen bald überall gestattet. Eine generelle Regelung der besitzrechtlichen Fragen erfolgte aber erst 1811 durch das sog. Regulierungsedikt. Danach sollten die erblichen Laßbauern ein Drittel, die nichterblichen und die Zeitpächter sogar die Hälfte des bisher von ihnen bebauten Landes an die Gutsherren abtreten, um den Rest des Anwesens als Eigentum zugesprochen zu erhalten. Der Einfluß der Gutsherren führte dazu, daß gegen den Widerstand von Hardenbergs Agrarexperten Scharnweber eine Deklaration von 1816 den Kreis der Ablösungsberechtigten dann auf den Großteil der spannfähigen Stellen beschränkte. Speziell die zu Handfronen verpflichteten Kleinbauern blieben für die Ablösung ihrer Dienste auf die Zustimmung ihrer Gutsherren angewiesen. Trotzdem machte das Regulierungsgeschäft, insbesondere etwa in Ostpreußen, schon in den folgenden Jahren rasche Fortschritte. Die Abtretung von Akkerboden zwang in den Ostprovinzen zu Neulandgewinnung und vermehrtem Arbeitseinsatz. Das rapide Wachstum der Städte Berlin und Breslau und die spätere industrielle Entwicklung Preußens dürften daher weniger als Folgeerscheinungen einer massenhaften Landflucht proletarisierter Kleinbauern zu betrachten sein als vielmehr als Konsequenzen eines generell schnellen Anstiegs der Landbevölkerung, der seinerseits allerdings mit dem Landesausbau und dem Wegfall der Heiratsbeschränkungen zusammenhing.

Schließlich bot die 1811 gegen den Widerstand breiter bürgerlicher Schichten verkündete Gewerbefreiheit, die sonst fast nur im französisch regierten Deutschland herrschte, gute Chancen für eine wachsende Zahl neuer Gewerbetreibender. Zumindest auf dem Lande mußte man nun in der Regel nur mehr gegen Gebühr einen Patentschein lösen, um sich in einem Gewerbeberuf niederlassen zu können. Auch in den Städten wurden die Zünfte zu Privatvereinen degradiert. Ihr Ansehen und Einfluß trugen indes dazu bei, daß sich die gewerbliche Entwicklung Preußens zunächst nicht so sehr von jener der süddeutschen Staaten oder Schleswig-Holsteins unterschied, die bei einem (z. T. großzügig gehandhabten) Gewerbekonzessionssystem bzw. bei einer modifizierten Zunftverfassung stehen

Gewerbe- und Handelsreformen

blieben und dabei neben „öffentlich-rechtlichen" Befugnissen (wie einer eigenen Zunftgerichtsbarkeit) bisherige Produktionsbeschränkungen ebenfalls abbauen. Günstig wirkten in dieser Hinsicht zudem der Ausbau von Verkehrswegen, die Vereinheitlichung von Münzen, Maßen und Gewichten sowie handelspolitische Erleichterungen, etwa die Abschaffung der Binnenzölle (z. B. linksrheinisch 1794/98, Berg 1806/08, Bayern 1807, Westfalen 1811 – letzteres vorbildlich für Preußen 1818).

Staatliche Finanznöte und Modernisierungspolitik

Freilich verursachten auch derartige Modernisierungsmaßnahmen häufig zunächst einmal Einnahmeausfälle bzw. neue Kosten. Die Finanzpolitiker zahlreicher Territorien suchten der steigenden Staatsverschuldung durch Steuerreformen zu begegnen, bei denen bisherige Steuerprivilegien abgebaut, vor allem die indirekten Steuern erhöht, das gesamte Steuer- und Kassensystem verstaatlicht, vereinfacht und vereinheitlicht und durch die Erstellung neuer Kataster die Steuerlasten besser an die unterschiedliche Belastbarkeit der Pflichtigen angepaßt werden sollten. Da dies meist nicht ausreichte, wurden Zwangsanleihen ausgeschrieben. Berg versteigerte zwei Drittel seiner Domänen, Baden und Bayern unterzogen ihr Staatsschuldenwesen einer durchgreifenden Modernisierung. Die preußische Regierung sah sich angesichts der hohen französischen Kontributionsforderungen ab 1807 jahrelang auf die Mitwirkung der adeligen Kreditinstitute angewiesen, denen dafür sogar die Staatsdomänen verpfändet werden mußten. Dem Staatskredit sollte auch die Einberufung von Notabeln (1811, 1812/15) dienen, aber gerade die diesbezüglichen Erfahrungen bestärkten Hardenberg in seinem Vorhaben, eine entscheidungsbefugte Nationalrepräsentation erst nach einer inneradministrativen Regelung des künftigen Abgabensystems und der Staatsschulden einzuberufen.

War Kriegführen schon immer eine kostspielige Angelegenheit, so erforderte die Sicherung der eigenen staatlichen Existenz während der napoleonischen Kriege noch zusätzlich eine Modernisierung und eine (unpopuläre) Ausweitung der Armeen. Diese erfolgte in den Rheinbundstaaten, die ja bestimmte Kontingente an den Kaiser abstellen mußten (z. B. Westfalen 25 000, Arenberg 379 Mann), mehr oder minder nach französischem Vorbild. Dementsprechend wurde das Prinzip der allgemeinen Wehrpflicht (bei festgelegter Dienstzeit) generell durch die Möglichkeit zur Stellung eines Ersatzmannes durchbrochen, in Süddeutschland anfänglich auch noch durch eine hohe, seit 1808/12 erheblich verminderte, später teilweise wieder ausgeweitete Zahl von Befreiungen. Milizartige

Bedingte Militärdienstpflicht oder allgemeine Wehrpflicht?

Verbände wurden aufgelöst bzw. in eine Art staatlich kontrollierter Landwehr umgewandelt. Deren Gründung hatten im Jahr vor dem Tiroler Volksaufstand der Minister Stadion und Erzherzog Johann in Österreich durchgesetzt. Der führende Heeresreformer der Monarchie, Erzherzog Karl, bemühte sich als Generalissimus (1806–1809) allerdings eher um eine Reform der Linientruppen, ohne indes selbst den Stellenkauf ganz beseitigen zu können. In Preußen wurde ebenfalls zunächst das Heer neu gegliedert, die Auslandswerbung entfiel, und an die Stelle von mechanischer Pflichterfüllung und starrer Lineartaktik traten teilweise patriotischer Enthusiasmus und die flexiblere Tirailleur- und Kolonnentaktik. Aber auch Scharnhorst, Gneisenau, Clausewitz, Grolmann und Boyen hatten vielfältige Widerstände zu überwinden, bevor ihre Idee einer allgemeinen Wehrpflicht nach einem ersten Anlauf 1813/14 in Preußen als einzigem Land Europas im September 1814 definitiv gesetzlich verankert wurde. Der König und konservative Militärs befürchteten nämlich neben einer Verringerung der Heeresqualität revolutionäre Folgen. Doch seit 1814/15 bestand das preußische Militär, das Napoleon 1807 auf 42000 Mann begrenzt und für das Scharnhorst daraufhin durch eine Art Schnellschulung (sog. Krümpersystem) eine geheime Reserve aufzubauen versucht hatte, aus der Linie, der Landwehr sowie dem nie wirklich zum militärischen Einsatz gelangten Landsturm. Die Landwehr aber erfaßte alle Männer bis 40 Jahre, konnte – um das Bürgertum zu gewinnen – ihre Offiziere großenteils aus dem Kreis der sozial gehobenen „Einjährigfreiwilligen" wählen und bewahrte damit trotz einer 1819 erfolgten Angleichung an das Linienmilitär eine gewisse Eigenständigkeit.

Eine Heranziehung derart breiter Schichten zum Militärdienst wäre wohl kaum möglich gewesen, wenn man an den alten drakonischen Militärstrafen (wie Spießrutenlaufen) festgehalten hätte. Nunmehr aber bemühten sich viele Staaten, ihren „Vaterlandsverteidigern" eine besondere Soldatenehre zuzuschreiben, womit z. B. der Ausschluß von Kriminellen aus der Armee einherging. Ziemlich konsequent wurde in Preußen das Prinzip der „Freiheit der Rükken" (Gneisenau) in die Tat umgesetzt. Der württembergische König achtete dagegen zwar recht rigoros auf die allgemeine Militärdienstverpflichtung seiner Untertanen, war aber im Gegensatz etwa zu seinem badischen Nachbarn nicht bereit, in dieser Hinsicht dem preußischen und französisch-westfälischen Vorbild wenigstens teilweise zu folgen. Auch wies sein Offizierkorps einen relativ hohen Anteil an (z. T. aus Preußen stammenden) Adeligen auf, wogegen

Die Idee einer besonderen Soldatenehre

dieser in Bayern 1811 nur 40%, in Baden 1806 56%, in Sachsen jedoch 1808 über 70% betrug. In Preußen freilich hatte der Prozentsatz 1806 sogar bei rd. 90% gelegen.

Reformen im Offizierskorps

Doch wurden hier nach der Niederlage von 1806/07 unfähige, weil z. B. feige oder – häufiger – überalterte Offiziere in großer Zahl entlassen. Nach dieser „Selbstreinigung des Heeres" und der Verkündung des Leistungs- anstelle des Anciennitäts- und Herkunftsprinzips auch für den Offiziersberuf (1808) sank der Anteil adeliger Offiziere steil auf 54 % (1819) ab, um danach jedoch u. a. infolge der weiterbestehenden Zuwahlmöglichkeit von Fähnrichen ins Offizierkorps wieder merklich anzusteigen. Doch die nichtadeligen Offiziere entstammten meist ebenfalls einer schmalen, nur eben bürgerlichen Eliteschicht und entwickelten gerade in Preußen, weniger allerdings in Süddeutschland, einen ausgeprägten, streng konservativ-monarchistischen Korpsgeist. Sowohl durch reorganisierte bzw. neugegründete Kadettenanstalten als auch durch den Kriegseinsatz von Massenheeren – obwohl oder gerade weil z. B. der Rußlandfeldzug viele tausend Opfer forderte – trug das Militär zur Entstehung eines Landespatriotismus und damit zur Konsolidierung speziell der neuen Staatsgebilde bei. Dafür stand den Soldaten und ihren Angehörigen nach Ansicht mancher Monarchen sogar ein Anspruch auf Versorgung zu.

Außer gegenüber den zivilen und militärischen „Staatsdienern" zeigten sich die Regierungen angesichts knapper Finanzmittel allerdings in dieser Hinsicht auch in denjenigen Staaten relativ wenig großzügig, in denen infolge der Säkularisation die Staatsgewalt eine Fülle sozialer Aufgaben übernehmen sollte. Bis dahin hatten sie ja speziell das Armenproblem, von einzelnen Unterstützungsleistungen (wie dem Verteilen von billigem Brot in Notzeiten) abgesehen, oft vornehmlich mit repressiven Mitteln zu lösen versucht. In Fortführung älterer Ansätze (Österreich, Kurmainz) wurde aber nun

Übergang von der Wohlfahrts- zur Sozialpolitik

selbst im überwiegend katholischen Bayern seit Graf Rumford die Armenfürsorge von einer vorwiegend kirchlichen bzw. privaten, jedenfalls aus der Idee der christlichen Caritas gespeisten Angelegenheit auch zu einer regulären Aufgabe der weltlichen Obrigkeit. Während der arbeitsfähige, aber arbeitsunwillige Bettler mehr denn je zum Asozialen, ja Kriminellen gestempelt wurde – dem ein Privater bei Strafe kein Almosen geben durfte! –, erkannte es die bayerische Regierung erstmals als ihre Pflicht an, dem unverschuldet Arbeitsunfähigen mittels individuell abgestufter Leistungen ein Existenzminimum zu garantieren, wenngleich sie die Erfüllung dieser Verpflichtung bald wieder in die Hände der Gemeinden legte. Insofern steht die Zeit um 1800 am Übergang von der alten Wohlfahrts- zur modernen Sozialpolitik. Auch wurde der Aufbau eines öffentlichen Gesundheitswesens (Pockenschutzimpfung!) allenthalben forciert.

Ein größeres Gewicht als auf diese sozialpolitischen Ansätze legten die Regierungen aber gemeinhin auf eine mit dem Auf- bzw. Ausbau eigener Schulbehörden verbundene stärkere Förderung des Bildungswesens. Zwei Grundzüge prägten dessen Entwicklung: zum einen die fortschreitende staatliche Reglementierung und Vereinheitlichung auf wenige, hierarchisch abgestufte Schultypen, zum andern das Ringen zwischen einer mehr auf den berufsständischen Nutzen hin orientierten philanthropistischen und einer eher auf „allgemeine Menschenbildung" zielenden neuhumanistischen Richtung.

Auf dem Gebiet der Elementarschulbildung, wo – wie im Realschulwesen – die erstgenannte Richtung dominierte, kann man allerdings für die linksrheinischen und westfälischen Gebiete kaum von Fortschritten sprechen. Ansonsten jedoch blieben die in der Kontinuität aufgeklärt-absolutistischer Tendenzen stehenden Bemühungen vieler Territorien um eine höhere Schulbesuchsquote und einen weiteren Ausbau des Trivialschulwesens besonders in Südwestdeutschland und Sachsen nicht ohne Erfolg. Doch dessen Qualität verbesserte sich, trotz Intensivierung der Lehrerbildung und einer partiellen Rezeption von Pestalozzis Lehrmethoden, nur langsam. Schuld daran trug vor allem die schlechte Lehrerbesoldung. Weithin erhielt sich die meist ein- bis zweiklassige Dorfschule mit konfessioneller Trennung, deren Träger die Gemeinde bzw. ein adeliger Schulpatron war.

Eher quantitative Verbesserungen im Elementarschulbereich

Ein größeres Augenmerk – und erheblichere finanzielle Mittel – widmeten die Politiker gemeinhin der höheren Bildung und der Wissenschaftspflege. Die Interessen und das Selbstverständnis der „gebildeten Stände" begünstigten hier das Vordringen des neuhumanistischen Ansatzes, der programmatisch auf eine Meritokratie abzielte, ohne infolge fehlender Chancengleichheit den sozialen Aufstieg aus der Unterschicht zu fördern; eher galt dies schon für den Aufstieg aus dem niederen Bürgertum. Im Gymnasialbereich, wo im Zuge einer zentralistischen Reform (außer in Württemberg) zahlreiche alte Lateinschulen, Lyzeen etc. zugunsten einheitlich organisierter, wohldotierter Gymnasien verschwanden bzw. degradiert wurden, setzte sich der Neuhumanismus verschiedentlich schon frühzeitig durch, wahrscheinlich am ausgeprägtesten in Preu-

Staatliche Förderung der höheren Bildung zwischen Philanthropismus und Neuhumanismus

ßen, das auch durch sein Gymnasiallehrerexamen (1810) und sein neues Abiturreglement (1812) besonders für Nord- und Mitteldeutschland vorbildlich wurde.

Ähnlich verlief die Entwicklung auf der höchsten Ebene des Bildungswesens. Nach der Aufhebung zahlreicher Universitäten insbesondere in ehemals geistlichen Territorien erfolgte eine Reihe von Reorganisationen bzw. Neugründungen – z. B. Heidelberg (1803/05), Berlin (1810), Bonn (1818) – sowie Verlegungen: Ingolstadt nach Landshut (1800) und weiter nach München (1826), Frankfurt/Oder nach Breslau (1811). Dabei wurde das Universitätsleben im rheinbündischen Süddeutschland ganz im Gegensatz zu dem schon wieder stark geistlich dominierten Bildungswesen des franziszeischen Österreich noch durch spätaufklärerische Maximen wie staatliche Reglementierung, Säkularisierung und Praxisorientierung geprägt. In Baden wirkte sich allerdings auch schon Reitzensteins Sympathie für die Freiheit der Lehre, in Bayern aber eine liberale Berufungspolitik aus, die ungewollt antirationalistische Tendenzen (Schelling, Savigny) förderte. In Preußen wollte man durch geistige Kräfte ersetzen, was man an physischen verloren hatte. Namentlich die unter Mitwirkung der idealistischen Philosophen Fichte und Schleiermacher zustande gekommene Gründung der Universität Berlin wandte sich deshalb nicht nur von der korporativ verfaßten Universität des Alten Reiches, sondern ebenso von dem französischen Modell der Fachhochschulen ab. Bezüglich Organisation und Verwaltung orientierte man sich am Göttinger Vorbild. In „Einsamkeit und Freiheit" (Humboldt) sollten Forschung und Lehre, ihrerseits auf das engste verbunden, gedeihen und auf eine „Nationalerziehung" hinführen. Dieses Ideal wirkte weiter, wenngleich es sich in der bald anbrechenden Epoche der Reaktion natürlich nur unvollkommen realisieren ließ.

Die Unterdrückung nationaler und konstitutioneller Regungen

Allerdings war schon die napoleonische Zeit alles andere als ein Zeitalter geistiger Freiheit gewesen. Der wachsende Druck Napoleons ließ liberale Ansätze etwa in der Zensurpolitik schnell verkümmern, und dies nicht nur innerhalb seines engeren Machtbereichs, wiewohl vor allem in Berg die Presse nicht so rigoros gegängelt wurde wie in Frankreich. In der Krise von 1813 verschärften manche seiner Verbündeten das Spitzelwesen noch und verboten, wie zuvor schon der Despot von Stuttgart, schlankweg sämtliche politischen Äußerungen. Das sich teilweise anschließende Tauwetter ging schnell vorüber. Metternich suchte mit Hilfe der Karlsbader Beschlüsse, die u. a. die Überwachung der Universitäten und eine

Vorzensur für Druckschriften bis zu 20 Bogen Länge vorsahen, alle nationalen und konstitutionellen Regungen zu unterdrücken.

Die zukunftsweisende Verfassungsgebung in verschiedenen süddeutschen Staaten konnte er freilich nicht verhindern. Zwar hatte mit der Aufhebung der landständischen Verfassungen in den Modell- bzw. Reformstaaten des Rheinbundes gerade hier der Staatsabsolutismus Einzug gehalten. Doch hatte bereits dieser, vereinzelten Willkürakten zum Trotz, seine Machterweiterung wesentlich mit dem Schutz der „bürgerlichen Freiheit" legitimiert, wie die Konstitutionen von Westfalen und Bayern und Frankfurts Organisationsedikt (1810) zeigen. Nunmehr legte der einzelstaatliche Wille zur inneren Konsolidierung – ebenso etwa im finanziellen Bereich (Staatsschuldentilgung) wie auf gesellschaftlichem Gebiet (u. a. Integration der Mediatisierten) – die Gewährung bestimmter legislativer Mitspracherechte an die Gebildeten und Besitzenden nahe. So stand am Ende der Reformzeit gewissermaßen ein viergeteiltes Deutschland: mit dem (relativen) Immobilismus des franziszeischen Österreich, dem wirtschaftlich und teilweise auch kulturell liberalen Preußen, den süddeutschen Staaten mit ihrer verfassungsmäßig garantierten „politischen Freiheit" und der Masse der mittel- und norddeutschen Territorien, die noch am ehesten von allen an die Zustände vor 1803/06 erinnerten.

Die Verfassungsfrage

II. Grundprobleme und Tendenzen der Forschung

1. Kontinuitäten und Diskontinuitäten des Reformprozesses zwischen 1740/48 und 1814/21

Die Zeit zwischen 1740/48 und 1814/21 unter dem Aspekt der Innenpolitik der Reichsterritorien als eine Einheit aufzufassen, mag überraschen. Meistens wird doch in Lehre und Forschung die „Frühe Neuzeit" von der „neuesten Zeit" (19./20. Jahrhundert) abgegrenzt, wobei die Ära der Französischen Revolution bzw. Napoleons auch für die deutsche Geschichte als Epochenscheide dient.

In Übereinstimmung mit verschiedenen neueren Überblicksdarstellungen ließe sich dafür unter außen-, z.T. aber auch innenpolitischen Gesichtspunkten (Rétablissement) jedoch ebenso das Jahr 1763 ins Auge fassen oder aber eben – wie es hier unter dem Aspekt der intensivierten Reformtätigkeit wichtiger Reichsstände geschieht – die Zeit von 1740/48. Denn trotz eines vorübergehenden Abflauens der Reformbewegung ab 1785/90 gab es in der Folgezeit, zu Beginn des 19. Jahrhunderts in Preußen – und anderswo – eine „an allen Ecken lebendige Tradition des Aufgeklärten Absolutismus" [24: K. O. Frhr. v. ARETIN, Bund, 130], und es waren die Reformer nach 1803/06, „die entscheidende Forderungen der Aufklärer verwirklichten" [157: H. MÖLLER, Preußen, 528]. So führte das 19. Jahrhundert vieles zu Ende, was im 18. Jahrhundert nur geplant oder erst begonnen worden war. Gerade die „sich immer mehr beschleunigende Auflösung der Alten Welt und die auf sie reagierenden und zugleich stimulierenden Reformversuche" haben H. MÖLLER [64: Fürstenstaat, 9] und in ähnlicher Weise K. O. Frhr. v. ARETIN [24: Bund] daher neuerdings veranlaßt, die Epochen des „Aufgeklärten Absolutismus" und der „Deutschen Reformzeit" zusammenfassend darzustellen, entsprechend der Erkenntnis von E. WEIS: „Die Reformen der Französischen Revolution und der Zeit des Empire sind in vielen Staaten des Festlandes schon vor 1789 durch den aufgeklär-

„Epochenjahre":
1740/48–1763 –
1789/92–1803/06

ten Absolutismus eingeleitet worden, wobei Frankreich eine der wenigen Ausnahmen bildete" [101: Durchbruch, 22].

Linien der Kontinuität

Im einzelnen lassen sich, R. VIERHAUS zufolge, Kontinuitätslinien ziehen sowohl unter institutionellen Aspekten (Zentralisierung, Rechts-, Kirchen- und Schulpolitik) wie auf ideen- und mentalitätsgeschichtlichem Gebiet, wo der philosophische Idealismus und der politische Frühliberalismus an Aufklärungstendenzen anknüpfen konnten, schließlich aber auch im personellen Bereich hinsichtlich der Karrieren der führenden Reformpolitiker [in: 282: E. WEIS, Reformen]. Denn während wichtige, eher traditionalistisch eingestellte soziale Gruppen (Reichsritter, Mönchsklerus, adelige Reichskirche) von den Vorgängen der Jahre 1802/06 auf das härteste betroffen wurden, erfolgte der Aufbau eines modernen Beamtenapparats vielfach relativ kontinuierlich [bes. für Württemberg: 288: B. WUNDER, Privilegierung; für Baden: 112: K. GERTEIS, Absolutismuskritik]. Die Reformen des beginnenden 19. Jahrhunderts waren also das Werk von Bürokratien, die zuvor schon partiell modernisiert worden waren.

Allerdings lag im 18. Jahrhundert die Initiative zu Reformen und oft auch deren legislative Umsetzung (z. B. mittels Kabinettsorder) zumeist noch großenteils bei den Monarchen, wenngleich die neuere Forschung auch hier die Rolle der Beamten stärker ins Blickfeld gerückt hat. Von einer Dominanz der Bürokratie im Reformprozeß kann man indes erst für die Reformzeit sprechen, wo lediglich der württembergische König das Format eines eigenständigen und eigenwilligen Gestalters der Innenpolitik besaß, während andere Monarchen, persönlich regelmäßig überfordert, sich von ihren Ministern mehr oder minder willig leiten ließen. Letztere stammten – wie schon manche Reformbeamte des 18. Jahrhunderts – oftmals aus dem (deutschen) Ausland, und *sie*, Stein und Hardenberg, Montgelas, Marschall u. a., müssen als die eigentlichen Motoren des Reformwerks gelten. Infolge der Reformen aber erlangten die Fürsten gerade der deutschen Mittelstaaten zwischen 1806 und 1815 eine Machtfülle, die sie weder davor noch danach besaßen.

Wachsende Dominanz der Bürokratie im Reformprozeß

Kontinuität der Reformmotive:

So leistete der Aufgeklärte Absolutismus in vieler Hinsicht eine „gewaltige Vorarbeit", indem er „bereits den Feudalismus auf der politischen – nicht auf der sozialen – Ebene entmachtet, ... der monarchischen Zentralgewalt auf dem gesamten Staatsgebiet zur Anerkennung verholfen" hatte; aber bis zur Deutschen Reformzeit blieb der Staat doch „nach unten unvollständig", „gelang es ... keiner deutschen Regierung – mit Ausnahme derjenigen Josephs II. in einigen Punkten – ... die herkömmliche Gerichts-, Agrar-, Militär- und Wirtschaftsverfassung grundsätzlich anzutasten" [E. WEIS, in: 115: F. KOPITZSCH, Aufklärung, 206 f.]. Von den Intentionen her gesehen, läßt sich die Reformzeit also in vieler Hinsicht nicht nur als eine „Nachholung des Absolutismus" in vielen Territorien [54: E. R. HUBER, Verfassungsgeschichte I, 87], sondern auch als eine Vollendung aufgeklärt-absolutistischer Bestrebungen des 18. Jahrhunderts verstehen.

a) Erhaltung und Ausweitung der Staatsmacht

Gerade die existentielle Bedrohung, die für die deutschen Territorien vom Napoleonischen Frankreich ausging, ließ nämlich das Argument zeitweise wieder in den Vordergrund treten, das – allen Widerständen zum Trotz – schon im Aufgeklärten Absolutismus eine wesentliche Rolle gespielt hatte: Daß man, um den Staat zu erhalten, traditionelle Strukturen durch neue, effizientere ersetzen, althergebrachte „Mißbräuche" ohne Rücksicht auf partikulare Interessen und Rechtsansprüche beseitigen müsse [vgl. 169: D. BEALES, Joseph II, 98 ff.; 280: E. WEIS, Montgelas, 224 ff.; zu Hardenberg: 21: G. WINTER, Reorganisation, 305]. Daß dies in einer besonderen Krisensituation gelang, deutet jedoch darauf hin, daß spätaufklärerische Traditionen keineswegs den einzigen Anlaß für die Durchführung der damaligen Reformen bildeten. In die gleiche Richtung wies das Bestreben der untereinander konkurrierenden größeren Fürsten, ihre staatsrechtlich gesehen weiterhin absolute Staatsgewalt zu erhalten bzw. zu erweitern. Außerdem bildeten Kriege häufig den Ausgangspunkt für eine intensivierte Reformtätigkeit. Die Finanznot nach einem Krieg, der Wunsch, bei einem künftigen Waffengang (besser) gerüstet zu sein, erforderten gebieterisch eine Steigerung der wirtschaftlichen und finanziellen Grundlagen der staatlichen Politik, wie zuletzt wieder für das theresianische Österreich nachgewiesen wurde [177: P. G. M. DICKSON, Finance]. Territoriale Erwerbungen boten, aufgrund der Stärke der Krone gegenüber ihren neuen Untertanen (einschließlich der Stände), zudem Experimentierfelder für Reformen, deren spätere Übertragung auf den Gesamtstaat geplant war.

Die Epoche des Aufgeklärten Absolutismus und die Reformzeit verbindet aber nicht nur der Wille zur Erhaltung bzw. Stärkung der zentralen Staatsmacht, sondern auch Zielsetzungen, die aus dem spezifischen Ideengut der Aufklärung stammen, z. B. die Ausschaltung herrscherlicher „Willkür" durch die Bindung des Fürsten an das „Gemeinwohl". Die schrittweise Durchsetzung des Monopols legitimer Gewaltausübung durch den Staat und die Tendenz zur

b) Tendenz zur Achtung der „bürgerlichen Freiheit"

Achtung der „bürgerlichen" Freiheit – nicht der „politischen" Freiheit im Sinne politischer Partizipation – durch eben diese Staatsgewalt schlossen sich, einzelnen Übergriffen zum Trotz, zunächst nicht unbedingt gegenseitig aus, solange vorrangig „feudale Machtzersplitterung", „ständische Willkür" und die Herrschaft korporativer „Partikularinteressen" die individuelle „bürgerliche Freiheit" bedrohten [vgl. H. CONRAD u. H. LIEBEL, bd. in: 53: W. HUBATSCH, Absolutismus].

Veränderte Bedingungen politischen Handelns

Dennoch ist bei aller Kontinuität der Reformmotive der Einschnitt, den die Französische Revolution verursachte, nicht zu übersehen. Zum einen führte sie auch in Deutschland zu einer partiellen Politisierung, zu einer Steigerung der Umbruchserwartung, zum anderen veränderte sie die Bedingungen politischen Handels. Das gilt für Preußen, für das aus diesem Grunde TH. NIPPERDEY – ohne die Verbindungslinien zwischen Stein-Hardenbergschen Reformen und preußischem Erbe, Absolutismus und Aufklärung zu leugnen – wie viele Autoren vor ihm das „factum brutum: die Katastrophe von 1806" am Anfang der Reformen stehen sieht [66: Geschichte, 33], das gilt aber fast noch mehr für die kleineren und mittleren deutschen Staaten. Waren vor 1803/06 vielen Reformvorhaben wegen der reichskirchlichen Strukturen und der reichsrechtlich geschützten landständischen Verfassungen enge Grenzen gesetzt, so hatten die Reformer nun nach dem Ende des Alten Reiches in dieser Hinsicht freiere Bahn. Das Vorbild und der politische Druck des imperialen Frankreich wiesen zudem vielen Reformplänen die konkrete Richtung. Schließlich wurde – bei aller Begrenztheit politischer Partizipation im Empire selbst – die Frage der Heranziehung breiterer Schichten zur Erfüllung der erweiterten staatlichen Aufgaben nun erst wirklich akut [E. FEHRENBACH, in: 28: H. BERDING, H.-P. ULLMANN, Deutschland]. In diesem Zusammenhang sind u. a. die Ausdehnung der Wehrpflicht und die Ansätze politischer Mitwirkung durch „neuständische" Gremien („Nationalrepräsentationen", Stadtverordnetenversammlungen in Preußen) zu sehen. Doch erzielte gerade die rheinbündische Reformzeit ihre größten Erfolge ebenso wie der Aufgeklärte Absolutismus im Verwaltungs- und Rechtsbereich; Verwaltungs- und Verfassungsreformen bildeten immer noch eine Einheit. Immerhin hatte das Empire nicht nur die „absolutistische" Staatskonzentration, sondern auch den gesellschaftlichen Wandel von der ständischen zur bürgerlichen Gesellschaft beschleunigt [DIES., in: 220: A. v. REDEN-DOHNA, Deutschland, 28 f.]. Doch zur Durchsetzung rechtsstaatlicher Strukturen mußte, nachdem der „reformerische Absolutismus" der Jahre 1740/48 – 1814/21 sein Ziel eines staatlichen Gewaltmonopols weitgehend erreicht hatte, der Absolutismus selbst angegriffen werden.

2. Der Aufgeklärte Absolutismus

2.1 Historische Einheit im Widerspruch?

Der Begriff „aufgeklärter Absolutismus", Mitte des 19. Jahrhunderts entwickelt von W. ROSCHER mit Blick auf das gegenüber dem „klassischen" bzw. „höfischen" Absolutismus Ludwigs XIV. neue Staatsverständnis Friedrichs II. und die sich daraus ergebenden politischen Konsequenzen, bürgerte sich manchen Einwänden zum Trotz in der deutschen Historiographie rasch ein. Er wurde auf andere Fürsten – zunächst Joseph II. – übertragen und wird heute (etwa als Synonym zum „despotisme éclairé") weithin als europäische Erscheinung verstanden [K. O. Frhr. v. ARETIN, in: 104: DERS., Absolutismus; Forschungsüberblick: 61: J. KUNISCH, Absolutismus]. Die Umdeutung zum Epochenbegriff drückt sich dabei in der zunehmend häufigeren Schreibweise „Aufgeklärter Absolutismus" aus. Das hat den Begriff jedoch nicht vor grundsätzlicher Kritik bewahren können.

    Traditionell trennt man im deutschen Sprachraum den west- und mitteleuropäischen „Absolutismus" vom russischen bzw. osmanischen „Despotismus". Demgegenüber empfahl der Amerikaner L. KRIEGER 1975, zwischen dem „aufgeklärten Absolutismus" als einer unglücklichen und notwendigerweise umstrittenen Bezeichnung für die Beziehungen zwischen den Ideen der Aufklärung und einer höchst heterogenen Herrschaftspraxis des 18. Jahrhunderts einerseits und der von ihm untersuchten, z. B. von Physiokraten vertretenen „Idee" des „aufgeklärten Despotismus" andererseits zu unterscheiden [118: Essay]. Im gleichen Jahr rief C. B. A. BEHRENS sogar zu einem völligen Verzicht auf diesen von ihr als zu unpräzis und personalistisch empfundenen Begriff auf, insbesondere mit dem Argument, daß kein Einvernehmen darüber herrsche, welche wesentlichen Veränderungen in Staat und Gesellschaft das aufgeklärte Denken eigentlich gefordert habe [106: Despotism].

    Auf der Suche nach einem treffenderen Ersatzbegriff wird in letzter Zeit häufiger die neue Wortschöpfung „Reformabsolutismus" angeboten: In einer bestimmten Phase des Absolutismus habe das Moment der Reform eine neue Qualität erhalten, sei sozusagen

Marginalia:
- „Aufgeklärter Absolutismus" – Geschichte eines Begriffs
- Alternativer Terminus: „Reformabsolutismus"

zu dessen Wesensbestandteil geworden. Doch erscheint die Verbindung des staatsrechtlichen Terminus „Absolutismus" (als Charakterisierung der vom 17. bis in das frühe 19. Jahrhundert in Deutschland vorherrschenden Staatsform) mit dem Ausdruck „Reform" (verstanden als Modernisierungspolitik) kaum weniger unscharf als seine Synthese mit dem Sammelbegriff „Aufklärung" für die plakativ so genannte höchst komplexe geistige und gesellschaftliche Bewegung des 18. Jahrhunderts. Auf die Frage, welchen Zeitraum die neue Bezeichnung abdecken soll, sind dementsprechend unterschiedliche Antworten gegeben worden.

Charakterisiert eine derartige Begriffskombination nicht ohnehin eher einen bestimmten Regierungstyp als eine Epoche? Schon 1932 gelangte F. HARTUNG nach Betrachtung der verschiedenen bis dahin vorgeschlagenen „Stufen" der absoluten Monarchie zu dem Ergebnis, daß es sich dabei nicht um eine chronologische Reihenfolge, sondern lediglich um unterschiedliche Erscheinungsformen des Absolutismus handele [in: 53: W. HUBATSCH, Absolutismus]. Die Festlegung des „Aufgeklärten Absolutismus" auf das halbe Jahrhundert zwischen 1740 und 1790/92 wirkt auch deshalb einigermaßen gesucht, weil sich auch während der sog. Reformzeit viele Politiker aufklärerischen Idealen immer noch verpflichtet fühlten. Umgekehrt wird zur Charakterisierung des Regierungsstils Maria Theresias gern dem Begriff „Reformabsolutismus" der Vorzug gegeben, weil nach einem Wort von R. A. KANN die Aufklärungsphilosophie hier eher „sozusagen als geistige Nachhut erfolgreich eingeführter Reformen" gewirkt habe [183: Kanzel, 127].

Hartungs Definition des „Aufgeklärten Absolutismus"

Dabei hatte F. HARTUNG 1955 in einer geradezu klassischen Definition unter „Aufgeklärtem Absolutismus" „eine von der Philosophie, insbesondere von der Staatslehre der Aufklärung stark beeinflußte Regierungsweise" verstehen wollen [in: 104: K. O. Frhr. v. ARETIN, Absolutismus, 57]. Als Charakteristika ergeben sich daraus ein gewandeltes herrscherliches Selbstverständnis und das Beschreiten neuer Wege in der Politik, da Aufklärung nie nur Theorie, sondern immer auch Praxis sein wollte. HARTUNG selbst stellte jedoch gerade mit Blick auf die Regierungspraxis seine eigenen Postulate wieder in Frage, wenn er schrieb: „Keiner der aufgeklärten ‚Despoten' hat ernstlich den Versuch gemacht, die Konsequenzen der aufgeklärten Staatslehre zu ziehen und die als hemmend empfundenen Schranken der bestehenden Gesellschaftsordnung zu durchbrechen oder auch nur beiseite zu schieben" [ebd., 68]. Das verweist auf die Unschärfe der hier verwendeten Begriffe.

2. Der Aufgeklärte Absolutismus

Schon der Begriff „Absolutismus" erscheint problemgeladen: Im Jahre 1740 war Preußen viel stärker vom monarchischen Absolutismus geprägt als z. B. die eher noch als „dualistischer Ständestaat" zu charakterisierende Habsburgermonarchie. Zum anderen stellt sich auch in diesem Zusammenhang die klassische Frage: Was ist Aufklärung? Hier reicht das Spektrum von „systemkonform"-gemäßigten bis zu radikalen, potentiell revolutionären Ansätzen. Nicht nur muß man zwischen deutscher und französischer, oft auch zwischen protestantischer und katholischer Aufklärung unterscheiden, sondern zudem noch den zeitlichen Faktor berücksichtigen. Betrachtet man Aufklärung als dynamischen Prozeß, so hat dies Rückwirkungen z. B. auf eine vergleichende Wertung: Friedrich II. stand geistig in der französischen Aufklärungstradition bis einschließlich Voltaire – zu der französischen Spätaufklärung eines Holbach fand er ebensowenig einen inneren Zugang wie zur postwolffschen deutschen Aufklärungsliteratur. Joseph II., einer neuen Generation angehörend, wuchs dagegen schon in einem anderen geistigen Umfeld auf.

<small>Problematik von „Aufklärung" und „Absolutismus"</small>

Die unterschiedlichen Inhalte, die dementsprechend den Begriffen „Aufklärung" und „Absolutismus" zugeschrieben werden konnten, haben zu verschiedenartigen Deutungen des Verhältnisses zwischen diesen beiden historischen Phänomenen geführt.

<small>Das Verhältnis von Aufklärung und Absolutismus:</small>

Die marxistisch-leninistische Geschichtsschreibung betrachtete traditionell den Absolutismus als eine auf eine einzelne Person mehr oder minder offen konzentrierte Form feudaladeliger Klassenherrschaft, die Aufklärung hingegen als eine dem Wesen nach bürgerliche Ideologie. Von diesen Grundthesen ausgehend, haben vor allem ältere Ostblock-Autoren, aber auch einige französische Historiker den Aufgeklärten Absolutismus als bewußtes Täuschungsmanöver [z. B. 97: G. VOGLER, K. VETTER, Preußen, 107], ja sogar als bloßen modischen Zierat interpretiert, den sich einige Herrscher des 18. Jahrhunderts zugelegt hätten [G. LEFEBVRE, in: 104: K. O. Frhr. v. ARETIN, Absolutismus].

<small>a) marxistisch-leninistische Historiographie: Spätfeudalismus</small>

Ernster nahm I. MITTENZWEI das Reformwerk des Aufgeklärten Absolutismus, indem sie ihn als Versuch deutete, „den bereits absolutistischen Machtapparat den Bedingungen des sich im europäischen Maßstab u. a. durch das Aufkommen der Aufklärung zuspitzenden Widerspruchs zwischen der sich entwickelnden Bourgeoisie und dem Feudalabsolutismus im Interesse einer weiteren Machtausübung durch die herrschende Klasse anzupassen". Mittels einzelner Reformen im Bereich des „Überbaus" das bestehende System zu stabilisieren, sei also das Ziel gewesen, und dieses Ziel habe gerade Friedrich II. insofern teilweise erreicht, als er „den Prozeß der Bewußtseinsbildung des deutschen Bürgertums durch die Illusion vom aufgeklärten Herrscher verzögerte" [120: Problem]. Am meisten setzte sich zuletzt M. Kossok von den früheren Deutungen ab: Die Aufklärung sei nicht zur Gänze als gedanklich antizipierte bürgerliche Revolution zu verstehen, als „Magd" habe sie in den Absolutismus rationale Elemente eingebracht und damit „objektive Entwicklungsvarianten" eröffnet, „deren Sackgassencharakter sich erst wesentlich später offenbart" habe. Doch auch er hielt daran fest, daß der Aufgeklärte Absolutismus keinesfalls eine grundlegende „Verbürgerlichung" bzw. „Entfeudalisierung" von Staat und Gesellschaft bewirkt habe [117: Absolutismus, zit. 639].

b) v. Aretin: Widerspruch zwischen Emanzipation und Herrschaftsform

Erblickt man, ohne die marxistischen Klassenkampftheoreme zu übernehmen, in der „Aufklärung" wesentlich ein Phänomen geistiger und gesellschaftlicher Emanzipation, so gelangt man fast zwangsläufig mit K. O. Frhr. v. Aretin zu der Auffassung, Aufklärung und Absolutismus hätten sich in letzter Konsequenz ausschließen müssen. Der Aufgeklärte Absolutismus sei daher nur ein „Bündnis auf Zeit" gewesen und habe den „Keim der Überwindung in sich" getragen: „Das Gesellschaftsideal des Aufgeklärten Absolutismus, das in der Hingabe jedes einzelnen an das öffentliche Wohl bestand, war nicht mit dem Freiheitsideal der Aufklärer der zweiten Hälfte des 18. Jahrhunderts ... identisch oder austauschbar. Letzteres war nur durch eine Revolution zu verwirklichen" [Einleitung, in: 104: Ders., Absolutismus, zit. 43 f.]. Obwohl Aretin das Bemühen aufgeklärter Herrscher um die „Glückseligkeit" ihrer Untertanen glaubwürdig erscheint, mußte es doch seiner Deutung nach an systemimmanente Grenzen der ständischen Gesellschaftsordnung und der monarchisch-absolutistischen Staatsstruktur stoßen, die realiter nur durch den Einfluß des revolutionären und imperialen Frankreich überwunden werden konnten.

Gerade die Einbeziehung des europäischen Aspektes führte Aretin jedoch auch zu der These, der Aufgeklärte Absolutismus sei, ökonomisch gesehen, als Versuch rückständiger Länder zu deuten, den Anschluß an die wirtschaftlich entwickelteren Staaten Westeuropas zu finden. Schon zuvor hatte H. Liebel die Reformen des Aufgeklärten Absolutismus als Maßnahmen beschrieben, „die aus der sozialen und wirtschaftlichen Nachkriegskrise erwuchsen" [in: 53: W. Hubatsch, Absolutismus, 492].

Eine Betrachtungsweise, die „Aufklärung" vorrangig als einen

2. Der Aufgeklärte Absolutismus

Rationalisierungsprozeß begreift, führt jedoch von der These vom immanenten Widerspruch des Aufgeklärten Absolutismus fort. So hat V. SELLIN zur Definition des Aufgeklärten Absolutismus lediglich einen „rationalen Gesamtentwurf der Politik und der Organisation des Staates" verlangt, wobei „die rein zweckrationale Rechtfertigung des Herrscheramts ... als unterscheidendes Element" zur früheren Form des Absolutismus erscheint, verbunden mit einer spürbaren Steigerung der staatlichen Ansprüche gegenüber den Untertanen. Aus der Sicht Friedrichs II. habe es damit auch keinen Widerspruch gegeben zwischen der Behauptung und Erweiterung staatlicher Macht nach außen – durch Landerwerb – und nach innen – mittels Stärkung der staatlichen Institutionen [128: Friedrich, zit. 103]. Dagegen wandte zuletzt G. BIRTSCH ein, daß man unter dem Gesichtspunkt der Rationalisierung des Staatsapparats schwerlich eine Epochengrenze zwischen dem „pragmatischen Reformabsolutismus" Friedrich Wilhelms I. (oder auch Maria Theresias) und dem „aufgeklärten Reformabsolutismus" werde ziehen können [G. BIRTSCH, in: 108: DERS., Idealtyp, 11]. Unter dem Gesichtspunkt der staatlichen Machtexpansion als solcher dürfte von einer Epoche des „Aufgeklärten Absolutismus" wohl in der Tat schwerlich zu sprechen sein. Denkbar ist jedoch, daß eine neue, rationale Begründung der fürstlichen Macht die Chancen zu deren Ausweitung vergrößerte.

Schon W. ROSCHER hatte gemeint, jede der von ihm beschriebenen Phasen des Absolutismus einschließlich der letzten, „aufgeklärten" Spielart habe die fürstliche Machtfülle vermehrt – nicht zuletzt auf Kosten der Untertanen: „Im Namen des Staates kann dessen ‚erster Diener' viel ungenirter [sic] Gut und Blut des Volkes in Anspruch nehmen, als in seinem eigenen" [77: Geschichte I, 381]. Dagegen sprach R. KOSER 1889 von einer „Rückbildung" des Absolutismus, insofern „als der sogenannte aufgeklärte Despotismus von neuem eine Mäßigung sich auferlegte ..., nicht durch den Verzicht auf die volle Unumschränktheit, wohl aber durch den Verzicht auf die einseitige Betonung seiner Rechte, durch die Voranstellung der Pflichten vor den Rechten und durch die Anerkennung des Naturrechts als Grundprinzip der Monarchie ..." [in: 53: W. HUBATSCH, Absolutismus, 3]. Erst die neuere Forschung hat erkannt, daß rechtsstaatliche Tendenzen und die Expansion staatlicher Macht bis zu einem gewissen Grad Hand in Hand gingen.

Aus diesem Grunde stieß der Ausbau der Staatsmacht lange Zeit nur selten auf den Widerspruch deutscher Aufklärer. H. MÖL-

c) Sellin: Modernisierung durch Zweckrationalität

Die Akzeptanz staatlicher Machtexpansion

LER, der wie ARETIN den „Dualismus von Moral und Politik, von Aufklärung und Absolutismus" betonte und den „Versuch ihrer Vermittlung im aufgeklärten Absolutismus ... auf partiellen Gemeinsamkeiten von temporärer Geltung" beruhen sah, stellte fest, daß die Berliner Aufklärer mehrheitlich immer nur versuchten, durch eine eher indirekte Kritik langfristig auf Reformen hinzuwirken: „Die Aufklärung des Absolutismus hatte in Preußen beiden ihre Radikalität genommen" [157: Preußen, 560]. Eine Gegnerschaft zwischen „Aufklärung" und „Absolutismus" *a priori* sei auch gar nicht anzunehmen, meinte J. VAN HORN MELTON [131: Enlightenment], da sich die deutschen Aufklärer aus Bereichen (wie Universität, Beamtenschaft, protestantischem Klerus) rekrutiert hätten, die mit dem monarchischen Staat eng verbunden gewesen seien. Außerdem ging es ihnen, wie R. VIERHAUS bemerkte, bei der Propagierung ihres Menschheitsideals zunächst um die Entfaltung vernünftigen Denkens im Bereich Religion und Bildung, „im Vertrauen auf die Unaufhaltbarkeit des Prozesses der Aufklärung" hingegen weniger um politische Garantien [in: 133: DERS., Prozeß, 17]. Je mehr freilich die Staatsmacht ein Übergewicht gegenüber den ständischen Gewalten erlangte, desto mehr mußte sie, wenigstens potentiell, zum Hauptgegner der nunmehr zunehmend staatsbürgerlich-individualistisch verstandenen „Freiheit" der Aufklärer werden [126: J. SCHLUMBOHM, Freiheit]. Insofern schließen sich die Deutungen des Phänomens „Aufklärung" als (potentiell revolutionärer) Emanzipations- und als (staatlicherseits lenkbarer) Rationalisierungsprozeß keineswegs gegenseitig aus, sondern markieren eher verschiedene Schwerpunkte bzw. Phasen.

Neue Legitimation der monarchischen Souveränität

Unter den Merkmalen eines idealtypisch verstandenen Aufgeklärten Absolutismus hob schon die ältere Forschung die neue Begründung der monarchischen Souveränität hervor: das Selbstbildnis des Fürsten als erstem Diener eines Staates, der sein Entstehen einem – freilich unkündbaren und nicht verifizierbaren – Herrschaftsvertrag im Sinne der Naturrechtslehren verdankte und dessen Ziel die allgemeine Wohlfahrt darstellte. Doch ist das Verhältnis von deutschen Fürsten zu Aufklärern differenziert zu sehen [125: J. SCHLOHBACH, Aufklärung]. Auch dürfte dem physiokratischen Ideal des „legalen" bzw. „legitimen Despoten" für das Selbstverständnis aufgeklärter Herrscher nur eine affirmative Funktion zuzuschreiben sein [K. GERTEIS, in: 108: G. BIRTSCH, Idealtyp]. Wichtiger, als daß ein Fürst derartige Theorien selbst nach außen hin vertrat, erscheint allerdings ohnehin, daß er aus ihnen Folgerungen für seine Regie-

2. Der Aufgeklärte Absolutismus 67

rungspraxis zog [E. WEIS, in: 115: F. KOPITZSCH, Aufklärung]. Doch fragt sich, ob der „Aufgeklärte Absolutismus" überhaupt eines „aufgeklärten Herrschers" bedurfte.

Traditionell ist der Begriff des „aufgeklärten" mehr als jener des „klassischen" Absolutismus an das Wirken einzelner Persönlichkeiten gebunden. Jüngst hat G. BIRTSCH drei deutsche Hauptprotagonisten des Typus „aufgeklärter Herrscher" anhand der Kriterien: rationaler Legitimationsgrund der Herrschaft, Partizipation am aufgeklärten Denkprozeß und aufgeklärte Reformtätigkeit miteinander verglichen und ist dabei zu dem Ergebnis gekommen, daß allein Friedrich II. von Preußen dem Idealbild nahezu entsprochen habe – im Gegensatz zu dem Eklektiker Joseph II., dem in den patriarchalischen Traditionen lutherischen Amtsdenkens stehenden Karl Friedrich von Baden [in: 108: DERS., Idealtyp] oder gar, wie man hinzufügen könnte, Maria Theresia. Aber alle stützten sich auf Mitarbeiter, die oft mehr als sie selbst den Idealen der Aufklärung verpflichtet waren. Für Preußen kann zwar nach Ansicht P. BAUMGARTS sowohl für die Aufklärung als auch den Aufgeklärten Absolutismus Friedrich II. „cum grano salis" als Exponent gelten, doch zeichnete sich selbst dort bereits während seiner Regierungszeit „der Aufstieg des ‚bürokratischen Absolutismus' [ab], der den monarchischen ablösen sollte" [137: Epochen]. Dabei erwies sich beispielsweise in der Wirtschafts- und in der Judenpolitik ein Großteil der Beamtenschaft im Sinne der aufklärerischen Ideale als „moderner" als der Monarch [138: P. BAUMGART, Staat; 139: DERS., Stellung]. In Hannover, Bayern oder Sachsen waren die eigentlich treibenden Kräfte der Reform ohnehin Beamte [C. INGRAO, in: 127: H. M. SCOTT, Absolutism; E. WEIS, in: 100: DERS., Deutschland]. Immerhin lag in dieser Epoche meist noch ein Gutteil der Initiative zu Reformen beim Fürsten, der sich mit reformfreudigen Mitarbeitern umgab – und viele Reformvorhaben dieser aufgeklärten Staatsspitze scheiterten dann wenigstens teilweise daran, daß gerade bei der niederen Beamtenschaft herkömmliche Denk- und Arbeitsweisen weiterlebten und sich Einflüsse lokaler bzw. ständischer Interessen bemerkbar machten.

Indes zeigen neuere Arbeiten, daß in manchen mittelgroßen Territorien die Stände entweder selbst einen nicht unbeachtlichen Anteil an der Modernisierungspolitik des Aufgeklärten Absolutismus leisteten [114: C. INGRAO, State] oder aber zumindest die finanzielle Basis sicherten, auf der der Fürst gewisse Reformen durchführen konnte [25: K. O. Frhr. v. ARETIN, Weg]. Für Bayern hat M.

Bedarf der „Aufgeklärte Absolutismus" eines bestimmten Herrschertyps?

Die Rolle der Bürokratie im Aufgeklärten Absolutismus

Reformpolitik und ständische Opposition

RAUH sogar betont, auch der „spätere Absolutismus" habe die Stände zunächst nicht entmachtet, sondern „eingestaatet", und erst gegen Ende des 18. Jahrhunderts sei deutlich geworden, „daß auf diesem Weg eine weitere Steigerung staatlicher Leistungsfähigkeit kaum noch möglich war", weswegen dann der „Reformabsolutismus nach 1800" das staatliche Gewaltmonopol unter Beseitigung der Stände durchgesetzt habe [123: Verwaltung, 1f., 285]. Daß es auch unter den Ständevertretern reformfreudige Männer gab, überrascht aber insofern nicht, als die Aufklärer sich ja ihrerseits überwiegend aus dem Bildungsbürgertum und einer reformbereiten Minderheit des Adels rekrutierten – einer räsonnierenden Schicht von „Gebildeten", deren auch „privater" Beitrag zur Modernisierung etwa des Schul- und Armenwesens gerade im protestantischen Deutschland nicht geringzuschätzen ist [vgl. 116: F. KOPITZSCH, Grundzüge; 159: W. NEUGEBAUER, Staat].

Das Bildungswesen im Zeitalter des Aufgeklärten Absolutismus

Eine konsequente staatliche Schulpolitik, um loyale Untertanen heranzubilden und die Wirtschaftskraft des Staates zu erhöhen, hat es dagegen nach den Erkenntnissen von W. NEUGEBAUER in Preußen, dem in dieser Hinsicht früher gerne eine Vorreiterrolle zugeschrieben wurde, nicht gegeben. In der Habsburgermonarchie war der (gesamt-)staatliche Zugriff auf das Schulwesen – auch im Sinne einer „Sozialdisziplinierung" (G. OESTREICH) – konsequenter [130: J. VAN HORN MELTON, Absolutism]. Ob er nur zu einer partiellen Umsetzung der zeitgenössischen Aufklärungspädagogik geführt hat, ist umstritten [so 179: G. GRIMM, Schulreform; dazu aber kritisch: G. KLINGENSTEIN, in: HZ 249, 1989]. Aus übergreifender Perspektive hat K.-E. JEISMANN betont, daß der Bildungsreformpolitik des Aufgeklärten Absolutismus eine „pädagogische wie politische Philosophie" entsprochen habe, die „geradezu den Zusammenfall von Staatsräson und Bildungsreform propagierte und also das Bildungswesen zu einer Staatssache umzugestalten empfahl" [56: Bildungspolitik, 15].

Dabei konnten nach neueren Forschungen manche Fürstbischöfe auf einem hohen Niveau der Alphabetisierung aufbauen, das der alten und teilweise immer noch wiederholten These von der Rückständigkeit der katholischen und speziell der geistlichen Territorien widerspricht [111: É. FRANÇOIS, Volksbildung]. Namentlich in Mainz, Würzburg und Bamberg erreichten auch die Universitäten ein beachtliches Niveau [113: N. HAMMERSTEIN, Aufklärung]. So scheint es denkbar, daß die Regierungen kleinerer Territorien eine wirksamere Bildungspolitik betrieben haben als die Großmächte

Preußen und Österreich. Dort förderten Friedrich II. und Joseph II. die gesellschaftliche Emanzipation durch Bildung jedenfalls nur in begrenztem Umfang.

Gesellschaftspolitisch ähnlich ambivalent zeigt sich der Aufgeklärte Absolutismus in den größeren Staaten, neueren Studien zufolge, in der Pressepolitik. Friedrichs „liberale" Verfügungen am Beginn seiner Regierung machten hinsichtlich der auf Massenwirkung angelegten Blätter nach kürzester Frist wieder einer verschärften Zensur, aber auch einer gezielten Pressebeeinflussung Platz, mit dem Ergebnis, daß seine Reformerfolge übertrieben dargestellt, kritische Stimmen dagegen unterdrückt wurden. Anderseits ließ der König dem für die Bildungselite bestimmten Schrifttum tatsächlich einen relativ weiten Spielraum, wofür sich diese auch aus taktischen Gründen revanchierte, indem sie Friedrich – nach M. WELKES Ansicht [in: 134: J. ZIECHMANN, Panorama] eigentlich unverdient – zum Schirmherrn der Geistesfreiheit stilisierte.

Ambivalente Pressepolitik

In Österreich und Bayern war die zeitweilige Lockerung der Zensur in den 1750er Jahren ebenfalls weniger vom Ideal der Pressefreiheit motiviert als vielmehr von der Idee einer Mobilisierung der Öffentlichkeit zugunsten neuer Reformvorhaben speziell in der Kirchenpolitik [185: G. KLINGENSTEIN, Staatsverwaltung; W. FICHTL, in: 45: H. GLASER, Krone]. Daß es zumindest im Falle Österreichs lediglich um eine „Erziehungszensur" als Vorstufe der späteren „Polizeizensur" ging [197: O. SASHEGYI, Zensur], belegt die in der Folgezeit restriktive Anwendung der Zensurbestimmungen, als Geheimbünde bzw. eine wachsende publizistische Opposition gegen die obrigkeitliche Autokratie der aktuellen – reformerischen oder konservativen – Regierungspolitik gefährlich zu werden drohten [175: L. BODI, Tauwetter]. Letztlich sollte immer der absolutistische Monarch, nicht die „öffentliche Meinung" die Entscheidungshoheit behalten.

Trotzdem wirkten die aufgeklärt-absolutistischen Fürsten insofern in begrenztem Umfang modernisierend, als sie die Entstehung einer solchen Öffentlichkeit eben partiell förderten. Eine einheitliche politische Linie war damit aber kaum verbunden. Denn zweifellos bildete die „von oben", potentiell auch auf Kosten traditioneller, kirchlich-religiös und ständisch geprägter Strukturen betriebene Ausweitung staatlich-bürokratischer Macht ein Kernstück „aufgeklärt-absolutistischer" (im Sinne von zweckrationalistischer) Politik. Doch aus der konkreten Situation ihrer Länder zogen gerade Friedrich II. und Joseph II. ganz unterschiedliche Konsequenzen. Wollte

Uneinheitlichkeit der gesellschaftspolitischen Zielvorstellungen

der Preußenkönig – wie der Müller-Arnold-Fall beweist – jedem „sein" Recht zukommen lassen, so bedeutete diese Gleichheit *vor* dem Gesetz doch noch keine Gleichheit *der* Gesetze. Im Gegenteil begnügte sich Friedrich weitgehend damit, die Stände zu einer Art für den Staat in unterschiedlicher Weise tätigen Berufsgruppen umzudeuten, um Auflösungstendenzen innerhalb der Ständegesellschaft zu begegnen. Nicht ohne Grund wurde seine Gesellschaftspolitik oft als Herrschaftskompromiß „zwischen Krone und Junkerkaste" [so z. B.: 82: H. SCHILLING, Höfe, 410, in der Tradition von 78: H. ROSENBERG, Bureaucracy] gedeutet und als höchst konservativ, sogar als reaktionär kritisch unter die Lupe genommen [T. C. W. BLANNING, in: 127: H. M. SCOTT, Absolutism]. Trotzdem kann man in ihr auch ein progressives Moment erkennen: „In historischer Perspektive ... bedeutete diese Umfunktionierung der Ständeordnung doch mehr als eine bloße Uminterpretation, nämlich eine Infragestellung ihrer tradierten Geltung und einen Schritt auf dem Wege zu ihrer Auflösung" [R. VIERHAUS, in: 153: J. KUNISCH, Analecta, 89].

Aufgeklärter Absolutismus als revolutionäre Tradition?

Wo die Expansion staatlicher Macht durch die Beschneidung von Privilegien konsequenter auf eine „societas sine imperio" ausgerichtet war, wurde der Politik des Aufgeklärten Absolutismus dagegen sogar des öfteren ein „revolutionärer Charakter" zugeschrieben. Wenngleich gelegentlich bestritten wird, daß Joseph II. die Ständegesellschaft tatsächlich habe „vernichten" wollen [J. BÉRENGER, in: 193: Österreich, 444], und auch hier nur von einer „Umbildung" des Adels die Rede sein dürfte, wird man mit V. PRESS doch zumindest behaupten dürfen, daß Joseph II. durch seine Vernachlässigung des Wiener Hofadels eine traditionelle Stütze der Habsburgermonarchie untergrub [DERS., in: 96: G. VOGLER, Herrscher]. Manche Autoren sehen in Joseph sogar einen „Revolutionär auf dem Thron", gegen den sich die Kräfte der Tradition allerdings mit großem Erfolg zur Wehr zu setzen vermochten.

Aus dieser Sicht überrascht es jedenfalls nicht, daß revolutionäre Bestrebungen direkt an obrigkeitliche Vorhaben anknüpfen konnten. In Österreich wollten „die Jakobiner ... zunächst die Wiederaufnahme eines Reformprogramms josephinisch-leopoldinischer Prägung, wobei sie dann im Einflußfeld der Französischen Revolution und der innenpolitischen Entwicklung unter Franz II. in ihren gesellschaftstheoretischen Vorstellungen über dieses Reformprogramm hinausgingen" [240: H. REINALTER, Revolution, 104]. Aber auch anderswo im Reich blieben die sog. deutschen Jakobiner mit ihren weitgesteckten Zielen eine rasch unterdrückte Minderheit, der

2. Der Aufgeklärte Absolutismus

auch die jüngste, intensivierte Forschung – selbst marxistischer Autoren – mehr eine qualitative Bedeutung als Urväter der Demokratie in Deutschland als einen quantitativen Einfluß hinsichtlich der tatsächlichen Verbreitung revolutionärer, demokratischer bzw. republikanischer Ideen zuzuschreiben vermag. Wenngleich eher erklärungsbedürftig erscheint, warum in Frankreich 1789 eine Revolution ausbrach als warum sie im Reich (und anderswo) ausblieb, so zählt im letzteren Falle doch zweifellos das Fehlen einer breiten Trägerschicht zu den Gründen.

Noch bedeutsamer, wenngleich mit ambivalenten Folgen, erschien R. STADELMANN dabei jedoch das Ideal des Aufgeklärten Absolutismus selbst, das „Deutschland einen Augenblick lang an die Spitze der europäischen Verfassungsentwicklung gebracht", aber „zugleich davon abgehalten [habe], an der allgemeinen Entwicklung teilzunehmen, die durch die westeuropäischen Revolutionen ... bestimmt worden ist" [88: Deutschland, 27]. *Aufgeklärter Absolutismus als Revolutionsersatz?*

Etwas vorsichtiger wird heute jedenfalls ziemlich allgemein anerkannt, daß durch die Reformen des Aufgeklärten Absolutismus zahlreiche Mißstände beseitigt wurden, die in Frankreich zu der schließlich revolutionären Mißstimmung beitrugen: „Revolution war eine der möglichen Konsequenzen der Aufklärung, Reform eine andere", heißt es bei H. MÖLLER [in: 70: H.-J. PUHLE, H.-U. WEHLER, Preußen, 189 f.]. Implizit erkennt die obrigkeitlich initiierten Veränderungen dieser Epoche als – wenngleich in ihrer Reichweite begrenzte – zukunftsweisende Modernisierungsmaßnahmen auch an, wer etwa die wohlfahrtspolitischen Maßnahmen Josephs II. oder die friderizianische Getreidemagazinierung als Vorformen einer späteren Sozialpolitik beschreibt. Dagegen betont G. CORNI, daß der preußische Absolutismus „nicht als ein modernisierendes Regime angesehen werden" dürfe [in: 144: DERS., Agrarpolitik, 313], und H.-U. WEHLER verwahrt sich generell dagegen, derartige staatliche Aktivitäten „als vorausschauende Progressivität zu verklären" [98: Gesellschaftsgeschichte I, 58].

Setzte eine Revolution aber nicht überhaupt, wie K. O. Frhr. v. ARETIN meinte, ein Bürgertum voraus, das der Aufgeklärte Absolutismus erst schaffen wollte [in: 104: DERS., Absolutismus]? Da auch die Französische Revolution nicht von einem modernen Wirtschaftsbürgertum getragen wurde, erklären sich die Unterschiede zur deutschen Entwicklung indes nach Ansicht von R. REICHARDT eher durch die unterschiedliche Struktur des Adels als jene des Bürgertums. Zum andern glaubt er, zwischen einer „‚hohen', nicht eigentlich revolutionären Aufklärung und einer radikalen aufklärerischen Unterströmung unterscheiden" zu können, wobei er das Ausbleiben einer Revolution in Deutschland auch auf das Fehlen eines Bündnisses der sog. deutschen Jakobiner mit dem aus wirtschaftlichen Gründen unruhigen städtischen Kleinbürgertum zurückführt [in: 245: J. Voss, Deutschland, zit. 324].

Waren die Reformen populär?

War G. RITTER noch überzeugt gewesen, der Aufgeklärte Absolutismus habe wesentlich dazu beigetragen, „die Anhänglichkeit der Deutschen an ihre angestammten Landesherren noch zu verstärken", weil er ihnen das Gefühl vermittelt habe, von „wohlgesinnten Regierungen betreut zu werden" [160: Friedrich, 249], so wird heute allerdings bezweifelt, daß die „Menschheitsbeglücker" auf den Thronen und in den Amtsstuben bei der Masse ihrer nichtprivilegierten Untertanen in jedem Falle populär waren. Das mag der Fall gewesen sein in Hessen-Kassel [114: C. INGRAO, State]. In Kurmainz dagegen erschien nach den Feststellungen von T. C. W. BLANNING das Reformtempo Erzbischof Erthals fast allen gesellschaftlichen Gruppen als zu schnell [30: Reform]. Doch wird man generell schärfer, als dies bisweilen geschehen ist, zwischen dem persönlichen Ansehen eines aufgeklärten Fürsten und der Beurteilung der unter ihm eingeleiteten Reformen unterscheiden, umgekehrt aber beachten müssen, daß die Durchführung von bestimmten Reformmaßnahmen mit einer Ablehnung aufklärerischer Ideen einhergehen konnte.

Die Voraussetzungen des Aufgeklärten Absolutismus im „Dritten Deutschland"

Andererseits sollen aufgrund der Nähe zwischen Fürst und Volk nach Ansicht von C. INGRAO die kleineren und mittleren Territorien in gewissen Grenzen sogar die besten Voraussetzungen für eine Verwirklichung von Reformen im Sinne des Aufgeklärten Absolutismus geboten haben, sofern man nur unter „aufgeklärt" „wohlwollend" in einem weiten utilitaristischen Sinne verstünde. Geschützt durch die Reichsverfassung, hätten sich die Fürsten hier auf die Innenpolitik konzentrieren können und angesichts der Konkurrenz zahlreicher Nachbarterritorien sogar konzentrieren müssen, die fürstliche Planung habe sich angesichts weniger behördlicher und ständischer Zwischenebenen unmittelbarer verwirklichen lassen, und schließlich sei wegen der relativ hohen Dichte der Universitäten die Zusammenarbeit zwischen den Theoretikern der Aufklärung und den praktischen Politikern besonders eng gewesen [114: State; DERS. in: 127: H. M. SCOTT, Absolutism]. Hinzuzufügen wäre vielleicht, daß gegenüber einer rasch anwachsenden Flut an Presseerzeugnissen die staatlichen Zensoren in der zersplitterten Territorienwelt des „Dritten Deutschland" wahrscheinlich noch machtloser waren als in den Großstaaten.

Demgegenüber hatte E. WEIS in einer ersten Zusammenschau 1979 betont, daß die kleineren deutschen Staaten nur selten die systematische und ausgeprägte Form des Aufgeklärten Absolutismus wie das friderizianische Preußen oder gar das josephinische Österreich erreicht hätten. Zu den Hindernissen für eine umfassende Modernisierungspolitik zählte WEIS die territoriale Zersplitterung, das Fehlen eines einheitlichen, ausgebildeten Beamtenapparats, die Unfähigkeit, eine unabhängige Wirtschaftspolitik zu betreiben, sowie die im Durchschnitt immer noch sehr starke und vom Reich geschützte Stellung der Stände [in: 100: DERS., Deutschland].

Angesichts der Tatsache, daß der Aufgeklärte Absolutismus in den – oder besser: in manchen der – kleineren deutschen Territorien erst in der neuesten Forschung die gebührende Aufmerksamkeit zu finden beginnt, fehlen zu seiner abschließenden Beurteilung offensichtlich noch zahlreiche weitere Detailstudien. Gelegentliche Hinweise auf die Vorbildfunktion theresianisch-josephinischer Reformen auf entsprechende Maßnahmen in anderen katholischen Territorien – mitunter auch umgekehrt – werfen darüber hinaus die Frage auf, ob es nicht sinnvoll wäre, entsprechend der Differenzierung zwischen „katholischer" und „protestantischer" Aufklärung zwischen einem Aufgeklärten Absolutismus im katholischen und einem solchen im protestantischen Deutschland zu unterscheiden, statt wie bisher die jeweilige Ausformung in Preußen, Österreich und im übrigen Reich zu untersuchen. Allgemein aber fehlt es z. B. noch an Untersuchungen über die Einstellung und die soziale Herkunft der Beamten oder über den tatsächlichen Erfolg der Reformmaßnahmen im lokalen Bereich. Lag nicht, wie es bei R. VIERHAUS anklingt, die Hauptbedeutung des aufgeklärten Herrschertums eher in der Weckung von Erwartungen auf eine freiheitlichere, rechtsstaatliche Entwicklung als in deren tatsächlicher Einlösung [in: 153: J. KUNISCH, Analecta]?

Desiderata der Forschung

2.2 Der „Modellfall Preußen"

Angesichts unterschiedlicher Entwicklungsgrade und -richtungen der Aufklärung muß man auch beim Aufgeklärten Absolutismus in den verschiedenen Territorien des Reichs mit unterschiedlichen Ausformungen rechnen. Nirgendwo gab es so etwas wie einen „typischen" Territorialstaat, sondern allenfalls das Vorbild der beiden

Humanitäre Ideale und Staatsräson bei Friedrich II.

Großmächte [vgl. 132: A. SCHMID, Bayern]. Dabei lieferte das friderizianische Preußen traditionell Anschauungsmaterial für eine allgemeine Charakterisierung des Aufgeklärten Absolutismus, gerade weil es sich hier, wie TH. SCHIEDER, einer schon älteren Tradition folgend, formulierte, um ein „Königtum der Widersprüche" handelte, welches die preußische Ambivalenz von Machtstaat und Staat der Philosophie und Wissenschaften begründet habe [161: Friedrich, 34]. Jedoch bestritt jüngst G. BIRTSCH, daß Friedrich „von dem Gedanken der Umsetzung aufgeklärter Philosophie in die Staatspraxis beherrscht" gewesen sei [in: 147: O. HAUSER, Friedrich], und B. MÖLLER meinte, die Sphären von Politik bzw. Staatsräson und Ethik bzw. politischer Philosophie der Aufklärer seien im Preußen des 18. Jahrhunderts getrennt geblieben. So habe auch Friedrich als „Politiker" handeln können, ohne auf den „Philosophen von Sanssouci" Rücksicht nehmen zu müssen [157: Preußen, 520, 545 ff.].

Ob Friedrich, den die kleindeutsch-preußische Geschichtsschreibung zum Nationalhelden stilisierte, noch weiterhin als „der Große" bezeichnet wird, scheint aber – m. E. ohne eine Prinzipienfrage darzustellen – primär davon abzuhängen, ob die langlebigen Ergebnisse seiner Großmachtpolitik, die fortschrittlichen Momente seiner Rechts- und Toleranzpolitik und die charismatische Ausstrahlung seiner Persönlichkeit in den Vordergrund gestellt werden oder aber die moralisch bedenklichen Seiten seiner Außen- und die traditionalistischen Züge seiner Wirtschafts- und Gesellschaftspolitik. Ob man indes die Einheit seines Wirkens und seiner – freilich komplexen – Persönlichkeit betonen [P. BAUMGART, in: 153: J. KUNISCH, Analecta] und die angesprochenen Gegensätze eher als zeittypisch verstehen will oder nicht, sie erstrecken sich jedenfalls mehr auf das Gebiet der Außen- als auf dasjenige der Innenpolitik. Dort nämlich kontrastiert – scheinbar oder tatsächlich – der an humanitären Idealen orientierte Autor des „Antimachiavel" mit dem brutalen Eroberer Schlesiens, hier erweisen sich aufklärerische und machtpolitische Motive doch oft verschränkt, z. B. bei der Toleranzpolitik, der Humanisierung des Strafrechts, der Neugründung der Berliner Akademie, der Binnenkolonisation etc.

Ritter/Dehio: Diskussion um den preußischen Militarismus

Doch entspann sich Mitte der 1950er Jahre vor dem Hintergrund von Auseinandersetzungen über das Verhältnis von preußischer Tradition und nationalsozialistischer Aggression eine heftige Kontroverse über das Problem des preußischen „Militarismus", gleichsam die Nahtstelle zwischen Außen- und Innenpolitik. „Militarismus" bedeutete für G. RITTER den Vorrang des rein Militärischen gegenüber einer kühl abwägenden, sittlich geprägten Staatsräson. Von daher konnte Friedrich II. für ihn kein „Militarist" sein: Der Preußenkönig habe als nüchterner Machtmensch sein Heer nur als Instrument, zur Durchsetzung begrenzter politischer Ziele, gebraucht, sein Ideal aber sei ein Rechts- und Kulturstaat gewesen, für dessen Aufbau er höchst positiv gewirkt habe [76: Staatskunst I]. Dagegen äußerte L. DEHIO die Sorge, daß RITTERS „Verengung des Begriffes des Militarismus in Verbindung mit seiner Ethisierung des Begriffes der Staatsräson ihm den Zugang zu dem Zentrum des wirklichen deutschen Militarismus erschwere". Nach allgemeinem Sprachgebrauch bräuchten sich „Staatsräson" und „Militarismus" – verstanden als Durchsetzung des eigenen Willens mit militärischer Übermacht ohne Rücksicht auf Recht oder Unrecht – keineswegs auszuschließen. In diesem Sinne sei Friedrich II. durchaus als Militarist zu bezeichnen, auch wenn es ihm schließlich gelungen sei, Preußen in einer neuformierten, relativ stabilen Pentarchie zu etablieren. Auch seine inneren Reformen seien fast ausschließlich auf den machtpolitischen Nutzen – vor allem einer ständigen und keineswegs nur defensiven Kriegsbereitschaft – ausgerichtet gewesen [37: Militarismus, zit. 64].

Die Analyse des Militärhistorikers C. DUFFY ergab inzwischen, daß Friedrichs Kriegführung keine humanitären Skrupel kannte und daß ihre Grenzen primär finanzieller und strategischer Natur waren [145: Friedrich, 416 ff.]. Das scheint DEHIOS Position zu bestätigen, wonach RITTERS Feststellung, daß die preußische Militärmonarchie vom modernen Totalitarismus und seinem „totalen Krieg" noch sehr weit entfernt gewesen sei, mit Hinblick auf Friedrichs Möglichkeiten kein allzu großes Gewicht beizumessen sei. Jedoch verwies DUFFY (auch 145a: DERS., Army, 212) auf die zeitspezifischen Gegebenheiten – wozu etwa die Konzeption eines „begrenzten" Krieges zählt – sowie auf den Einfluß ländlicher Lebensformen auf das preußische Militär und bestritt eine wesentliche Mitsprache von Offizieren bei zivilen Angelegenheiten.

Duffy: zeitspezifische Prägung der Kriegführung

Dagegen hatte O. BÜSCH 1952/62 die „soziale Militarisierung" Preußens betont. Nicht genug, daß die wichtigsten Behörden aus der Militärverwaltung heraus entstanden seien (und ihre Hauptaufgabe weiterhin im Erhalt bzw. in der Vermehrung der Armee bestand) und das Militär eine tragende Rolle für Preußens Wirtschaft gespielt habe: Der Militärbereich habe prinzipiell Vorrang vor dem Zivilsektor genossen. Vor allem aber seien die Verhältnisse auf dem Land den Erfordernissen des Militärsystems angepaßt worden,

Büsch: „Soziale Militarisierung" in Preußen

denn „Bauernschutz" bedeutete „Soldatenschutz", „Adelsschutz" war „Offiziersschutz". Gleichzeitig stützten sich traditionelles Sozialsystem, speziell im Bereich der Gutsherrschaft, und Militärwesen gegenseitig: „Jeder Stand hatte ... seine militärische Zuordnung: Wie der untertänige Bauer Soldat wurde, so wurde der Sohn des freien köllmischen Bauern [mit gutem „Kulmer" Besitzrecht] mit Vorliebe zum Unteroffizier gemacht, und der Gutsherr wurde Offizier." Da angeblich alle regelmäßig aus demselben Kanton stammten, konnte es zur „Rückübertragung der militärischen Disziplin auf das Rittergut" kommen. Natürlich seien durch den Militärdienst Gutsherren wie Bauern in gewissem Sinne mediatisiert worden. Das habe auch für den Adel finanzielle Belastungen mit sich gebracht, habe das Selbstwertgefühl der Bauern gehoben und ihnen eine begrenzte Rechtssicherheit geboten – aber eben um den Preis einer Militarisierung der Menschenerziehung und einer Stabilisierung der nur für den Adel vorteilhaften ständischen Ordnung [142: Militärsystem, zit. 30, 47].

Diskussion der Thesen Büschs

In diametralem Gegensatz dazu hat 1987 H. BLECKWENN mit Blick auf die Ausweitung der Militär- auf Kosten der Patrimonialgerichtsbarkeit von „Bauernfreiheit durch Wehrpflicht" gesprochen und jede Identität der Interessen von adeligen Gutsherren und Militäradel geleugnet [in: 155: Militärwesen]. Doch auch wenn man die gesellschaftliche Prägekraft des preußischen Militärsystems nicht mit M. MESSERSCHMITT für Reformdefizite im preußisch-deutschen Militär bis 1914/18 verantwortlich machen will [in: 119: B. R. KROENER, Europa], wird man sie doch angesichts etwa von dessen ökonomischer Bedeutung oder der Verwendung zahlreicher ehemaliger Militärs in zivilen Ämtern kaum in Abrede stellen können [K. SCHWIEGER, in: 31: D. BLASIUS, Preußen; B. R. KROENER, in: 134: J. ZIECHMANN, Panorama]. Besaßen Friedrichs innenpolitische Reformen daher lediglich einen instrumentalen Charakter für seine Machtpolitik, wie G. NIEDHART meint, der sogar den Begriff „sozialkonservative Erziehungsdiktatur" ins Spiel bringt [122: Rationalisierung], oder darf man ihnen doch ein eigenständiges Gewicht als Produkte eudämonistischer Zielsetzungen zusprechen?

Friedrich und die Tradition hohenzollernscher Politik

Unterschiedlich bewertet wird auch, ob Friedrich bei seinen Reformen wirklich originell war. Stand nicht seine Toleranzpolitik ganz in der Kontinuität der durch die konfessionellen Verhältnisse im Lande bedingten Maßnahmen seiner Vorgänger? War nicht sogar das vielgerühmte Rétablissement lediglich eine kurze und ziemlich unbedeutende Phase eines traditionellen Hohenzollernschen

Programms [so 151: H. C. JOHNSON, Frederick, 196]? Man wird diesen Einwänden im letzteren Falle entgegenhalten können, daß Friedrichs Peuplierungswerk trotz unerfreulicher Begleiterscheinungen und aller Abstriche gegenüber früheren Schätzungen rein quantitativ ähnliche Projekte anderer Herrscher in den Schatten stellte [vgl. 144: G. CORNI, Stato], im ersten, daß Friedrich infolge der Höhe seiner Reflexion nicht nur pragmatische Politik betrieb, sondern zukunftsweisende Prinzipien formulierte – und dies als regierender Fürst tat! –, auch wenn er selbst nicht immer ihnen entsprechend gehandelt hat. Und gegen die ältere These, daß er nichts an der Struktur der preußischen Verwaltung verändert habe, läßt sich geltend machen, daß er durch die Schaffung mehrerer Sachdepartements schon einen wichtigen Schritt in Richtung auf die Durchsetzung des Realprinzips getan habe, und unter Hinweis auf seine immer häufigeren Rückgriffe auf Immediatanweisungen bzw. -beauftragte fragen, „ob sich der Charakter der preußischen Administration zwischen 1740 und 1786 nicht ... tiefgreifend verändert hat" [P. BAUMGART, in: 1: Acta Borussica XVI/2, XXII]. Ob indes diese Veränderungen die Effektivität der Verwaltungsarbeit gefördert haben, wird heute bezweifelt [G. BIRTSCH, in: 140: E. BETHKE, Friedrich].

Von der älteren Forschung wurden bekanntlich die Modernität und Vorbildlichkeit des preußischen Staates – insbesondere mit Blick auf die Unparteilichkeit und Effektivität der preußischen Administration und Justiz – sehr hoch veranschlagt. Von einer in „erstaunlich hohem Maße" von den Standesinteressen des Adels gelösten Beamtenschaft als einem willenlos gefügigen Werkzeug der friderizianischen Herrschaft sprach etwa G. RITTER [160: Friedrich, 193]. In diesem Sinne sah noch 1981 W. HUBATSCH in den preußischen Amtsstuben den „Geist der Entsagung, Hingabe, Aufopferung" herrschen [in: 35: O. BÜSCH, Preußenbild]. *Die Frage der Modernität der preußischen Verwaltung*

Dagegen hat aus sozialgeschichtlicher Perspektive und geprägt durch seinen Aufenthalt in den USA H. ROSENBERG schon 1958 auf die engen Verflechtungen zwischen preußischer Bürokratie und ständischem Adel durch Patronage bzw. Nepotismus verwiesen. Seine kritische Neuinterpretation der preußischen Geschichte mit Hilfe einer „Kollektivbiographie" der preußischen Beamtenschaft wirkte anregend u. a. auf O. BÜSCH und bereitete der These vom illiberalen „deutschen Sonderweg" den Boden [vgl. H. A. WINKLER, in: HZ 248 (1989)]. Das friderizianische Preußen war ihm nämlich eine „aristocratic monarchy ... dominated by aristocratic power groups of bureaucrats and notables" – nur besonders effizient und *Rosenberg: Preußische Bürokratie als adelig geprägte Pressure-group* autoritär. Im Machtdreieck von fürstlicher Autokratie, traditioneller Aristokratie und modernisierter Bürokratie sah ROSENBERG die Beamtenschaft als Vertreterin eigener *und* gutsherrlicher Interessen schließlich im „bureaucratic absolutism under Stein and Hardenberg" triumphieren [78: Bureaucracy, zit. 19 f.].

Demgegenüber warnte TH. SCHIEDER vor einer Unterschätzung der Spannungen und Rivalitäten *innerhalb* der Eliten und betonte die erfolgreiche Bekämpfung des Ämterhandels nach 1740 [161: Friedrich, 299 ff.]. Außerdem scheinen die preußischen Amtsträger ihre Kollegen in anderen Staaten tatsächlich in bezug auf interessenneutrale Pflichterfüllung übertroffen zu haben [107: C. B. A. BEHRENS, Society]. Trotzdem ist fraglich, ob man, wie es bei G.-C. v. UNRUH anklingt, ausgerechnet die Kreistage und ihre Vorsitzenden, die Landräte, als selbstlos für die Wohlfahrt der Landbevölkerung tätige „Organe der Selbstverwaltung" rühmen soll [165: Staatsverwaltung]. Gemeinhin gelten gerade die Landräte als Interessenvertreter des ostelbischen Junkertums. W. NEUGEBAUERS Untersuchungen lassen eher vermuten, daß es vor allem die vielfältigen und rigorosen Kontrollmechanismen waren, die – mit einer bei wachsender Entfernung von der Zentrale abnehmenden Wirkung – Übergriffen und Korruption mit einigem Erfolg vorbeugen konnten [in: 36: O. BÜSCH, W. NEUGEBAUER, Geschichte].

Jedenfalls dürfte die erzieherische Wirkung dieser Kontrollmaßnahmen für die Ausbildung eines pflichtbewußten Beamtentums in Preußen höher zu veranschlagen sein als die von W. HUBATSCH herausgearbeiteten Weiterentwicklungen der preußischen Verwaltungsorganisation in friderizianischer Zeit [150: Verwaltung]. Weiterreichende Bedeutung besaßen jedoch dessen Anregungen, vom traditionellen Bild des großen Autokraten Friedrich ein wenig abzurücken, da der König doch auf seine Mitarbeiter in vieler Hinsicht angewiesen gewesen sei. P. BAUMGART machte in diesem Zusammenhang auf eine Reihe von Fällen aufmerksam, in denen hohe Beamte – trotz der zu erwartenden Reaktion – Friedrich offen zu widersprechen wagten. Am Selbstbewußtsein der Bürokratie habe die friderizianische Autokratie ihre Grenzen gefunden [in: 1: Acta Borussica XVI/2; DERS. in: 80: M. SCHLENKE, Preußen]. Die Untersuchung der geistigen Ausrichtung preußischer Spitzenbeamter hat in der Tat ergeben, daß diese sich zwar als unbedingt loyale, gehorsame und rastlos arbeitende Diener eines wohlfahrtsstaatlich zweckorientierten absolutistischen Staates empfanden, daß sie aber, geprägt durch die preußischen Naturrechtslehrer, auch eine geistig relativ homogene, gesellschaftspolitisch konservative, jedoch von ihrer eigenen Bedeutung überzeugte Elite darstellten. Dabei „erwuchs die Option zugunsten der uneingeschränkten Monarchie zu einem wesentlichen Teil aus dem spezifisch beamtenschaftlichen Interessenhorizont" [148: E. HELLMUTH, Naturrechtsphilosophie, 280]. Demgegenüber konzedierte H. C. JOHNSON zwar eine (freilich von Mißtrauen geprägte und spannungsreiche) „Kooperation" zwischen Friedrich und seinen leitenden Beamten – in dem Sinne, daß beide Seiten Anregungen und Konzeptionen zu Gesetzgebung und Regierung beitrugen. Aber er betonte die Unterschiede hinsichtlich Rekrutierung, Professionalität und Organisation *innerhalb* der preußischen Beamtenschaft und sprach von einer auch von Friedrich bewahrten „Balance" zwischen adeligen und bürgerlichen Staatsdienern, denn erstere seien nur bei der Besetzung der höchsten Stellen bevorzugt worden [151: Frederick]. Das entsprach nach H.-E. MUELLER allerdings nur bedingt den Intentionen des Königs: Neben dessen Wertschätzung von Erfahrung und Talent habe nämlich der vorrangige Bedarf der Armee an qualifizierten Adeligen und das Desinteresse des Adels an formaler Bildung dazu beigetragen, daß sich – von der höchsten Ebene abgesehen – der Trend zur Anstellung bürgerlicher Karrieremacher fortgesetzt habe. Die Einführung von Einstellungsprüfungen für den Verwaltungsdienst könnte dagegen dem Wunsch des Königs zur „Objektivierung" der Beamtenernennungen entsprungen sein, da er deren wachsende Zahl selbst nicht mehr überblicken konnte und verhindern wollte, daß sich das alte, in England noch lange lebenskräftige Patronagesystem wieder ausdehnte. Doch hätten die geringen Anforderungen bei diesen ohnehin nicht obligatorischen Examina letztlich doch die Selbstrekrutierungsmechanismen der Bürokratie gestärkt [65: Bureaucracy].

Jedenfalls läßt sich die Bevorzugung Adeliger bei der Besetzung hoher Posten nur schwer mit egalitären bzw. meritokratischen Prinzipien in Einklang bringen. Widersprüche zwischen aufklärerischer Theorie und friderizianischer Regierungspraxis zeigen sich nach herrschender Meinung auch auf einigen anderen Gebieten der Innenpolitik: Die Toleranz Friedrichs erstreckte sich nicht auf die Juden, das Militärstrafwesen verlor nichts von seiner Brutalität. Zudem teilte Friedrich nicht den Bildungsoptimismus der meisten, freilich nicht aller Aufklärer – sein Bildungsbegriff blieb elitär und das preußische Volksbildungswesen dementsprechend rückständig [K. E. JEISMANN, in: 153: J. KUNISCH, Analecta]. Schließlich kritisierte Friedrich die Gutsherrschaft gelegentlich auf das härteste –

Aufklärerische Theorie und friderizianische Innenpolitik

unternahm aber keinen entschiedenen Versuch, die Stellung der Laßbauern auf den Adelsgütern zu verbessern. Kaum anderswo wird die für die Gesellschaftspolitik des Aufgeklärten Absolutismus charakteristische „Ambivalenz von Modernität und Traditionalität" so deutlich wie in Friedrichs agrarpolitischem Dilemma [64: H. MÖLLER, Fürstenstaat, 167]: Die Anerkennung der „wohlerworbenen Rechte" des Adels, volkswirtschaftliche Rücksichten und der enge Zusammenhang zwischen der Struktur der ländlichen Herrschaft und jener des „staatstragenden" Heeres verboten seiner Ansicht nach jeden tieferen Einschnitt in das gutsherrlich-bäuerliche Verhältnis außerhalb der Domänen.

Diskussion um Reformmöglichkeiten, Reformwillen und Reformerfolge Friedrichs

Ob es Friedrich in diesen Bereichen eher an Realisierungsmöglichkeiten oder am Realisierungswillen mangelte, ist strittig. Für G. CORNI ging Friedrich selbst bei seinem relativ erfolgreichen Bauernschutz „nicht bis an die Grenze dessen, was möglich gewesen wäre" [in: 134: J. ZIECHMANN, Panorama, 322]. Umgekehrt meinte W. HUBATSCH: „Es kennzeichnet Friedrichs Reformen, daß er, vorsichtiger als Joseph II. und Struensee, sich stets auf das Erreichbare beschränkt hat" [150: Verwaltung, 175]. War die Gefährdung Preußens so groß und der innenpolitische Spielraum des Königs so begrenzt, wie Friedrich selbst glaubte? Muß man den Primat der auf eine Großmachtstellung ausgerichteten Außenpolitik akzeptieren?

Zu klären, was erreichbar gewesen wäre, dürfte schwierig sein, nachdem man sich nicht einmal darüber einig ist, ob Friedrichs Wirtschaftspolitik eher als Motor oder als Hemmschuh der preußischen Wirtschaftsentwicklung zu gelten hat – wobei sowohl der zeitliche Faktor als auch der unterschiedliche Entwicklungsstand der diversen Provinzen und Gewerbe zu berücksichtigen wäre [vgl. K. H. KAUFHOLD in: 164: W. TREUE, König, bes. 111; DERS., in: 80: M. SCHLENKE, Preußen]. Generell höchst kritisch über Friedrichs Modernisierungsleistungen äußerte sich kürzlich jedenfalls K. O. Frhr. v. ARETIN: „Im Vergleich zu den Reformen einer Katharina II., eines Joseph II., eines Leopold von Toskana, ja sogar eines Karl III. von Spanien wurde Preußen unter dem aufgeklärtesten Fürsten, den Europa kannte, geradezu archaisch regiert" [136: Friedrich, 145]. „Mancher Unverstand und ein nur begrenzter Reformwille" kennzeichneten nach Ansicht von D. WILLOWEIT zumindest Friedrichs Rechtspolitik. Des Königs ständisch geprägtes Rechtsverständnis habe ihn daran gehindert, die egalisierende und modernisierende Kraft naturrechtlicher Gesetzgebung voll zu erfassen, geschweige denn sie für seinen Staat zu nutzen. Doch habe er in seinem Bestreben, das preußische Recht vom Römischen zu emanzipieren, Freiräume eröffnet, „in welchen Reformer von der Art Carmers Gesetzeswerke völlig neuen Stils errichten konnten". Doch deren Bestrebungen als „Aufbau eines Rechtsstaats in Preußen" zu charakterisieren, hält WILLOWEIT mit Hinblick auf die Fortexistenz absolutistischer Strukturen für problematisch [in: 154: J. KUNISCH, Umkreis, zit. 173].

Da sich in ähnlichem Sinne aus der Sicht des Engländers G. P. GOOCH Absolutismus und Rechtsstaatlichkeit einander grundsätzlich ausschlossen, konnte schon dieser Friedrich lediglich eine „entfernte Vorstellung vom Rechtsstaat", nicht aber von den Mitteln, diesen zu erreichen, zuschreiben [146: Friedrich, 309]. Doch zeigt eine nähere Untersuchung der in späterer Zeit so vielgescholtenen „Kabinettsjustiz", daß sie in vielen Fällen zu einer Humanisierung des Strafwesens beigetragen hat [J. REGGE, in: 134: J. ZIECHMANN, Panorama]. Dabei zeichnete sich nach E. SCHMIDTS Ansicht der preußische Monarch gerade dadurch aus, „daß er den entscheidenden ersten Schritt zur Unabhängigkeit der Justiz getan" und darüber hinaus „als der erste wirkliche Kriminalpolitiker" aus aufklärerisch-humanitärem Geist heraus eine zukunftsweisende Strafrechtsreform eingeleitet habe [162: Justizpolitik]. Was auf dem Gebiet der Rechtspolitik aber tatsächlich vorangetrieben wurde, ist immer noch umstritten, insbesondere hat auch das als „Gesetzbuch Friedrichs des Großen" apostrophierte ALR in der Forschung vor allem der sechziger und frühen siebziger Jahre eine unterschiedliche Beurteilung erfahren.

Rechtsstaatliche Tendenzen im friderizianischen Preußen?

Glaubte H. THIEME, die Rechtsreformer hätten Preußen in einen konstitutionellen Staat verwandeln wollen [163: Svarez], so sah A. VOIGT sogar das im Endeffekt in Kraft getretene Gesetzbuch zur Gänze unter dem Einfluß der Aufklärung stehen. Insgesamt, meinte er, sei es um die bei der Revision weggefallenen Passagen nicht schade – das aufgeklärte Preußen sei trotzdem „der fortschrittlichste Staat der Welt" gewesen [166: Gesetzgebung]. Demgegenüber räumte H. CONRAD ein, die Reformer hätten ihr rechtsstaatliches Programm zwar infolge der einsetzenden Reaktion nicht unmittelbar realisieren können, doch habe das ALR selbst in seiner endgültigen Fasssung dem aufklärerischen Zeitgeist noch „weitgehend" Rechnung getragen, und schließlich sei die Saat der Reformer bereits in der folgenden Reformzeit, vor allem aber im preußischen Konstitutionalismus aufgegangen [in: 36: O. BÜSCH, W. NEUGEBAUER, Geschichte, zit. 601; DERS.: 143: Grundlagen]. In ähnli-

Der Streit um den konstitutionellen Charakter des ALR

chem Sinne hat auch H. HATTENHAUER das ALR als „Gesetzbuch der Kompromisse" charakterisiert [Einführung, in: 8: Landrecht, 30], und erst jüngst wieder hat ihm D. MERTEN eine „Brückenfunktion zwischen aufgeklärtem Absolutismus und rechtsstaatlichem Konstitutionalismus" zugeschrieben [in: 164: W. TREUE, König, 69].

Eher kritisch hat dagegen R. KOSELLECK das „Janusgesicht", ja die innere Widersprüchlichkeit des ALR – einerseits aufgeklärte Staats- und Gesellschaftsplanung im Globalkonzept, andererseits Fixierung ständischen Herkommens in den Detailbestimmungen – beurteilt. KOSELLECKS Deutung des ALR als eine „Ersatzverfassung" (Svarez) verweist auf den preußischen Weg, den Erlaß einer Repräsentativverfassung u.a. durch den Rekurs auf das ALR bis 1848 zu umgehen [60: Preußen]. G. BIRTSCH führte dazu aus, Klein habe zwar – im Gegensatz zu Svarez – frühliberale Ansätze erkennen lassen, beide Autoren des ALR hätten jedoch dem Schutz der „bürgerlichen" Freiheit gegenüber der „politischen" in einer Weise den Primat zuerkannt, daß das ALR „auf dem Wege zum Rechtsstaat im Gesetzesstaat steckengeblieben sei" [141: Charakter, 114]. Dagegen konnte H. MÖLLER selbst bei Svarez frühkonstitutionelle Tendenzen entdecken. Indes seien durch die Streichungen „wesentliche" Prinzipien des ursprünglichen Entwurfs revidiert worden, die Grenzen zwischen Aufklärung und Absolutismus nunmehr auch im verfassungsrechtlichen – und nicht nur im sozialen – Bereich deutlich geworden [157: Preußen, 523 ff., zit. 525].

Unterschiedliche Bewertung des Wöllnerschen Religionsedikts

Inwieweit schon das Wöllnersche Religionsedikt den Übergang zu dem restaurativen Klima markierte, in dem dann die Endredaktion des ALR erfolgte, ist ebenfalls umstritten. O. HINTZE urteilte, es sei besser als sein Ruf und in Wahrheit „in seinem ersten Teil ... ein Toleranzedikt", das ganz in der Tradition des friderizianischen Staates stehe, in seinem zweiten freilich von einer gewissen dogmatischen Enge sei [50: Hohenzollern, 411 f.] – eine Wertung, der sich in neuerer Zeit G. HEINRICH im Prinzip anschloß [in: 80: M. SCHLENKE, Preußen]. F. VALJAVEC hingegen deutete das Edikt als eine Absage an die sich politisierende Aufklärung, die, obwohl im Kampf der Ideen bald in die Defensive geraten, langfristig zur Festigung kirchlicher Disziplin und traditioneller Dogmatik beigetragen habe [129: Religionsedikt]. Zumeist aber wurde und wird das Edikt als religionspolitischer Rückschritt und Eingriff in die Gewissensfreiheit verurteilt. Dies – und nicht etwa die Statuierung eines aktiven individuellen Freiheitsrechts – war nach G. BIRTSCH auch die Absicht des Edikts. Aber auch das „liberalere" ALR habe, so BIRTSCH, den

Akzent lediglich auf den Schutz der eigenen Überzeugung und der öffentlichen Ruhe gelegt, wenngleich es damit „wegweisend die Rechtsgrundlage einer möglichen freieren Entfaltung des religiösen Lebens gelegt" habe [29: Gewissensfreiheit, 202].

Es verwundert nicht, daß gerade die Deutung so wichtiger preußischer Gesetzeswerke nach wie vor uneinheitlich ist. Denn die intensivere Erforschung der Epoche zwischen 1786 und 1806 steht noch aus, da sie, zwischen friderizianischer Gloire und glorifizierter Reform liegend, vermutlich allzu einseitig als eine Epoche des Verfalls interpretiert und jedenfalls vernachlässigt worden ist [H. HATTENHAUER, G. LANDWEHR, in: 48: DIES., Preußen]. Auch für die Zeit Friedrichs gibt es erhebliche Forschungslücken. So urteilte W. GEMBRUCH mit Blick auf die Erforschung der Personen an der Spitze des preußischen Staates nicht zu Unrecht, wenn er meinte: „Es kam zur Apotheose des Königs, die seine Helfer zu relativer Pygmäengröße schrumpfen ließ ..." [in: 154: Persönlichkeiten, 119]. Gerade der von J. KUNISCH herausgegebene Sammelband über die „Persönlichkeiten im Umkreis Friedrichs des Großen" beweist, daß einige von ihnen durchaus ein eigenständiges Format besaßen.

<small>Desiderata der Forschung</small>

2.3 „Theresianisch-josephinische Reformen" bzw. „Josephinismus"

An Person und Werk Josephs II., der wie Friedrich II. schon zu Lebzeiten umstritten war, schieden sich auch die Geister der Historiographen des 19. Jahrhunderts. Die einen verklärten ihn als Menschenfreund, Volkskaiser und „Lichtbringer" aufklärerischer Toleranz, den lediglich seine autokratische Regierungsweise von einem aufrechten Liberalen unterschieden habe. Die anderen, vornehmlich konservativ-katholische Kirchenhistoriker, glaubten im günstigsten Falle, Joseph II. habe gutgläubig einer antikirchlichen Verschwörung Vorschub geleistet, andernfalls schilderten sie ihn als dämonischen „Glaubensfeger", grundsätzlich aber waren sie im Urteil einig, daß seine Politik die Moral und den Glauben der Katholiken im Habsburgerreich, aber auch dieses selbst, an den Rand des Ruins geführt habe. Die politische Aktualisierung, die in der Habsburgermonarchie nach 1848 das Bild Josephs II. dergestalt vor dem Hintergrund der Kontroversen um Konkordat und Nationalitätenfrage polarisierte, kam Maria Theresia im Lichte des Gegensatzes zu Preußen und des Ausgleichs mit Ungarn dagegen zugute. Teilweise erschien sie nicht nur als Gegenfigur zu ihrem Widerpart Fried-

<small>Joseph II. und Maria Theresia als Symbolfiguren weltanschaulicher Kontroversen</small>

rich II., sondern in ihrer Herzenswärme und ihrem politischen Realismus auch zu ihrem Sohn Joseph, der gleichwohl mitunter seinerseits als „Joseph der Deutsche" dem frankophilen Preußenkönig entgegengestellt wurde.

Mitrofanov: Joseph II. als bürokratischer Herrscher mit partiellen Erfolgen

Eine ausgewogenere Würdigung von Leben und Werk Josephs II. hat 1906/10 der Russe P. v. MITROFANOV gegeben [192: Joseph II.]. Nicht aufgrund philosophischer Idealvorstellungen, sondern aus Gründen der Staatsräson habe Joseph die praktische Reformpolitik seiner Mutter weiterentwickelt, die sich, bei gleicher Zielsetzung, vorsichtiger, aber auch taktisch geschickter, mit Halbheiten zufriedengegeben habe. Mißerfolge Josephs hätten sich nicht so sehr infolge der Kompromißlosigkeit und Hast eingestellt, die dieser bei seinen Reformen an den Tag legte, sondern dadurch, daß der Kaiser – trotz seines Bemühens um Volksnähe und seiner Unabhängigkeit von ständischen Vorurteilen ein ganz bürokratischer Despot – außer den traditionalistisch-ständischen auch progressive, nationale und liberale Kräfte gegen sich aufbrachte, und zwar vornehmlich außerhalb der deutschen Erblande. In den Erblanden aber sei das Reformwerk in seinen Grundzügen erhalten geblieben.

Winter: Josephinismus als Reformkatholizismus

Sieht man von einer bald darauf ausgetragenen Kontroverse um die Ursprünge des Josephinismus – waren sie primär naturrechtlicher oder eher fiskalischer Natur? – und einigen weiteren Biographien ab, dauerte es bis gegen Ende des Zweiten Weltkrieges, ehe die Forschung zur theresianisch-josephinischen Reformpolitik um wesentliche neue Aspekte bereichert wurde. Zunächst stellte 1943 E. WINTER – der die Neuauflage seiner Studie dann 1962 mit einigen marxistischen Garnierungen versah – den Josephinismus als eine langfristige, „reformkatholische" Strömung dar, nämlich als den Versuch zur Regeneration der katholischen Kirche „im Sinne der Urkirche ..., der unter Josef II. seinen Höhepunkt erreichte" [103: Josefinismus, 7]. Demnach griffen frühaufklärerische und spätjansenistische Einflüsse auf Beamte und Geistliche in den Niederlanden, Böhmen und Italien bereits unter Maria Theresia auf die Wiener Zensur- und Studienhofkommission über und wurden durch Kaunitz in den 1760er Jahren mit dem österreichischen Staatskirchentum verknüpft. Entschiedener als seine Mutter habe dann Joseph II. die Kirchenreform aus Sorge um eine zeitgemäße Kirche in einem modernisierten Staat in Auseinandersetzung mit der Kurie und dem romhörigen Teil des Klerus, allgemeiner: den barock-feudalen Mächten, vorangetrieben. WINTER, der seine Darstellung mit antirömischem Affekt schrieb, glaubte, der Josephinismus habe als eine

2. Der Aufgeklärte Absolutismus

innerkatholische Reformbewegung an dem „restaurativen Grundprinzip dieser Kirche" tragisch scheitern müssen [ebd., 355]. So habe 1790 der Feudalismus „auf dem Wege über den Länderseparatismus" gesiegt, meinte WINTER später, doch habe sich in Opposition dazu der Spätjosephinismus zum Frühliberalismus weiterentwickelt [102: Frühliberalismus, zit. 7].

In der Einschätzung des Josephinismus als einer bis weit ins 19. Jahrhundert nachwirkenden geistigen Bewegung war ihm F. VALJAVEC vorangegangen. Dieser analysierte den Josephinismus als eine nicht auf die Kirchenpolitik beschränkte, sondern wohlfahrts- und rechtsstaatliche Tendenzen einbeziehende spezifische Erscheinung der Habsburgermonarchie, bei der die wenigen Grundprinzipien sozial, national und religiös differenziert und ständig weiterentwickelt worden seien. Als das literarisch und philosophisch schwer faßbare Ergebnis eines Ausgleichs zwischen Säkularisierungs- bzw. Laisierungstendenzen einerseits und älteren politischen bzw. kirchlich-kulturellen Anschauungen andererseits habe sein Schwerpunkt in den katholisch-slawischen Gebieten auf seinem weltanschaulichen und kulturellen Einfluß gelegen, in den deutsch-österreichischen Ländern dagegen auf seiner politischen Wirkung als „eine ins Bürokratische abgewandelte Abart des aufgeklärten Absolutismus", verbunden mit Zentralisierung, Bürokratisierung und Säkularisierung. Hier habe sich bei den ursprünglichen Trägern dieser Bewegung – hohen Beamten, Intellektuellen und zahlreichen Geistlichen – im 19. Jahrhundert eine zunehmend konservative Entwicklung im Sinne des Festhaltens an staatskirchlichen Doktrinen abgezeichnet, wohingegen der strikt antiklerikale, kleinbürgerliche „Vulgärjosephinismus" sich letztlich im Liberalismus, Demokratismus, aber auch im Nationalismus aufgelöst habe [93: Josephinismus, zit. 88].

<small>Valjavec: Josephinismus als Ausgleich zwischen Aufklärung und Tradition</small>

Schon in dem als „Josephinismus im strengen Sinne" definierten modernen österreichischen Staatskirchentum – und nicht erst in der angeblich daraus resultierenden „josephinischen Mentalität" – sah jedoch der letzte der drei „Säulenheiligen" der älteren Josephinismusforschung, der Kirchenhistoriker F. MAASS, eine spezifisch antikirchliche bzw. antikatholische Kraft. Dieses von Kaunitz in den 1760er Jahren begründete und mit Hilfe des Hofrats Heinke konsequent ausgearbeitete System staatlicher Verwaltungsmaßnahmen sei letztlich nicht im Willen zur Reform der ohnehin nicht schwerwiegenden kirchlichen Mißstände, sondern „im Willen zur Allmacht des Staates" begründet gewesen. Deshalb habe Kaunitz

<small>Maass: Josephinismus als modernes österreichisches Staatskirchentum</small>

den traditionellen Weg des (konkordatsmäßigen) Ausgleichs zwischen staatlichen und kirchlichen Interessen verlassen und mit Übergriffen auf Gebiete begonnen, auf denen Rom zumindest ein Mitspracherecht zugestanden habe. Durch diese gehässige und offenkundig widerrechtliche Politik gegenüber der keineswegs völlig neuerungsfeindlichen Kirchenspitze habe der Josephinismus die österreichische Kirche – und damit den katholischen Glauben – aufs schwerste gefährdet. Er habe ihr nämlich, wenngleich nicht ohne soziale und organisatorische Verbesserungen gerade im Bereich des niederen Klerus, die ihr als „societas perfecta" zustehenden materiellen Güter entzogen und ihr gleichzeitig durch die Propagierung des kirchen- und offenbarungsfeindlichen Staatsrechts der Aufklärung, durch die Förderung einer rationalistischen Theologie und die Begünstigung von Nichtkatholiken „im geistlichen Bereich unermeßlichen Schaden zugefügt". Von Leopold II. lediglich modifiziert, sei dieses unselige System erst seit 1819 abgebaut, vor 1850 aber nicht beseitigt worden [10: Josephinismus, zit. Bd. I, XVIII f. bzw. Bd. V, XVII f.].

Die Frage, was der „Josephinismus" denn „nun eigentlich gewesen" sei, ist strenggenommen unsinnig. Denn es geht hier um ein definitorisches Problem, wobei schon die unterschiedliche Quellenauswahl eine Rolle spielt. Suchte VALJAVEC anhand einer Vielzahl von verschiedenartigen Quellen die geistige Situation nicht zuletzt der ungarischen und slawischen Bevölkerungsteile der Monarchie zu erfassen, so widmete sich MAASS vornehmlich den Verwaltungsakten und der diplomatischen Korrespondenz im Dreieck Wien – Mailand – Rom, während WINTER vor allem die Selbstzeugnisse von „Reformkatholiken" aus Böhmen bzw. Wien heranzog. Aber auch weltanschauliche Differenzen – die den mitunter polemischen Ton der Auseinandersetzung erklären – beeinflussen die Definition: Stellte sich der schließlich zum Marxismus bekehrte Ex-Geistliche WINTER die katholischen Interessen zumeist unabhängig von der barocken Kirchenhierarchie vor, so konnte der Jesuit MAASS sie sich nur in Übereinstimmung mit dieser vergegenwärtigen. Unter diesen Vorzeichen blieben die Positionen der drei genannten Autoren zumindest bis in die 1970er Jahre richtungweisend [vgl. 200: K. VOCELKA, Josephinismus].

Die Weiterwirkung dieser Positionen

Die neuere Forschung tendiert nun jedoch dahin, die Thesen von MAASS, WINTER und VALJAVEC nicht als Alternativen, sondern als komplementäre Teile eines Ganzen zu verstehen, in dem die staatskirchlichen Aspekte gegenüber den reformkatholischen mit

2. Der Aufgeklärte Absolutismus

der Zeit immer deutlicher hervortraten, zumal – wie gezeigt werden konnte – selbst führende Protagonisten der einen oder anderen Richtung – etwa Kaunitz oder der Wiener Erzbischof Migazzi – im Laufe ihres Lebens ihre kirchenpolitische Position änderten. Dabei richtete sich ihr Augenmerk einerseits auf die Person Maria Theresias, andererseits auf jene Strömungen des Aufklärungszeitalters, die mit Begriffen wie Spätjansenismus, Febronianismus, Gallikanismus oder auch katholische Aufklärung markiert werden [vgl. z. B. 187: E. KOVÁCS, Aufklärung].

Hatte MAASS ursprünglich noch geglaubt, Maria Theresia habe die Konsequenzen der von ihr sanktionierten Kirchenpolitik nicht überblickt, so erklärte er sie 1969 zur „Mutter" des Josephinismus, also zur Hauptverantwortlichen für die Konzeption, aber auch die beginnende Durchsetzung des neuen staatskirchlichen Systems [189: Frühjosephinismus]. Demgegenüber beschrieb E. KOVÁCS zwar den Versuch hoher geistlicher Würdenträger, mit Hilfe der Staatsgewalt eine Kirchenreform im episkopalistischen Sinne durchzuführen, als eine schon im Ansatz gefährliche Illusion, da man die Geister, die man gerufen hatte, nicht mehr hätte loswerden können, doch charakterisierte sie die Politik Maria Theresias in diesen Auseinandersetzungen als ausgleichend [188: Ultramontanismus]. In diesem Sinne hat jüngst auch D. BEALES vor einer Überbewertung einzelner Äußerungen der Kaiserin gewarnt. Wo es um konkrete kirchenpolitische Maßnahmen ging, habe sie doch aus frommer Rücksicht auf die traditionalistischen Kräfte innerhalb der Kirche viele Vorschläge zumindest entschärft und hätte sie, wenn nicht ihr Sohn Joseph die Kaunitzsche Position unterstützt hätte, wahrscheinlich völlig blockiert [169: Joseph II., bes. 475 ff.].

Obwohl BEALES ganz allgemein den Einfluß Josephs II. während seiner Mitregentschaft vergleichsweise hoch einschätzt, betont er doch, daß dieser eine Reihe von Plänen – zur Schaffung eines homogenen habsburgischen Einheitsstaats, zur Säkularisation zahlreicher Klöster und zur Gewährung religiöser Toleranz – erst als Alleinregent habe in Angriff nehmen können und folglich der „Josephinismus" doch zu Recht *seinen* Namen trage. H. BENEDIKT hatte nämlich kategorisch behauptet: „Der Josephinismus wurde nach Joseph II. benannt, aber er begann bereits mit Joseph I. und der Verbreitung des Jansenismus in Österreich. Es war der Jansenismus, welcher dem josephinischen Staatskirchenrecht den Weg bahnte" [in: 68: Österreich und Europa, 183]. In eingehender Analyse vermochte jedoch inzwischen P. HERSCHE nicht nur Fehlurteile hin-

Maria Theresias Rolle im „Josephinismus"

Die neuere Diskussion um die Wurzeln des Josephinismus

sichtlich der Einordnung einzelner Persönlichkeiten zu korrigieren (Maria Theresia, Swieten d. Ä.), sondern vor allem auch das Phänomen des „Spätjansenismus in Österreich" als eine vornehmlich von Theologen getragene, unter dem Einfluß der Aufklärung jedoch politisierte, theologisch von ihren Anfängen stark fortentwickelte und dabei säkularisierte Bewegung in differenzierter Form zu erfassen. In Maria Theresia seien die „Strömungen des antikurialistischen Staatskirchentums und des jansenistisch gefärbten Reformkatholizismus zu einer wirkungsmächtigen Einheit", der „österreichischen Kirchenreform", zusammengeflossen. Joseph II., jansenistischen Ideen gegenüber indifferent, habe das reformkatholische Element seinen staatskirchlichen Ambitionen untergeordnet, umgekehrt aber habe sich der Spätjansenismus radikalisiert. Daran sei das Bündnis, aber letztlich auch der Jansenismus als intendierter Mittelweg zwischen Barockkatholizismus und der in zunehmendem Maße deistischen bzw. atheistischen Aufklärung gescheitert [181: Spätjansenismus, zit. 388].

War „aufgeklärte Religion" demnach eine Unmöglichkeit, „katholische Aufklärung" allenfalls ein Kompromiß auf Zeit? Oder wurde, wie K. O. Frhr. v. ARETIN meinte, der Konflikt dadurch unvermeidlich, daß sich die Kurie nach dem Tod Benedikts XIV. reformfeindlich zeigte, der Staat sich aber seinerseits nicht darauf beschränkte, traditionelle innerkirchliche Reformanliegen zu fördern [in: 193: Österreich]?

Auseinandertreten von Staat und katholischer Kirche

Jedenfalls ist angesichts des Auseinandertretens von „Geistlichem" und „Weltlichem", katholischer Kirche und Staat im 18. Jahrhundert und der beiderseitigen Tendenz zur Bildung autonomer Einheiten die These vom „Übergriff" des Staates auf den kirchlichen Bereich fragwürdig geworden [75: R. REINHARDT, Beziehungen]. Im übrigen hat G. KLINGENSTEIN, die diesen Vorgang am Beispiel des Zensurwesens untersuchte, herausgearbeitet, daß weder „Aufklärer" bzw. „Josephiner" einerseits noch der Jesuitenorden, die Kurie oder das Papsttum andererseits ideologische Geschlossenheit zeigten [185: Staatsverwaltung].

Die Frage der Kontinuität zwischen theresianischer und josephinischer Politik

Darüber hinaus dürfte auch für die Kirchenpolitik H. WAGNERS Feststellung gelten, die Alleinregierung Josephs II. sei „in vielem nur eine konsequente Fortsetzung der Maria-Theresianischen Staatserneuerung", sie müsse „aber gleichzeitig in ihrer kompromißlosen Radikalität als Novum erscheinen" [in: 204: Zeit Kaiser Josephs II., 13]. Der Streit, ob Joseph dabei doktrinär oder pragmatisch vorgegangen sei, wird dahingehend zu entscheiden sein, daß

2. Der Aufgeklärte Absolutismus 89

sich der Kaiser, ähnlich wie seine Mutter, nie einer Lehre völlig verschrieb, daß er aber im Unterschied zu ihr infolge seines übersteigerten Selbstwertgefühls von einer einmal gefaßten Überzeugung schwer wieder abzubringen war. Für diese Annahme spricht, daß viele radikal-aufklärerische Aussagen, mit denen Joseph II. auch in neueren wissenschaftlichen Darstellungen zitiert wurde, 1975 als apokryph entlarvt wurden [168: D. BEALES, False Joseph].

Immerhin wurde 1980 anläßlich eines Wiener Symposiums deutlich, daß Joseph viel weniger in dynastischem und ständischem Interesse handelte als seine Mutter. Trotzdem wurde überwiegend die Kontinuität zwischen theresianischer und josephinischer Politik betont – am dezidiertesten von E. WANGERMANN, der für die Bereiche Agrarreform, Unterrichtsreform und Toleranz eine grundsätzliche Einheitlichkeit des politischen Programms postulierte (in: 193: Österreich]. Diese Einschätzung erklärt auch den Vorzug, der dem Begriff „theresianisch-josephinische Reformen" gegenüber dem älteren Terminus „Josephinismus" heute gerne gegeben wird.

Im Falle der Toleranzpolitik beschränkt sich die Kontinuität freilich auf entsprechende Pläne in Maria Theresias Umgebung, denn trotz vereinzelter Inkonsequenzen verfolgte die Kaiserin selbst eine entschieden intolerante Politik. Erst das persönliche Engagement ihres Sohnes führte zum Erlaß der Toleranzpatente, allerdings nicht nur, wie F. FEJTÖ glaubte, aus kameralistischen Motiven heraus [178: Joseph II]. Vielmehr spielten, wie heute erkannt wird, rudimentäre Toleranztraditionen der Habsburgermonarchie ebenso eine Rolle wie ein gewisser „Nachholbedarf" an aufgeklärter Religionspolitik, ohne daß durch die von aufgeklärten Katholiken befürworteten Zugeständnisse an die anschwellende protestantische „Freiheitsbewegung" das Ziel einer künftigen Rekatholisierung der gesamten Untertanenschaft prinzipiell schon aufgegeben worden wäre [203: R. WOLNY, Hay; 167: F. BARTON, Zeichen]. *Die Motive der Toleranzpolitik*

Ob allerdings die von J. KARNIEL daneben noch betonte Intention, durch die Toleranzgewährung außenpolitisches Kapital zu schlagen, „das Image Josephs II. als das eines humanen, nächstenliebenden Herrschers ... unzweideutig widerlegt" [184: Toleranzpolitik, 243], bleibt ebenso offen wie seine Annahme einer „germanisierenden" Intention der josephinischen Judenpolitik, die man auch als eine „antikorporative" Maßnahme unter anderen verstehen könnte. Generell interpretiert die moderne Forschung Josephs Sprachenverordnungen – trotz dessen unbestreitbarer Hochschätzung deutscher Kultur – zumeist als Schritt zur Homogenisierung der Be- *Germanisierungs- oder Zentralisierungspolitik Josephs II.?*

amtenschaft, zur Zentralisierung der Monarchie bzw. zur Schaffung einer österreichischen Staatsnation. Die Bewertung dieser schon bei Maria Theresia angelegten, jedoch offenbar nicht prinzipiell verfolgten Vereinheitlichungspolitik ist jedoch nicht mehr eindeutig positiv. Konnte noch F. WALTER beklagen, daß Joseph das Werk seiner Mutter, die Entmachtung der von ihm als eigensüchtige und engstirnige Interessenvertreter des Großgrundbesitzes beschriebenen Stände, nicht konsequent fortgeführt habe [22: Zentralverwaltung, II. Abt. Bd. I/1, 5ff., 499], so bedauerte R. A. KANN, daß schon die Kaiserin dazu beigetragen habe, „einer künftigen Föderalisierung der habsburgischen Länder den Weg zu verbauen" [in: 193: Österreich, 34]. Dem wird man freilich entgegenhalten können, daß gerade weitreichende Agrarreformen bei einer stärkeren politischen Beteiligung der Stände noch geringere Erfolgsaussichten gehabt hätten.

Die Folgen der josephinischen Agrarpolitik

Im Gegensatz zur Aufhebung der Erbuntertänigkeit, bei der wenigstens die Intention Josephs allgemein positiv bewertet wird, werden die Folgen seiner Steuer- und Urbarialregulierung allerdings unterschiedlich beurteilt. Nach Ansicht R. ROZDOLSKIS handelte es sich dabei keineswegs um eine gegen die nichtdeutschen Nationalitäten gerichtete Politik, sondern um eine Maßnahme, die zugunsten der Bauern und der kapitalistischen Produktionsweise den Lebensnerv der Feudalaristokratie hätte treffen sollen. Die Bauern selbst seien anfänglich zwar mißtrauisch und unzufrieden geblieben, weil ihnen die Reformen nicht weit genug gegangen seien, doch wirkliche Unruhen habe es erst nach der verhängnisvollen Rücknahme der josephinischen Urbarialregulierung gegeben. Diese sei letztlich gescheitert, weil sie von adeligen Beamten wie Zinzendorf hintertrieben worden sei und Joseph es versäumt habe, die Bauern gegen den Adel zu mobilisieren [196: Agrarreform]. Andere Autoren verweisen dagegen eher auf die praktischen Probleme einer exakten Taxierung. Doch haben nach Auffassung H. FEIGLS die theresianisch-josephinischen Agrarreformen immerhin zu einer rechtlichen und ökonomischen Stärkung der bäuerlichen Familienbetriebe beigetragen, wenngleich die Skepsis der Gutsherren gegenüber den physiokratischen Grundsätzen der Regierung durchaus berechtigt gewesen sei und sich die großen Gutsbetriebe (im Gegensatz zu den „raabisierten" Staatsgütern) in der Zukunft als die Motoren des landwirtschaftlichen Fortschritts erwiesen hätten [in: 193: Österreich]. Dagegen verteidigte H. LIEBEL-WECKOWICZ sowohl die physiokratischen Prinzipien in der von Zinzendorf vertretenen

2. Der Aufgeklärte Absolutismus 91

Form (Besteuerung des Nettoertrags) als auch dessen Kritik an der willkürlichen Verletzung adeligen Eigentums als „liberale Revolte" gegen eine unverständige, uneinsichtige und keineswegs soziale, sondern fiskalisch orientierte Politik des Kaisers [in: 99: H.-U. WEHLER, Sozialgeschichte].

Damit stellt sich die Frage, auf welche gesellschaftlichen Gruppen sich Joseph II. eigentlich hat stützen können. Auch hier scheint noch nicht das letzte Wort gesprochen. K. GUTKAS verwies auf den Einfluß der dem Hofadel verhaßten bürgerlichen Sekretäre und auf Josephs Vorreiterrolle bei der Qualifikation und sozialen Absicherung seiner Beamten, meinte aber, Joseph sei kein Revolutionär gewesen, sondern habe lediglich den Feudalstaat „menschlicher und zeitgemäßer machen", nicht ihn ersetzen wollen, und dementsprechend hätten sich seine hohen Beamten fast ausschließlich aus dem Adel rekrutiert [180: Joseph II., 248 ff., zit. 458]. Für M. JENTZSCH waren die universitär gebildeten bürgerlichen Beamten dagegen nicht nur Träger, sondern auch Initiatoren der staatlichen Reformen, indem sie über ihre Funktion als „Werkzeuge" des Absolutismus hinaus eigene, schichtenspezifische Interessen vertreten und weitergehende Reformvorstellungen als der Kaiser entwickelt hätten [182: Denken]. Demgegenüber stellte P. BERNARD die Bedeutung der aufgeklärten Literaten in den Vordergrund. Entsprechend ihren von Anfang an bescheidenen politischen Ziele hätten die meisten zwar zeitweise als „Josephiner" die Reformen des Kaisers publizistisch unterstützt, aber auch auf die anschließende, ja nur partielle Reaktion hätten die meisten mit Anpassung, nur wenige mit einer Radikalisierung und lediglich eine bedeutungslose Splittergruppe mit Umsturzplänen reagiert [170: Jesuits] – eine Einschätzung, der die Jakobinerforschung natürlich widersprach. Auch die Gegner Josephs II. hielt BERNARD indes für schwach: Zu einer echten Fronde sei der Adel nicht in der Lage gewesen, meinte er, und nur wenn Josephs Reformen erfolgreicher gewesen wären, hätte eine revolutionäre Situation entstehen können [171: Joseph II, 141]. Der umgekehrten These, der Josephinismus habe – vielleicht, wie E. WINTER [103: Josefinismus, 148] urteilte, unglücklicherweise – eine revolutionäre Entwicklung gehemmt, hielt schon E. WANGERMANN entgegen, an der Abschaffung der Feudallasten sei der österreichische Reformabsolutismus „zerbrochen" [in: 193: Österreich, 40], und K. O. Frhr. v. ARETIN behauptete sogar, eine revolutionäre Situation habe überhaupt erst Joseph II. durch seinen „kaum gezügelten Despotismus" und die Radikalität seines Programms

Die Josephiner

heraufbeschworen, das im Lande keine Basis gehabt hätte [in: ebd., 522f.].

Österreichischer Reformabsolutismus: individuelle Rechtssicherheit und habsburgische Staatsbildung

Doch auch in Österreich bedurfte die neue Machtfülle des aufgeklärt-absolutistischen Staats einer neuen Rechtfertigung, und dieses Bedürfnis wies den Weg zu den Kodifikationsarbeiten. Mochten in der Praxis der josephinischen Strafjustiz die „Grenzen der Aufklärung" bald sichtbar werden [172: P. BERNARD, Limits], so erforderte das absolutistische Herrschaftsprinzip doch eine Bindung des Richters an den Willen des Gesetzgebers, die letztlich der Sicherheit des Individuums zugute kam [143: H. CONRAD, Grundlagen]. Gerade das Schreckensbild eines „totalitären" Systems jakobinischer Prägung mag erklären, warum die Urteile in den Jakobinerprozessen der Habsburgermonarchie „streng, aber dem Gesetz entsprechend" ausfielen, und warum der neuerungsfeindliche franziszeische Staat ähnlich wie der preußische nicht in einen „Verfassungsstaat", jedoch durch das ABGB in einen „Gesetzesstaat" umgewandelt wurde [199: H. E. STRAKOSCH, Rule; 198: DERS., Staatsbildung, zit. 74]. Neben den Kodifikationen trug offensichtlich die merkantilistische Wirtschaftspolitik des österreichischen Reformabsolutismus wesentlich zur habsburgischen Staatsbildung bei [190: H. MATIS, Glückseligkeit]. Utilitaristische, speziell wirtschaftspolitische Überlegungen bestimmten auch den Kurs der Kirchenpolitik mit [G. OTRUBA, in: 187: E. KOVÁCS, Aufklärung].

Desiderata der Forschung

Allerdings kennen wir vom „Josephinismus" gerade diese Seite nur wenig: Sowohl seine ökonomischen Implikationen, einschließlich jener der Klosteraufhebungen, als auch der Zusammenhang mit dem damaligen Mentalitätswandel sind noch ungenügend erforscht. Ähnlich steht es um Untersuchungen zum Heer und zu den Wandlungen auf der mittleren und unteren Verwaltungsebene. Als vorbildlich darf hier die Studie von F. QUARTHAL/G. WIELAND/B. DÜRR [195: Vorderösterreich] gelten. Hinsichtlich der Reaktion der Bevölkerung auf die Politik der Obrigkeit könnte es sich lohnen, Vergleiche zu ziehen beispielsweise zwischen dem Widerstand des „Volksglaubens" gegen die theresianisch-josephinische Kirchenpolitik und verwandten Reaktionen auf ähnliche obrigkeitliche Maßnahmen etwa in Bayern zu Beginn des 19. Jahrhunderts, aber z. B. auch im revolutionären Frankreich. Denn der „Josephinismus", der gerade in der jüngsten Vergangenheit auch das Interesse angelsächsischer, kaum jedoch dasjenige deutscher Forscher auf sich zog, dürfte zumindest in den Erblanden interessante Parallelen zu Entwicklungen in anderen Reichsterritorien aufweisen.

3. Die Deutsche Reformzeit

3.1 Zwischen nationaler Sichtweise und Modernisierungstheorien

Stand der Aufgeklärte Absolutismus im Urteil der Geschichtsschreibung oftmals unter der Fragestellung nach der Vereinbarkeit von Rationalität und Staatsräson einerseits, Humanität und Emanzipation andererseits, so drehte sich die Diskussion um die Deutsche Reformzeit in der älteren Forschung vielfach um das Problem der jeweiligen Gewichtung und Bewertung von äußerem – vornehmlich französischem – Einfluß und eigener deutscher (Reform-)Tradition. Französischer Einfluß und deutsche (Reform-)Tradition

Am härtesten traf der von nationalistischer Seite vorwurfsvoll verwendete Begriff der „Franzosenfreundschaft" die Bewohner der linksrheinischen Lande. Nannte H. v. TREITSCHKE die Pfälzer deshalb sogar ein „Bastardsvolk" [91: Geschichte I, 361], so suchten frühere Historiker aus diesen Gebieten die liberalen rheinischen Traditionen, die wesentlich eben auf die „Franzosenzeit" zurückgingen, zu verteidigen, gleichzeitig aber ihre damaligen Landsleute als gute deutsche Patrioten zu schildern, welche gegen die „Fremdherrschaft" opponiert hätten. Dabei macht ein Vergleich der Arbeiten etwa von M. SPRINGER [244: Franzosenherrschaft] und P. SAGNAC [241: Rhin français] deutlich, wie stark die damalige Forschung von der aktuellen Diskussion um die Rheingrenze bestimmt wurde: Das Bild der „Franzosenzeit" in der älteren Literatur Fand der Franzose eine francophile, weil für die Segnungen der Revolution (Aufhebung des Feudalismus etc.) zu Recht dankbare Bevölkerung vor, betonten deutsche Autoren die Lasten der neuen Herrschaft, mißtrauten dem „Amtsoptimismus" vieler französischer Quellen und werteten die Resultate der Plebiszite als das ohnehin wenig erfolgreiche Werk französischer Propaganda und staatlichen Drucks auf eine weitgehend unpolitische Bevölkerung.

Erst nach 1945 wurde die „Franzosenzeit" von deutschen und französischen Historikern als eine gemeinsame Forschungsaufgabe begriffen, die nunmehr auch unter Benützung der jeweiligen ungedruckten Quellen des Nachbarlandes in Angriff genommen werden konnte. Differenziertere Betrachtung nach 1945 Die Entfernung vom einseitigen Blickwinkel der Nationalgeschichtsschreibung kam der Jakobinerforschung, die vielfach „die seit langem vergessenen deutschen demokratischen Traditionen wieder aufweisen" wollte [so 238: A. KUHN, Jakobiner, 170], ebenso zugute wie der Analyse des „Esprit public", dessen weitverbreitete Ambivalenz und zeitliche, regionale und soziale Differenziertheit erst jetzt voll gewürdigt wurden [235: K.-G. FABER, Rheinländer;

233: R. DUFRAISSE, Révolution]. Für die Mehrheit der linksrheinischen Bevölkerung galt wohl, daß sie sich mit der französischen Herrschaft arrangierte und deren Verwaltung „weniger als Instrument der Unterdrückung denn als Voraussetzung für Ruhe und Prosperität" empfand [H. MOLITOR, in: 236: A. GERLICH, Reich, 44], wofür auch die – vermutlich durch die niedrigen Aushebungszahlen erklärliche – relativ geringe Desertionsquote spricht [232: R. DUFRAISSE, Populations].

Bei aller Schwierigkeit, die unterschiedlichen Motive im Spektrum zwischen totalem Anpassungswillen und grundsätzlichem Widerstand zu quantifizieren, lehnt man es nunmehr ab, „Opposition oder Arrangement verallgemeinernd als Stellungnahme für oder gegen eine Staatsform oder als nationale Option zu interpretieren" [239: H. MOLITOR, Untertan, 210]. Beispielsweise wurde in bezug auf das außer in Spitzen- bzw. Schlüsselpositionen (Finanzwesen!) überwiegend aus Deutschen bestehende Beamtenpersonal in den linksrheinischen Gebieten, speziell in der Pfalz, eine beachtliche Kontinuität zwischen Ancien Régime und Vormärz nachgewiesen [234: K.-G. FABER, Justizbeamte]. Andererseits entstand, wie S. GRAUMANN für das ökonomisch weit entwickelte Roerdepartement herausgearbeitet hat, während der napoleonischen Zeit ein „neuer Beamtenstab aus Kaufleuten, Grundbesitzern, Beamten des Ancien Régime, Adeligen und einigen wenigen Jakobinern", rekrutiert nach den Kriterien: Qualifikation und Loyalität sowie bald auch Besitz und Vermögen, dem eine lange Zeit politisch weitgehend indifferente Bevölkerung gegenüberstand [237: Niederrhein, zit. 106].

Der Aspekt der Modernisierung So steht heute nicht mehr der nationale Gegensatz im Vordergrund, sondern der Aspekt der Modernisierung.

Das gilt auch für die Beurteilung der Säkularisation. Denn heute erkennt man, daß die traditionelle Rechtsposition, auf welcher die Existenz der geistlichen Staaten beruhte, schon seit längerem ausgehöhlt war. Das beweist der Übergang zu vernunftrechtlichen Argumenten selbst bei manchen Verteidigern der geistlichen Staaten [227: P. WENDE, Publizistik]. Verursacht aber wurde diese Entwicklung durch eine „innerkirchliche Säkularisierung" und *Politische Bedingungen der Säkularisation* einen Wandel sowohl des Eigentumsbegriffs [R. Freiin v. OER, in: 94: R. VIERHAUS, Eigentum] als auch der politischen Konstellation innerhalb des Reiches: Der gerade von Kaiser Joseph II. betriebene Ausbau des Territorialkirchentums führte zu einem Verlust der reichsbischöflichen Funktionen und Einflußmöglichkeiten, aber auch Rom wurde – aus Furcht vor episkopalistischen und febronianistischen Strömungen – zum Feind der Reichskirche [23: K. O. Frhr. v. ARETIN, Reich]. Unter den politischen Rahmenbedingungen von 1802/03 – Schwäche der Reichsgewalt, französische Dominanz – konnten diese Tendenzen zum Umbruch führen. Heute betrachtet man den Reichsdeputationshauptschluß in seiner ganzen Problematik deshalb überwiegend als einen (reichs)verfassungswidrigen, jedoch durch elementare Staatsnotwendigkeiten gedeckten „legalen, da in gesetzliche Formen gepaßten, revolutionären Akt ..., dem rechtsschöpferische Kraft innewohnte" [211: K. D. HÖMIG, Reichsdeputationshauptschluß, 126].

Auf die sozialen und wirtschaftlichen Folgen der Vermögenssäkularisation kann hier nicht näher eingegangen werden. Aber der unter EDV-Einsatz nachgewiesene Profit, den linksrheinisch Teile des Bürgertums mit ehemaligen Nationalgütern erzielten [243: W. SCHIEDER, A. KUBE, Säkularisation], förderte zweifellos die Entwicklung sozialer Verhältnisse, die denen anderer Teile des Empire entsprachen [vgl. 231: R. DUFRAISSE, Notables]. Dies mag erklären, warum Preußen bzw. Bayern hier nach 1815 die bürgerlich-liberal geprägten „rheinischen Institutionen" (Code civil, Geschworenengerichte, Mairieverfassung) langfristig im Prinzip unangetastet ließen. Demgegenüber scheint die Säkularisation rechtsrheinisch die sozio-ökonomischen – nicht die politischen, kulturellen bzw. religiösen – Verhältnisse strukturell insgesamt nur wenig verändert zu haben [212: H. KLUETING, Westfalen; 226: E. WEIS, Säkularisation – im Widerspruch zu 217: R. MORSEY, Auswirkungen]. Denn rechts des Rheins übernahm die Staatsgewalt in den meisten Territorien zumindest das Obereigentum auf längere Zeit, eine Vorgehensweise, die C. DIPPER als „domänenpolitischen Modus" der Säkularisation beschrieben hat [in: 220: A. v. REDEN-DOHNA, Deutschland]. Die Verkäufe bzw. Zuteilungen von ehemaligem Kirchengut blieben gesamtwirtschaftlich gesehen eher marginal und kamen zudem nicht zuletzt einzelnen kapitalkräftigen Fürsten- bzw. Adelsfamilien zugute [216: H. C. MEMPEL, Vermögenssäkularisation].

Unterschiedliche Auswirkungen links und rechts des Rheins

Der eigentliche Gewinner innerhalb der Einzelterritorien aber war unzweifelhaft die Staatsgewalt – auch wenn die finanziellen Säkularisationsgewinne weit hinter den Erwartungen zurückblieben, insbesondere als der Umfang der gleichzeitig übernommenen Lasten erkennbar wurde. Denn die Säkularisation brachte neben ideellen Gewinnen (Verfügung über Kulturgüter) in jedem Fall eine erhebliche Steigerung des staatlichen Anteils an Rechten und am Bruttosozialprodukt mit sich. Insofern schuf sie (zusammen mit der

Festigung der territorialen Staatsgewalt

Mediatisierung) „längst fällige Voraussetzungen für die Modernisierung der staatlich-politischen Strukturen Deutschlands und für deren Angleichung an die des übrigen Europa" – für rationale Staatsverwaltung, großräumige Wirtschaftspolitik, eine beginnende Umgestaltung der Eigentumsordnung und den Übergang zur sog. bürgerlichen Gesellschaft [R. LILL, in: 220: A. v. REDEN-DOHNA, Deutschland, 101].

Mit der Zerstörung der Reichskirche war der erste Schritt zur endgültigen Auflösung der alten Reichsverfassung getan. Der machtpolitisch nicht lange austarierbare Widerspruch zwischen dem Souveränitätsstreben eines Friedrich von Württemberg und seinem Wunsch, Mitglied des Reiches zu bleiben [270: P. SAUER, Zar], scheint dabei nicht untypisch für jene Fürsten zu sein, die dem Rheinbund beitraten. Diese aber hatte TREITSCHKE aus dem Blickwinkel des idealisierten Macht- und Nationalstaats Bismarckscher Prägung durch „unbedingte Unterwerfung in Sachen der europäischen Politik [gegenüber Napoleon] und ebenso unbeschränkte Souveränität im Inneren" gekennzeichnet gesehen und haßerfüllte Verdikte gegen sie geschleudert: „Der deutsche Particularismus trat in seiner Sünden Blüthe." „Herzlose Frivolität", „grenzenlose Rohheit", „wüste Willkür" beherrschten seiner Ansicht nach die Politik dieser „rheinbündischen Despoten", obwohl er viele ihrer Maßnahmen als notwendig ansah, um „völlig verrottete, lächerliche Zustände" zu beseitigen, ohne daß deshalb z. B. in Bayern „Dank der fieberischen Hast der Regierung, die meisten dieser mit lärmender Prahlerei angekündigten Reformen" wirklich ausgeführt worden wären [91: Geschichte I, 232, 357 ff.].

Obwohl immer, besonders um die Jahrhundertwende, einige Landeshistoriker z. T. schon aus Landespatriotismus die Innenpolitik der Rheinbundstaaten detaillierter untersuchten und wohlwollender kommentierten, blieb noch in der Zwischenkriegszeit das Urteil von der nationalen Sehweise beeinflußt. Zwar schilderte E. HÖLZLE den württembergischen König als fähigen und erfolgreichen, wenngleich skrupellosen Verfechter der Interessen seines Staates, und er betonte zu Recht, die Napoleonische Politik habe den Rheinbundstaaten einen gewissen „Raum zu einer eigenen Aufbaupolitik im Innern" gelassen. Aber diese waren für ihn allen Reformleistungen zum Trotz doch traditionslose „schwächliche Staatsgebilde", die sich dem Franzosenkaiser gegenüber demütigen mußten und damit sogar ihre innere Organisation „als undeutsch, als volksfremd vor dem Volk und der Geschichte" kennzeichneten

[263: Württemberg, 47 ff.]. Selbst der 1936 zwangsemeritierte FRANZ SCHNABEL hatte neun Jahre zuvor geklagt, daß die Leistungen der Rheinbundpolitiker nur dem „Aufbau einer zweckwidrigen partikularen Gewalt gedient" und damit dazu beigetragen hätten, „der deutschen Nation in der Folge den Weg zur vollendeten Einheit zu versperren" [272: Reitzenstein, 168].

Nichtsdestoweniger waren es diese beiden Autoren, die – verschiedenartige – Ansätze zur Anerkennung der selbständigen Rolle der Rheinbundstaaten lieferten. F. SCHNABEL verteidigte ihren Anschluß an Napoleon als unausweichlich angesichts der „Wahl ... zwischen Untergang oder Wachstum". Vor allem aber betonte er, aus nichtpreußischer, ja teilweise europäischer Perspektive urteilend, man habe hier „das Staatsideal des aufgeklärten Absolutismus" verwirklicht, gleichzeitig aber pragmatisch das Ideengut der Französischen Revolution aufgenommen und erstmals „die neue Staats- und Gesellschaftsordnung in Deutschland eingeführt" [86: Geschichte I, zit. 149, 158]. Unter gesellschafts- und verfassungspolitischen Gesichtspunkten wurden die Rheinbundreformen also als positive Zukunftsleistungen gewürdigt.

<small>Hölzle/Schnabel: selbständige Rolle der Rheinbundstaaten</small>

Schon 1924 hatte M. DOEBERL für die bayerische Konstitution nachgewiesen, daß sie zu jenen Einrichtungen gehörte, mit deren Hilfe Montgelas eventuelle neue Bundesorgane in ihrer Einflußmöglichkeit auf Bayern schwächen wollte, indem er vollendete Tatsachen im Rahmen dessen schuf, was er Napoleon an Abweichungen vom französischen Vorbild meinte zumuten zu können [255: Rheinbundverfassung]. Daran anknüpfend führte E. HÖLZLE aus, Napoleon sei mit seinem Vorhaben, in Deutschland ein echtes „Staatssystem" als Teil der Revolutionierung Europas zu errichten, am Widerstand Bayerns und Württembergs gescheitert. Umgekehrt hätten die süddeutschen Staaten die französischen Einrichtungen nicht, wie andere Rheinbundmitglieder, überhaupt nicht oder mehr dem Namen nach übernommen – was in der Tat etwa für den Dalberg-Staat gilt [265: H. KLUETING, Frankfurt]. Dies spräche für eine weitgehend freiwillige Übernahme, vielfach sogar für eine bloß „gleichzeitige Entwicklung von Maximen und Praktiken auf Grund der gleichen Anschauungen und der gleichen autokratischen Tendenz" [in: 52: H. H. HOFMANN, Entstehung, 268 f.].

Diese Thesen stießen allerdings lange auf Ablehnung. E. R. HUBER handelte die Rheinbundreformen als angeblich reine Verwaltungsmaßnahmen zum Zwecke partikularer Staatsbildung nur ganz am Rande ab [54: Verfassungsgeschichte I, 84 ff., 314 ff.], und

<small>Die Diskussion um den Rheinbund nach 1945</small>

F. Hartung meinte, der Rheinbund habe „als Ganzes überhaupt keine Geschichte" gehabt. Zwar hätten seine Mitglieder „Großes und Bleibendes geschaffen", z. B. absolutistische Errungenschaften nachgeholt, ein – wenngleich nicht-deutsches – politisches Bewußtsein entwickelt und „den Anschluß der katholischen Länder Süddeutschlands an das im protestantischen Norden entstandene deutsche Geistesleben" herbeigeführt. Indes habe sich „der unhistorische Zug, der den ganzen Reformen anhaftet, ... so unentbehrlich er auch war, doch zugleich als schädlich" erwiesen [47: Verfassungsgeschichte, 168, 196f.]. In diesem Sinne wirkt die traditionelle Deutung des Rheinbundes – charakterisiert durch die Kritik an der (unbestreitbaren) „Traditionslosigkeit" mancher der neuen Staatsgebilde und am „Pseudoliberalismus" gewisser Institutionen sowie durch die (in ihrer Pauschalität problematische) Kennzeichnung als eine Epoche ausbeuterischer „Fremdherrschaft" – nicht zuletzt in Handbuchdarstellungen noch nach 1945 weiter, etwa bei M. Braubach (in: 43: Gebhardt, Handbuch III] oder sogar bei K. v. Raumer, wenngleich dieser neben den Reformleistungen gerade die – z.T. auf dem Weg über eine spezifische „Rheinbundideologie" erfolgte – Ausbildung einer nationalen Strömung in den Rheinbundstaaten hervorgehoben hat [in: 73: Ders., M. Botzenhart, Geschichte].

Preisgabe der nationalen Perspektive

Erst der neuesten Forschung ist es weitgehend gelungen, diese nationale Perspektive über frühere Ansätze hinausgehend entweder zugunsten einer Beschränkung auf das Selbstverständnis der damaligen Rheinbundpolitiker völlig aufzugeben oder aber sie in föderalistischem Sinne so weit zu modifizieren, daß die Rheinbundära unter diesem Aspekt uneingeschränkt als eine notwendige und sogar fruchtbare Phase der deutschen Nationalgeschichte erscheint [vgl. 24: K. O. Frhr. v. Aretin, Bund, 115; 250: H. Berding, Reform, 524; 100: E. Weis, Deutschland, 217]. E. Weis stellte darüber hinaus R. Wohlfeils These, Napoleon habe ursprünglich den Rheinbundfürsten keineswegs freie Hand lassen wollen [285: Modellstaaten; 286: Ders., Untersuchungen], durch neue Quellenfunde in Frage. Aus Gründen der Staatsräson des Empire scheint Napoleon demnach an einer Konsolidierung der süddeutschen Staaten ein echtes Interesse gehabt zu haben, was aber *einzelne* Eingriffe in deren innere Angelegenheiten nicht ausschloß, sondern geradezu herausforderte, dort nämlich, wo die Stabilität eines Verbündeten gefährdet erschien (Baden), generell aber auf jenen Gebieten, wo das Interesse des Ganzen auf dem Spiel zu stehen schien (Pressewesen, Zollsystem, dynastische Heiratspolitik). Andererseits spricht vieles da-

3. Die Deutsche Reformzeit 99

für, daß die rheinbündische Reformwelle von 1806/08 gerade durch die Unklarheit über (mögliche) bundespolitische Pläne Napoleons ausgelöst wurde. Vermutlich sahen sich Politiker des öfteren gerade im gesellschaftspolitisch relevanten Bereich zu Reformprojekten veranlaßt, die über ihre eigentlichen Pläne hinausreichten und die sie, als sie sich ihrer Souveränität wieder sicher wähnten, schleunigst modifizierten [vgl. z. B. W. DEMEL, in: 282: E. WEIS, Reformen]. Doch reichte jedenfalls weder die Modellstaatsbildung noch jedwede Art von Assimilationsdruck aus, um eine vollständige Angleichung der inneren Verhältnisse im napoleonischen Herrschaftsbereich herbeizuführen.

So wurde überall im Rheinbund das französische Rechts- und Verwaltungssystem mehr oder minder modifiziert und ganz pragmatisch experimentiert, sei es u. a. aus Kostengründen, aus Rücksicht auf historische Gegebenheiten bzw. die (erwartete) Reaktion der Bevölkerung [Beispiele für Berg bei 260: M. W. FRANCKSEN, Staatsrat; für Bayern 283: J. A. WEISS, Gemeinden; bei 213: F. L. KNEMEYER, Verwaltungsreformen, 264f., sogar für das französische Lippe-Departement], sei es infolge eines unüberwindlichen konservativ-feudaladeligen bzw. innerbürokratischen Widerstandes [E. FEHRENBACH, in: 220: A. V. REDEN-DOHNA, Deutschland]. Insofern erscheinen die führenden süddeutschen Politiker als originelle Vermittler zwischen aufgeklärt-absolutistischen Reformtraditionen (insbesondere ihrer eigenen Länder) und Anregungen bzw. Mustern, die das Empire bzw. dessen Modellstaaten als modifiziertes Erbe der Revolution bereitstellten – was Napoleons Rolle in vieler Hinsicht auf die eines „Katalysators" beschränkt [279: E. WEIS, Einfluß]. Dabei mochte allerdings der Akzent unterschiedlich gesetzt sein: Die Reformen in manchen mittleren und kleineren Staaten [zu Isenburg oder Lippe vgl. 271: H. A. SCHMITT, Germany] einschließlich jener in Bayern und Baden vor 1806 können als eine durch die neue Machtkonstellation ermöglichte Verwirklichung älterer Pläne des aufgeklärten Reformabsolutismus gelten. Speziell 1807/09 wurde der französische Assimilationsdruck dann in manchen Territorien jedoch unvermittelt spürbar und ermöglichte nicht nur teilweise eine „Nachholung", sondern vielfach eine „Vollendung des Absolutismus" [266: H. KLUETING, Nachholung, 243; V. PRESS, in: 228: Zeitalter]. Kennzeichnend scheint, daß die für die erste Phase typische, im Sinne von K. EPSTEIN [38: Ursprünge, 21] „reformkonservative" Politik des Moralisten Brauer früher, etwa von W. ANDREAS [246: Geschichte], ausnehmend positiv, von neueren Forschern wie

Betonung der Abweichungen vom französischen Vorbild

L. GALL [42: Gründung] dagegen im Vergleich zum mehr „französischen" Kurs Reitzensteins meist als rückständig bewertet wurde.

„Französisches" und „Deutsches" in den preußischen Reformen

Eine ähnliche Konstellation zeigt sich auch bei der Beurteilung der führenden preußischen Reformpolitiker. Hier erkor die traditionelle, national geprägte deutsche Geschichtsschreibung den Freiherrn vom Stein zu ihrer Idealfigur und folgte ihm in vielen seiner politischen Urteile. Hardenbergs größerer politischer, speziell diplomatischer Gewandtheit stellte man Steins Überlegenheit in bezug auf charakterliche Integrität, nationales Ethos und ein tieferes, von deutschen Traditionen gespeistes Freiheitsverständnis – kenntlich an der Idee der Selbstverwaltung und an „echteren" konstitutionellen Gesinnungen – gegenüber. Wenn Stein bis in die Gegenwart hinein „von nahezu allen politischen Gruppen als Protagonist eigener Forderungen und Ziele in Anspruch genommen wurde", so waren sich diese doch einig in der „Intention, daß sie an ihrem *Helden* die nationale Eigenständigkeit der politischen und sozialen Entwicklung Deutschlands in Theorie und Praxis exemplarisch zu demonstrieren suchten". Selbst eine angenommene Rezeption fremder Ideen durch Stein galt durchweg als ein „ihre *Eindeutschung* bewirkender Prozeß kreativer Aneignung" [44: W. GEMBRUCH, Tendenzen, 81, 84f.]. Obgleich Hardenberg durchaus positive Leistungen bescheinigt wurden, erschien er meist doch als vergleichsweise zu bürokratisch, doktrinär und – ähnlich wie Montgelas oder Reitzenstein – als ein Anhänger des aufgeklärten Absolutismus und des „geschichtslosen" französischen Rationalismus, der dementsprechend das von Stein begonnene Werk nur unvollkommen bzw. verfälscht fortführen konnte [z. B. 91: H. V. TREITSCHKE, Geschichte I, 365 ff.].

Immerhin wurde vor allem bald nach 1900 die Frage des Einflusses der Ideen von 1789 bzw. der französischen Revolutionsgesetzgebung auf Steins Reformen heftig diskutiert. Diese Kontroverse lenkte den Blick auf die Wurzeln von dessen gerne als religiössittlich, historisch-organisch charakterisierten und vom dominant rationalistisch-naturrechtlichen „französischen Geist" abgehobenen Staatsanschauungen. Bis heute wurden immer wieder bestimmte Einflüsse auf das Denken Steins hervorgehoben – seine Herkunft aus der nassauischen Reichsritterschaft, physiokratische Ideale, englische Vorbilder, seine westfälischen Erfahrungen, seine europäischen oder zuletzt gar – für die Zeit nach 1815 – seine restaurativen Züge [290: W. GEMBRUCH, Stein]. Richtungweisend blieb jedoch, daß G. RITTER 1931 in seiner monumentalen Stein-Biographie diese sämtlichen verschiedenen Einflußfaktoren anerkannte, sie gewichtete, aber allesamt doch mehr als die im konkreten Einzelfall hervortretenden Aspekte, die unterschiedlichen Schichten einer ganzheitlich gedachten Persönlichkeit darstellte. Deren Basis aber sah er in der altdeutsch-ständischen Tradition und in der protestantischen Gesinnung, gerichtet „von Haus aus auf praktisch-nützliches Wirken im konkreten Staate". Doch seien die Reformgesetze „mehr in der Gesamttendenz als in den Einzelheiten" als Ausdruck von Steins persönlicher Überzeugung zu betrachten, denn lediglich die städtische Selbstverwaltung dürfe als Steins origineller Reformgedanke gelten, die Aufhebung der Erbuntertänigkeit hingegen als „der erste große Einbruch westeuropäischer Freiheitsbegriffe" unter dem maßgeblichen Einfluß von dessen Mitarbeitern [311: Stein I, 8, 319, 341]. Nichtsdestoweniger erschien ihm Stein als „Führer" bei der Erziehung der Deutschen zum Staat und zum Gemeinsinn, und dieser Zusammenhang von innerer Erneuerung und nationaler Befreiung ebenso wie die angeblich letztlich unableitbare Originalität des Politikers faszinierte auch F. SCHNABEL, wenngleich dessen „Stein" gegenüber dem von RITTER gezeichneten Bild europäischer wirkt, mehr liberal als national und noch betonter humanitär-volkspädagogischen Zielen verpflichtet [314: Stein]. Wenn in diesem Zusammenhang D. SCHWAB 1971 davor warnte, Steins geistige Ursprünglichkeit zu überschätzen, da er „für jede wesentliche Position seiner ‚Selbstverwaltungsidee' ... eine gewichtige Denktradition im 18. Jahrhundert" nachweisen konnte [315: „Selbstverwaltungsidee", 155], so ging er damit auf Distanz zu der von jener Deutung zumindest nahegelegten Tendenz, Stein zu einem über allem „Parteienhader" und divergierenden sozialen Interessen stehenden, nur dem „Gemeinwohl" verpflichteten Genie zu stilisieren. Bei RITTER, ebenso wie bei H. HUBATSCH [vgl. 301: Stein-Studien, 46f.] oder H. HAUSSHERR [297: Hardenberg III], zeigt sich jedoch auch nach 1945 noch eine Tendenz, Steins „Liberalkonservativismus" als Wurzel einer „spezifisch deutschen" Form des Liberalismus gegenüber dessen westeuropäischer Spielart positiv hervorzuheben [311: Stein, 3. Aufl., 11f., 107].

Ritter: Stein als Erzieher zu „deutscher" Freiheit

Infolge des Zurücktretens des nationalen Gesichtspunkts erscheint demgegenüber das Bild von Stein und Hardenberg bei zahlreichen neueren Autoren – auch in der einstigen DDR [vgl. 310: Reformen] – gegenüber den früher vorherrschenden Wertungen stark verändert, ja teilweise geradezu in sein Gegenteil verkehrt. So meinte H.-U. WEHLER, die nationalen und historistischen Traditio-

Revision der Bewertung von Stein und Hardenberg

nen verbundene Mehrheit der älteren Historikergeneration habe sich offenbar „mit diesem zeitweilig frühliberal gefärbten, vorwiegend jedoch altständisch-romantisierend denkenden, reformkonservativen Beamten ... identifizieren" können – und diesen dabei „maßlos überschätzt". Hingegen habe die von Hardenberg „repräsentierte Fusion von Spätaufklärung und Etatismus, von bürokratischem Regiment und Anpassung an die Fortschritte Westeuropas ... die preußischen Reformen und ihre Fortentwicklung geprägt" – was insofern ein Lob bedeutete, als WEHLER die „Modernisierungsaufgabe" der deutschen Staaten darin sah, daß diese den Vorsprung der „westeuropäischen Pionierländer" hätten aufholen müssen [98: Gesellschaftsgeschichte I, 399 ff.]. Abgesehen von der jüngsten Neubewertung etwa der jeweiligen agrarpolitischen Leistungen (s. u.), erscheinen dementsprechend manchen neueren, stärker sozialgeschichtlich orientierten Autoren zumindest die staatstheoretischen Positionen Hardenbergs moderner als jene Steins.

Die Frage der Reformkontinuität zwischen Stein und Hardenberg

Gab es demnach überhaupt eine seit 1807 konsequente liberale Reformplanung, die dann um 1820/21 endgültig „scheitern" konnte, vielleicht verbunden mit einer verhängnisvollen Abkopplung der deutschen von der westlich-demokratischen Entwicklung, wie nach 1945 wiederholt vermutet wurde [so 316: W. M. SIMON, Failure]? Diese Frage verneinte E. KLEIN, wenn er das Ziel Steins in der „Regeneration", dasjenige Hardenbergs in der bloßen „Reorganisation" Preußens sah und dessen Finanz- und Innenpolitik als ein von sozialen Rücksichten auf die Großgrundbesitzer beherrschtes ständiges – durch Zufall letztlich erfolgreiches – Improvisieren zur Vermeidung des Staatsbankrotts beschrieb [303: Reform, 313]. Demgegenüber hob W. HUBATSCH die Gemeinsamkeiten zwischen Stein und Hardenberg hervor [300: Reformen], und für H. O. SIEBURG stellten die preußischen Reformen ein „im Ergebnis ... einheitliches Werk dar, das sich als ein tragfähiges Fundament für das Staats- und Gesellschaftsleben des modernen Preußen erwiesen hat" [in: 222: DERS., Napoleon, 211]. Im Gegensatz dazu verlegte B. VOGEL den eigentlichen Beginn der Reform erst auf das Jahr 1810, „weil erst jetzt eine Modernisierungspolitik zur Steigerung wirtschaftlicher Effizienz und sozialer Mobilität einsetzte" [321: Gewerbefreiheit, 12 f.].

Relativierung des Gegensatzes „französisches System" – „deutscher Geist"

Ob man nun aber die französisch-westfälischen Einflüsse sogar auf das preußische Reformwerk betont oder umgekehrt mit H. A. SCHMITT [271: Germany] die Unterschiede selbst zwischen den Rheinbundmitgliedern herausstreicht – in keinem Fall sollte man

3. Die Deutsche Reformzeit

übersehen, daß etwa die Departementaleinteilung auch in Frankreich (weniger freilich in dessen neuerworbenen Gebieten) keineswegs ganz schematisch ohne Berücksichtigung der historischen Gegebenheiten erfolgte. Insofern erscheint der Gegensatz zwischen „französischem System" – sprich: abstraktem Rationalismus – und „deutschem Geist" – im Sinne von traditionsverbundener Geistigkeit – lediglich als ein in beiden Ländern unterschiedlich stark ausgeprägtes Mehr oder Weniger von aufklärerisch-egalitären Idealen einerseits, historisierend-ständischen (auch neuständischen!) Zielvorstellungen andererseits.

Dementsprechend wird man heute auch nicht mehr unkritisch die These übernehmen können, daß es nur das durch „organische" Reformen erneuerte Preußen sein konnte, welches „Deutschland" von der „Fremdherrschaft" zu befreien vermochte. Diese Vorstellung und die damit verbundene Begrifflichkeit erwiesen sich allerdings besonders in der DDR als zählebig – wobei freilich hier „Befreiung" auf den Klassenkampf der „Volksmassen" gegen die „Herrschaft der französischen Großbourgeoisie" bezogen wurde. In der Auseinandersetzung mit ihrem kapitalistischen englischen Pendant habe sich diese, H. HEITZER zufolge, mit den reaktionären deutschen Fürsten im Rheinbund gegen die meist spontan revolutionär handelnden Volksmassen und die gerade im antifeudalen Sinne fortschrittliche Idee eines deutschen Nationalstaates verbündet. Die Reformen seien lediglich Zugeständnisse an die Massen und das aufstrebende Bürgertum gewesen, die den feudalen Machtapparat objektiv sogar gestärkt hätten [262: Insurrectionen]. Im Rahmen seiner Deutung des Rheinbundes als „Kern des napoleonischen Unterdrückungssystems in Deutschland" betonte HEITZER jedoch in einem späteren Beitrag, die dortigen Reformen hätten sich, obwohl vornehmlich auf den „Überbau" beschränkt, längerfristig zugunsten einer bürgerlich-kapitalistischen Entwicklung ausgewirkt [in: 206: Befreiungskrieg]. H. SCHEEL beschrieb sie, speziell für Bayern, sogar als „Ergebnisse des antifeudalen Klassenkampfs der Volksmassen", welche von einheimischen Jakobinern in erheblichem Maße mobilisiert worden seien [242: Jakobiner, 696f.]. Dagegen hatte P. STULZ nur festgestellt, daß die von der französischen Großbourgeoisie mit Hilfe ihres Instruments Napoleon eingeleiteten Reformen die bürgerlich-liberalen Kräfte in Deutschland anfänglich mit Befriedigung erfüllt hatten. Als „Höhepunkt der fortschrittlichen Rolle Napoleons" betrachtete er jedoch die Niederwerfung Preußens, „der Hochburg der Junkerherrschaft" [225: Fremdherr-

Reformzeit und Befreiungskrieg in der DDR-Geschichtsschreibung schaft, 21]. Den späteren Sieg über Napoleon verdankte Preußen dann nach Ansicht von H. SCHEEL bzw. J. STREISAND weder der Regierung noch dem Linienmilitär, sondern neben den russischen Armeen vornehmlich den Volksmassen, denen der Lohn für ihre Blutopfer – die Befreiung vom feudalen Joch – schließlich vorenthalten worden sei. Anknüpfend an die marxistischen Klassiker würdigten beide Autoren andererseits das von den Reformern dem König und der Junkerklasse abgerungene, wenngleich nur rudimentäre Reformwerk. Jene, die preußischen Patrioten, hätten die nationale Bewegung im Volk entfacht [in: 221: H. SCHEEL, F. STRAUBE, 1813]. So lebten kleindeutsche Deutungsmuster, etwa im DDR-Geschichtslehrbuch von J. STREISAND [224: Deutschland], unter marxistischen und aktuell-politischen Vorzeichen weiter: Dem „bürgerlichen Nationalstaat" wurde eine progressive Rolle zugeschrieben, der Napoleonischen Politik – zunehmend nach 1807 – ein räuberischer, antidemokratischer Zug. Dabei verwies man natürlich auf die Folgen der Napoleonischen Wirtschaftspolitik.

<small>Napoleonische Wirtschaftspolitik, Konjunkturkrisen und der Zusammenbruch des rheinbündischen Systems</small>

Diese wird man, anknüpfend an M. DUNAN [256: Napoléon], mit der neueren Forschung namentlich von R. DUFRAISSE jedoch regional und branchenmäßig stark differenzieren und die Kurzfristigkeit der Krisenerscheinungen, die sehr begrenzte Wirksamkeit der Kontinentalsperre sowie die zumindest mittelfristigen Vorteile von Kapitalakkumulation – nicht zuletzt infolge des Schmuggels – sowie von größeren Rechts- und Wirtschaftsräumen für die industrielle Entwicklung beachten müssen [in: 28: H. BERDING, H.-P. ULLMANN, Deutschland]. Die neuen Erkenntnisse legen allerdings auch nahe, daß konjunkturelle Einbrüche, auch wenn sie allenfalls indirekt mit der Napoleonischen Wirtschaftspolitik in Verbindung standen, der „Franzosenherrschaft" zur Last gelegt wurden und damit zum Ende des rheinbündischen Systems maßgeblich beitrugen [vgl. etwa: R. DUFRAISSE, in: 45: H. GLASER, Krone].

Wenn danach, speziell in Norddeutschland, die Restauration machtvoll einsetzte, so hatte doch in einem Sonderfall wie Würzburg der Reformprozeß bereits seit 1805 stagniert; die Wiederherstellung der ausschließlichen Katholizität der dortigen Universität verweist sogar auf eindeutig restaurative Tendenzen in diesem Rheinbundstaat [251: W. BILZ, Großherzogtümer]. Wie in Preußen, so ist jedoch auch in den rheinbündischen Reformstaaten ab 1810/12 ein Erlahmen des Reformeifers bemerkbar. Was bewegte oder hemmte also die Rheinbundreformen neben den französischen Einflüssen?

3.2 Wege und Ziele der Rheinbundreformen

Anhand des bayerischen Beispiels suchte L. DOEBERL 1925 nachzuweisen, daß der „große Enteignungsprozeß der eigenberechtigten Gewalten im Innern des Staates" ausschließlich durch das aus Frankreich stammende „Prinzip der Staatssouveränität" in Gang gesetzt worden sei [254: Montgelas, 13]. Doch schon zwei Jahre später gelangte F. SCHNABEL zu einer differenzierteren Auffassung. Er ging zwar noch davon aus, daß Montgelas und Reitzenstein „ohne Rücksicht auf Gewordenes und auf erworbene Rechte" vorgegangen wären, schrieb dem badischen Minister jedoch bereits „sittliche Größe" zu und betonte dessen neuhumanistisches Bildungsinteresse, als dessen Ergebnis er die Reform der für die vormärzliche Bildungslandschaft so wichtigen Heidelberger Universität hervorhob [272: Reitzenstein, 132, 126]. Sein Schüler E. WEIS, der mit Montgelas' „Ansbacher Mémoire" von 1796 eine Quelle entdeckte, deren Rang den späteren großen Reformdenkschriften Steins und Hardenbergs entspricht, vermochte schließlich 1970 nachzuweisen, „daß hinter dem kühlen Machtpolitiker Montgelas, dem rücksichtslosen Vertreter der Staatssouveränität, ein aufklärerischer Idealist steht, der sich jedoch bemüht, seine Pläne mit den Ergebnissen der Erfahrung und den gegebenen Möglichkeiten abzustimmen" [280: Montgelas, 283; 281: DERS., Reformprogramm]. Gerade deshalb forcierte er den Aufbau einer „neuen" Beamtenschaft.

Schnabel/Weis: Neuhumanistischer bzw. aufklärerischer „Idealismus" als Reformmotiv

Abweichend von der traditionellen Auffassung, welche das Preußen des Soldatenkönigs als Ursprungsland des modernen deutschen Berufsbeamtentums ansah, konnte daher B. WUNDER feststellen, die Beamtenschaft als eine geschlossene Gruppe (gekennzeichnet durch Qualifikation, Inamovibilität, materielle Absicherung und rechtlichen Sonderstatus) sei „eine bewußte Neuschöpfung der Rheinbundstaaten, insbesondere Bayerns" gewesen [in: 282: E. WEIS, Reformen, 181] – allerdings wiederum eine unter französischem Einfluß zustande gekommene Neuschöpfung, wie E. FEHRENBACH ergänzte [257: Beamtentum]. Dieser „Privilegierung", so führte WUNDER aus, entsprach freilich auch eine „Disziplinierung", etwa die Schaffung einheitlicher Normen sowohl zur Ahndung von Dienstvergehen wie auch zur Rekrutierung künftiger Staatsdiener [vgl. 284: R. WENDT, Konkursprüfung]. Den Prozeß der (modifizierten) Übernahme der bayerischen Dienstpragmatik arbeitete er besonders für Württemberg heraus [288: Privilegierung; DERS., in: 228: Zeitalter], nachdem E. ARNDT ähnliches vorrangig schon für

Wunder: Bayern als Ursprungsland des modernen Berufsbeamtentums

Baden getan hatte [247: Baden]. WUNDERS Eindruck, daß mit dieser rechtlichen Abschichtung der Beamtenschaft eine Tendenz der sozialen Einengung ihrer Rekrutierungsbasis auf Angehörige der „gebildeten Stände" einherging, wurde inzwischen für Baden von L. E. LEE erhärtet: Zwar seien die Beamten einerseits mit ihrem Anspruch, sich ganz dem (im Staat manifestierten) „gemeinen Wohl" hinzugeben, „Modell-Staatsbürger" gewesen, andererseits aber habe die konkrete Ausgestaltung der „Leistungs"-Anforderungen, die an künftige Staatsdiener gestellt wurden, dazu geführt, daß die Beamtenschaft des Vormärz „a very closed elite" gewesen sei [267: Politics, zit. 71]. Zu einem ähnlichen Ergebnis gelangte E. TREICHEL für das Herzogtum Nassau, das seinen Worten nach „in seiner Grundstruktur ein Beamtenstaat und kein Bürgerstaat" blieb [90: Bürokratie, zit. 586].

Jedoch ist unbestreitbar, daß die Rheinbundreformen auf anderen Gebieten *tendenziell* auf eine soziale Egalisierung, d.h. *letztlich* auf eine „bürgerliche" Gesellschaft mit Rechtsgleichheit abzielten. Dies läßt sich etwa anhand der Adels- ebenso wie der Judenpolitik verdeutlichen, der verschiedene neue Beiträge gewidmet wurden [etwa in: 282: E. WEIS, Reformen]. Erwies sich in letzterer Hinsicht Westfalen als echter „Modellstaat", so zeigte es sich, daß z.B. in Baden auf kommunaler, in anderen Territorien auch auf gesamtstaatlicher Ebene alte Diskriminierungen fortbestanden [H. BERDING, in: ebd.; 248: DERS., Juden; 79: R. RÜRUP, Emanzipation]. Andererseits kennzeichnet gerade Westfalen die Ambivalenz einer Napoleonischen Staatsgründung zwischen dem anfänglichen Wunsch des Kaisers, in Deutschland moralische Eroberungen zu machen, und seiner permanenten Absicht, das Empire finanziell und militärisch abzusichern. Diese Intentionen liefen nur so lange parallel, wie die Angleichung der administrativen, rechtlichen und sozialen Verhältnisse in Deutschland an das französische Vorbild die innere Homogenität des Grand Empire stärkte. Speziell am Beispiel der westfälischen Domänendotationen konnte H. BERDING [249: Gesellschaftspolitik] jedoch nachweisen, wie die von einem Teil der westfälischen Bürokratie aufgegriffenen und in eigener Regie umgesetzten Modellstaatspläne bald mit den Zielen des Imperators in Konflikt gerieten. Zum einen wollte Napoleon seinen Satelliten nicht aus seinem Klientelverhältnis entlassen, zum anderen widersprach die Zerstörung der überkommenen feudalen Agrarstrukturen einem zentralen gesellschaftspolitischen Anliegen des Kaisers: „dem Aufbau einer auf agrarischem Grundbesitz beruhenden imperialen Führungsschicht" [ebd., 15]. So ruinierten die Forderungen Napoleons den westfälischen Staatshaushalt und diskreditierten die zu Steuererhöhungen gezwungene Kasseler Regierung. Aber nicht nur, daß der Satellitenstaat – außer in administrativ-rechtlicher Hinsicht – den Modellstaat zunehmend in den Hintergrund drängte: Die Tatsache, daß die Entscheidung der vielen Rechtsstreitigkeiten, die um die Beseitigung feudaler Rechte geführt wurden, letzten Endes zugunsten der kaiserlichen Donatare fiel, stärkte auch die Position des alteingesessenen westfälischen Adels. Dazu kam, daß sich in dem stark traditionell strukturierten Land ein reformfreudiger führender Staatsmann wie Siméon, zumal bei fehlenden Deutschkenntnissen, schnell isoliert fühlen mußte [276: J. TULARD, Siméon]. So sehr in dem „Kunststaat" die Anwendung rationaler Organisationsprinzipien nach französischem Muster nahelag und auch von deutschen Intellektuellen in der Beamtenschaft begrüßt wurde, so wenig konnte die Regierung auf die Mitarbeit gebildeter, französisch sprechender Adeliger selbst in höchsten Ämtern verzichten. Damit war schon innerbürokratisch eine Politik, welche die Interessen der alten Führungsschicht massiv verletzt hätte, nicht durchzusetzen. Die „Modellstaaten" Westfalen und Berg (welches überdies das Reformwerk langsamer anging und am Fehlen einer politischen Mitsprache seiner Bürger litt) vermochten daher nur langfristig das Verständnis für die moderne Staatsidee zu fördern, meinte R. WOHLFEIL [285: Modellstaaten].

Mit komparativem Ansatz verfolgte E. FEHRENBACH [258: Recht] die gleichen Widersprüche anhand der Auseinandersetzungen um die Einführung des Code Napoléon in einer Reihe von Rheinbundstaaten. Der Kaiser, so argumentierte sie, habe dieses Gesetzeswerk vorrangig nur als ein – ihm zwar am Herzen liegendes, aber prinzipiell auswechselbares – Instrument zur Sicherung seiner Herrschaft angesehen: Dessen antifeudale Bestimmungen sollten eine den Machtinteressen des Empire besser dienende liberalisierte Eigentümergesellschaft begründen. Die Majoratspolitik des Kaisers und die in der Rheinbundakte verankerten Garantien für die Standesherren hätten diese Intentionen jedoch konterkariert. Das Dilemma: Der Code baute auf einer „bürgerlichen Gesellschaft" auf, die er in Deutschland erst selbst schaffen mußte. Diese Situation habe maximal die freilich allein in Baden dauerhafte Lösung eines Einbaus der Feudalverfassung in den Code erlaubt. Zukunftweisend seien aber schon die konstitutionellen und z.T. sogar nationalen Elemente der Rezeptionsdiskussion gewesen, auch wenn

Fehrenbach: Traditionale Gesellschaft und revolutionäres Recht die Totalrezeption in Westfalen und Berg angesichts der Machtstellung des Adels und des Konservativismus der unteren Beamtenschaft am Fehlen der institutionellen und sozialen Voraussetzungen gescheitert sei und in Bayern eine feudal-aristokratische Opposition selbst einen modifizierten Entwurf zu Fall gebracht habe.

Probleme einer Rezeption des Code Napoléon

Auch W. SCHUBERT, dessen Arbeit parallel zu jener FEHRENBACHS entstand, bestätigte, daß während der Rheinbundzeit – anders als danach – die gesellschaftspolitischen Implikationen das Hauptmotiv für eine (unter Juristen indes wenig verbreitete) Ablehnung des Code gebildet hätten. Andererseits jedoch arbeitete er als Rechtshistoriker mehr die dogmatischen und praktischen Probleme heraus, die der Übernahme eines fremden Gesetzbuches – und damit unter Umständen auch einer anderen Gerichtsverfassung – angesichts andersartiger deutscher Rechtstraditionen entgegenstanden. Letztlich aber gelangte er zu dem Schluß, daß eine Rezeption in modifizierter Form vor allem daran gescheitert sei, „daß die Propagierung dieses Gesetzbuchs mit der Militärdiktatur und den imperialistischen und zugleich nationalistischen Zielen Napoleons gekoppelt gewesen" sei [273: Recht, 602]. Man wird wohl alle diese Faktoren – sozialgeschichtliche, juristische, nationale und machtpolitische – berücksichtigen müssen und dabei zu bedenken haben, daß für die Überführung der „Ideen von 1789" in die Realität der deutschen Rechts- und Gesellschaftsverhältnisse der Code zwar ein in vieler Hinsicht ideales, aber nicht das einzig denkbare Vehikel darstellte [vgl. W. DEMEL, in: 45: H. GLASER, Krone III].

Hofmann: Konflikt zwischen adeliger Herrschaft und souveränem Staat

Trotzdem war es unvermeidbar, daß „adelige Herrschaft und souveräner Staat" miteinander in Konflikt gerieten – wenngleich das Bild H. H. HOFMANNS zu holzschnittartig erscheint, wenn er schreibt, 1808 habe in Bayern eine „absolute Bürokratie mit monarchischer Spitze" „die seit Jahrtausenden [?] staatstragende Klasse, den Adel, ... formal entmachtet", nach dem Zusammenbruch des napoleonischen Staatensystems aber habe sich noch einmal ein „erbitterter Klassenkampf" zwischen beiden Parteien entsponnen, welcher in der Verfassung von 1818 zu einem nur vorübergehenden „Remis" geführt habe [264: Herrschaft, 306 f.]. Natürlich wurde der grundbesitzende Adel in manchen Territorien durch verschiedene gesetzgeberische Akte wie etwa die Abschaffung der Patrimonialgerichtsbarkeit oder der Steuerprivilegien schwer getroffen, und teilweise gelang es ihm auch nach 1815 nicht, seine Position mit Hilfe der Bundesakte wieder zu festigen [zu Baden: E. FEHRENBACH, in: 282: E. WEIS, Reformen]. Jedoch hatte „die bürokratische Integration ... zwar eine stärkere Erfassung der Untertanen zur Folge, aber noch keine Vergrößerung der Vertrauensbasis für die staatlichen Institutionen im Volk" [63: K. MÖCKL, Staat, 140]. Die – wie gerade neuere Forschungen zeigen – in allerdings unterschiedlichem Ausmaß perfektionierte Zensur und der Aufbau einer Geheimpolizei in verschiedenen Rheinbundstaaten vermochten dementsprechend zwar oppositionelle, insbesondere „partikulare" Regungen wirkungsvoll zu unterdrücken, eine erfolgreiche „Staatsintegration", etwa die Ausbildung eines bayerischen Patriotismus in den neuerworbenen fränkischen Gebieten, mußte jedoch einhergehen mit einer „sozialen Integration" [252: W. BLESSING, Staatsintegration]. Schon von daher – und nicht nur von den Bestimmungen der Rheinbundakte her – lag es nahe, die Rechte der alten Führungsschichten so weit zu schonen, wie sie nicht *wesentlich* dem Prinzip der „Staatssouveränität" widersprachen. Auch wenn die Betroffenen dies nicht unbedingt so empfanden, versuchte z. B. gerade in Bayern (aber etwa auch in Frankfurt) die Regierung Rücksicht auf bestehende soziale Besitzstände – keineswegs nur des Adels – zu nehmen [W. DEMEL, in: 74: A. V. REDEN-DOHNA, R. MELVILLE, Adel; 253: DERS., Staatsabsolutismus]. Da nicht zu erwarten stand, daß eine Aufhebung der Zünfte überall so „schnell, reibungslos und nahezu unbeachtet" über die Bühne gehen würde, wie dies offenbar teilweise in Gebieten geschah, die stark von Frankreich kontrolliert wurden [214: M. LAHRKAMP, Münster, 528], wurde z. B. in Bayern nicht die allgemeine Gewerbefreiheit, sondern nur ein Gewerbekonzessionssystem mit modifizierter Zunftverfassung eingeführt, und auch die Vergabe von Monopolrechten wurde etwa von der badischen Regierung nur schrittweise eingeschränkt [259: W. FISCHER, Staat].

Rücksichtnahme auf bestehende soziale Besitzstände

Diese Rücksichtnahme hinderte die Regierungen rechts des Rheins natürlich auch an einer entschädigungslosen Beseitigung der Feudalrechte, die sich in Händen von „Privatpersonen" befanden. Der einzige Versuch in dieser Richtung, das bergische Septemberdekret, scheiterte, wie E. FEHRENBACH feststellte, an der Vielfalt der Rechtsverhältnisse und am Widerstand der Grundherren [258: Recht]. Andererseits bot die traditionelle Agrarverfassung nach W. v. HIPPEL speziell im deutschen Südwesten „relativ wenig Anstöße zu tiefgreifender Veränderung". Von einem einigermaßen geschlossenen Konzept der Agrarpolitik könne man für die Rheinbundzeit nicht sprechen, lediglich davon, daß durch die Abgrenzung von öffentlich-rechtlichem und privatrechtlichem Bereich, wie sie bei der sog. Revenuen- und Schuldenausscheidung zwischen den Mediatisierten und den Staaten notwendig wurde, viele Feudalabgaben in ein „juristisches Zwielicht" geraten seien [in: 282: E. WEIS, Reformen; vgl. DERS., in: 28: H. BERDING, H.-P. ULLMANN, Deutschland]. Auch C. DIPPER stellte für die Zeit um 1800 „keine grundsätzliche Kritik am Feudalregime ..., sondern nur an dessen Auswüchsen und Erosionserscheinungen" fest, machte aber auf die Dynamik des Bevölkerungswachstums und das damit verbundene rapide Ansteigen der Preise aufmerksam [in: ebd., 291]. In seiner zusammenfassenden Analyse der „Bauernbefreiung in Deutschland" sprach er daher folgerichtig von der „Unersetzlichkeit staatlicher Initiative bei den Agrarreformen" [209, 110]. Diese war aber eben in der napoleonischen Ära offenbar recht begrenzt. Selbst Hessen-Darmstadt, das in der vorkonstitutionellen Epoche eine relativ umfassende Reformtätigkeit im Agrarbereich entfaltete und dessen Adel politisch und zahlenmäßig schwach war, griff die grundherrlichen Rechte nicht prinzipiell an [41: P. FLECK, Agrarreformen]. Im Jahre 1979 kam E. FEHRENBACH deshalb zu dem Schluß: „Für die Bauern hat sich in der Rheinbundzeit nicht viel verändert. Bestenfalls waren ihre Abgaben und Dienste jetzt fixiert ... und ablösbar gemacht. Im übrigen mußten sie weiterzahlen, da die hohen Entschädigungsgelder unerschwinglich waren" [in: 28: H. BERDING, H.-P. ULLMANN, Deutschland, 78].

Bayern: fiskalische Interessen bei der Grundablösung

Diesen Eindruck vermittelte nicht zuletzt die Untersuchung von F. HAUSMANN über die Agrarpolitik Montgelas'. Ausgehend vom Wachsen der Ausbeutung der Bauern durch ihre Grundherren nahm sie an, Montgelas' Eingreifen sei fiskalpolitisch und antiständisch motiviert gewesen. Doch habe die vom Staat geförderte Aufteilung der Allmende an Besitzlose und Kleingütler ebensowenig die erwartete Steigerung der Produktivität (und damit der Steuereinnahmen) erbracht wie das Experiment mit einem ablösbaren Bodenzins auf säkularisierten Gütern. Schließlich habe sich die Regierung deshalb bereits 1808 „in einer radikalen Kehrtwendung zu einer neuen Begünstigung der großen Grundbesitzer" entschlossen und „eher den Weg der Restauration als der Reform" eingeschlagen [261: Agrarpolitik, 273 ff.]. Dieser Schlußfolgerung widersprach schon P. FRIED, der in langfristiger Perspektive die bayerischen Agrarreformen als ein im Ganzen gelungenes Werk der bayerischen Bürokratie bezeichnete [in: 282: E. WEIS, Reformen]. Aber auch die kurzfristigen Erfolge waren, W. DEMEL zufolge, regional z. B. bei der Ablösung der Fronverpflichtungen größer als von F. HAUSMANN vermutet, wenngleich – auch aus der Sicht der Reformer – letzten Endes doch unbefriedigend. Den Hauptgrund dafür sah er aber nicht im zweifellos massiven Widerstand einer „feudalherrlichen Partei" in dem 1808 errichteten Geheimen Rat, sondern in der Tatsache, daß der Staat selbst der mit weitem Abstand größte Feudalherr im Lande war. Den Bauern hätten Kriegslasten und wachsende Steuern gedrückt, den Fiskus aber die gewaltigen Ausgaben für die Kriegsführung, die bis 1806 übernommenen Verpflichtungen im Zivilbereich (Pensionen etc.) sowie schließlich auch für die Kosten des Reformwerks. Nahe am Bankrott konnte sich die Regierung nicht dazu durchringen, durch ein für die Bauern günstiges Ablösungsangebot das rentierliche Staatsvermögen zu verringern: „Die wachsende Armut der Landbevölkerung einerseits und die immer kritischer werdende Finanzsituation des Staates andererseits machten finanzielle Opfer beiden Seiten in zunehmendem Maße unmöglich – der einen, um »freies Eigentum« zu erlangen, der anderen, um solches herzustellen und dann auf dem Umweg über eine verbesserte Landeskultur auch höhere Steuereinnahmen zu erzielen" [253: Staatsabsolutismus, 553].

Daß die Entwicklung der Staatsfinanzen ebenso Antriebsmoment wie Hemmschuh für Reformen sein konnte, daß das Ziel, den Staatsbankrott zu vermeiden, aber auch zu ebenso grundlegenden Reformen wie zu kurzatmigen Manipulationen in den Bereichen Steuer- und Staatsschuldenwesen führte, beweist auch eine Reihe von anderen Arbeiten. Die vielschichtigen Alternativen und Probleme einer Reform der Realbesteuerung (also der Grund- und Dominikalsteuern) in den süddeutschen Staaten, insbesondere die Fragen der Steuergerechtigkeit, der Abgrenzung von Feudal- und Staatsabgaben sowie der Notwendigkeit einer Flexibilität des Steuersystems bei einer (künftigen) Ablösung der Feudallasten, hat in ihrer ganzen verwirrenden Vielfalt W. STEITZ dargestellt [274: Feudalwesen; 275: DERS., Realbesteuerung].

Zwischen Staatsbankrott und Modernisierung

Neben dem Steuersystem bildete das Staatsschuldenwesen die zunehmend wichtiger werdende zweite Stütze der öffentlichen Finanzwirtschaft, wie H.-P. ULLMANN vornehmlich anhand des badischen und bayerischen Beispiels hervorhob [278: Staatsschulden; DERS., in: 28: H. BERDING, H.-P. ULLMANN, Deutschland, und in: 282: E. WEIS, Reformen]. Am Anfang stand die sich seit dem Ausbruch der Revolutionskriege bis zum Ende des Alten Reichs ausdehnende „Schuldenexplosion". Im Vollbesitz der Souveränität hätten die beiden Staaten 1806/08 ihre Finanzwirtschaft modernisiert und

Ullmann: Neuorganisation des Staatsschuldenwesens

tatsächlich eine gewisse Konsolidierung ihrer Haushalte erreicht. Vor allem die Fortsetzung des Krieges, aber auch konjunkturelle Faktoren hätten dann zu einer über das Jahr 1815 hinausreichenden bedrohlichen Krise der Staatsfinanzen geführt, die erst mit der Einführung einer konstitutionellen Finanzwirtschaft langsam habe überwunden werden können. ULLMANN schilderte für die Rheinbundzeit die Vereinheitlichung und Verstaatlichung des Steuerwesens, die drastische Erhöhung besonders der indirekten Steuern, vor allem aber die Entstehung eines modernen öffentlichen Schuldenrechts, die Tendenz zur Schaffung einer einheitlichen Schuldenverwaltung, die Zusammenziehung sämtlicher Schulden zu einer einheitlichen Staatsschuldenmasse, die (in Baden eher als in Bayern ausreichende) Heranziehung bestimmter Staatseinnahmen zur Verzinsung und Tilgung langfristiger Verbindlichkeiten sowie die (in Bayern besonders konsequent vorangetriebene) Umgestaltung des Schuldenwesens nach marktwirtschaftlichen Grundsätzen. Demgegenüber „finanzierte Württemberg seine wachsenden Ausgaben fast ausschließlich über höhere Steuern" und sei daher bis weit ins 19. Jahrhundert hinein traditionellen – und wenig ergiebigen – Formen der Kreditfinanzierung verhaftet geblieben [277: DERS., Staatskredit, 334]. ULLMANNS Hinweis, daß dies in den Verfassungskämpfen den politischen Spielraum der württembergischen Regierung begrenzte, zeigt ebenso wie B. WUNDERS Urteil, daß die Verwaltungsreformen „im Kern Finanzreformen" gewesen seien [in: 228: Zeitalter, 106], daß heute Fragen der Reformpolitik – auch in den Bereichen Verfassung und Verwaltung – zunehmend von der sozial- und finanzhistorischen Seite her beleuchtet werden. Das gilt in gleicher Weise für die Reformen in Preußen.

3.3 Die Stein-Hardenbergschen Reformen

Lange Zeit bildete die Erforschung der sog. Stein-Hardenbergschen Reformen einen Schwerpunkt der stark personalistisch und macht- bzw. geistesgeschichtlich orientierten traditionellen deutschen Geschichtsschreibung. Denn nicht nur galt die intensiv untersuchte Verwaltungsreform als grundlegend für das vorbildliche Funktionieren der preußischen Bürokratie im 19. Jahrhundert, sondern darüber hinaus das Gesamtwerk als paradigmatisch für jeden (nationalen) Aufstieg „aus tiefer Erniedrigung". Schließlich erschienen vor allem die Städteordnung und die Einführung der allgemeinen Wehrpflicht als originäre deutsche Beiträge zur „Weltgeschichte"

Reform in Preußen als originärer Beitrag zur „Weltgeschichte"?

und als eine unblutige Alternative zur Französischen Revolution auf dem Weg in die Moderne.

Wurde bei Steins Versuch, Ständevertreter in die Behördenarbeit einzubeziehen, zwar gerne das antibürokratische Motiv gelobt, die Umsetzung aber angesichts seines offenkundigen Scheiterns für unpraktisch angesehen, so galten und gelten Steins Selbstverwaltungsideen als ein zukunftsweisendes Konzept und die Städteordnung als ein Erfolg – gerade weil sie sich darauf beschränkte, Standesreform zu sein, wie R. KOSELLECK erläuterte [60: Preußen, 147]. Demgemäß wird man allerdings kaum mehr, wie gelegentlich geschehen, davon sprechen können, Stein habe von unten nach oben demokratische Zustände schaffen wollen, sondern aus der Retrospektive einschränkend höchstens formulieren dürfen, sie habe „alles in allem ... ein so hohes Maß von liberaler, ja demokratischer Neugestaltung, wie es von Hause aus gewiß nicht in Steins Reformtendenz lag", gebracht [49: H. HEFFTER, Selbstverwaltung, 95]. Im übrigen ist bei Einzeluntersuchungen deutlich geworden, wie langsam der Prozeß eigenständiger Willensbildung in den ostelbischen Städten voranschritt und wie schnell neue Abhängigkeiten von der staatlichen Bürokratie erwuchsen.

<small>Die Städteordnung – Aufbau einer Demokratie von unten?</small>

Deren Rolle ist jedoch besonders seit ca. 1970 stark umstritten. Traditionell attestierte man der preußischen Bürokratie des beginnenden 19. Jahrhunderts wie ihrer Vorgängerin in friderizianischer Zeit Uneigennützigkeit. Unberücksichtigt blieben lange Zeit die Einwände von E. KEHR, der auf die Eigeninteressen der Beamtenschaft verwies und von einer seit den 1790er Jahren schrittweise durchgesetzten, bereits 1807 auf der Basis der Kooptation funktionierenden „Diktatur der Bürokratie" – bzw. einer bürokratischen „Clique" – sprach, deren Kampf mit dem Adel immer von Konzessionen begleitet gewesen sei [59: Primat]. Erst die etwas ausführlicheren Darlegungen von H. ROSENBERG zum „bürokratischen Absolutismus" setzten KEHRS Gedankengang fort und charakterisierten die Reformzeit und ihr Ergebnis wie folgt: „... the ‚revolution from within' was, in substance, a factional struggle within the governing class" ... „Bureaucratic absolutism ... came to rest on a working alliance with the large landowners. The purpose of this alliance was the perpetuation of rulership by aristocratic elites. Its primary political function was to hold down and to divert liberal and democratic movements" [78: Bureaucracy, 204, 227].

<small>Kehr/Rosenberg: Herrschaftsinteressen der Bürokratie</small>

Dagegen zeichnete R. KOSELLECKS großes Preußenbuch das Bild einer Bürokratie, die in enger Verbindung mit dem Bildungs-

Koselleck: Bürokratie zwischen sozialer Bewegung und großagrarischen Interessen bürgertum bis ca. 1820 durch ihr Reformwerk das „Allgemeininteresse" glaubhaft vertreten konnte. Doch sah er sie dabei in einem doppelten Zwiespalt: dem Wunsch, eine rechtlich egalitäre Gesellschaft auf legalem Wege – d. h. unter Entschädigung für verlorengegangene „wohlerworbene Rechte" – zu konstituieren und zugleich Personen ein gewisses Maß an Freiheit einzuräumen, die man erst zur Freiheit erziehen wollte. Infolge der ständischen Opposition seien die Reformer zu weitreichenden Konzessionen an die Rittergutsbesitzer gezwungen gewesen, welche daraufhin ihre materielle und politische Position hätten konsolidieren können, sie hätten aber andererseits durch ihre Reformgesetze eine soziale Bewegung entfesselt, die sich zunehmend der bürokratischen Kontrolle entzogen habe. Da die Selbsterneuerung der Verwaltung als Grundlage weiterer Reformen gegolten habe, infolge der Kriegskosten dann auch die Finanz- und Wirtschaftsreform in den Vordergrund gerückt sei, habe man der Verfassungsstiftung von Anfang an keine Priorität einräumen können. Schließlich sei die Bürokratie angesichts der divergierenden gesellschaftlichen Kräfte um den Erhalt des eigenen Reformwerks willen auf den Ausweg verfallen, den Behördenausbau mit einem Staatsrat als „Beamtenparlament" an der Spitze im Sinne einer „verfassungspolitischen Vorleistung" voranzutreiben [60: Preußen].

„Inneradministrative Konstitutionalisierung"

Der Widerspruch gegen KOSELLECKS Deutung bediente sich 1. der KEHR-ROSENBERGSCHEN Argumente [so J. KOCKA, in: VSWG 57, 1970: das Eigeninteresse der Bürokratie, schon seit 1807 zur partiellen Zusammenarbeit mit dem ständischen Adel bereit, erkläre deren sonst überraschende „Wende"], die durch weitere Untersuchungen untermauert wurden [z. B. 291: M. W. GRAY, Landtag], 2. der Kritik an dessen Prioritätenschema [H. OBENAUS, in: Göttingische Gelehrte Anzeigen 222, 1970], 3. der These, daß die angeblich homogene, zunächst reformerische, danach restaurative Beamtenschaft einen personellen Wandel durchgemacht habe bzw. bereits vor 1820 in sich gespalten gewesen sei.

Veränderungen bzw. Konflikte innerhalb der Beamtenschaft Nun wird man die „bedingte Verselbständigung des Staatsapparates gegenüber den herrschenden gesellschaftlichen Kräften" [287: B. WUNDER, Entstehung, 461] auch für Preußen nicht in Abrede stellen können. W. BLEEK hat gezeigt, wie gerade die preußischen Reformen, obwohl sie „in einem ... innerbürokratischen Machtkampf von Verwaltungsbeamten gegen Justizjuristen durchgesetzt worden" waren, durch die Vereinheitlichung der Rekrutierungsprinzipien zur inneren Konsolidierung der gesamten Beamtenschaft beigetragen haben [289: Reform, 181]. Freilich ging es in diesem Kampf auch um die lange nicht konsequent rechtsstaatlich geregelte Frage der Unabhängigkeit der Justiz und der gerichtlichen Kontrolle des Verwaltungshandelns [H. SCHRIMPF, in: 322: B. VOGEL, Reformen]. Außerdem blieb die hohe Bürokratie immer ein Teil der adelig-bürgerlichen „gebildeten Stände", aber innerhalb dieser Schicht konnte es eben zu Verschiebungen kommen. So beobachtete J. R. GILLIS als Folge der gleichzeitigen *personellen* Desintegration der adeligen Grundbesitzerschicht ein verstärktes Einströmen von Adeligen in die Beamtenschaft spätestens seit den 1820er Jahren [in: ebd.]. Dagegen betrachtete die DDR-Literatur schon den preußischen Reformstaat immer als ein Herrschaftsinstrument des Feudaladels, freilich eher seines „anpassungsbereiten Teils", wie H. BLEIBER in Auseinandersetzung mit J. KOCKA hervorhob [in: ebd.]. Doch die 1981 geführte Debatte über die unterschiedliche Fortschrittlichkeit Steins und Hardenbergs – „feudaler Humanismus" versus „Kapitalismus"? – beweist, daß auch hier die innerbürokratischen Friktionen wahrgenommen wurden [310: Reformen].

Schließlich vermochte H. OBENAUS eine Gruppe innerhalb der Beamtenschaft zu identifizieren, die gemeinsam mit konservativen Kräften am Hof und im Großgrundbesitz Opposition gegen Hardenbergs Verfassungspläne betrieb [67: Anfänge]. Komplementär dazu arbeitete B. VOGEL heraus, daß nur das von jüngeren Aufsteigern geprägte Staatskanzleramt als „Reformbehörde" schlechthin gelten könne [321: Gewerbefreiheit]. Dagegen habe gerade der Machtzuwachs der Bürokratie – zumal angesichts ihrer Kollegialverfassung bzw. (nach 1810) der verbreiteten Abneigung gegen die „Kanzlerdiktatur" – einer verdeckten innerbürokratischen Fraktionsbildung Vorschub geleistet. Die „konservative" Fraktion *innerhalb der sog. Reformpartei* habe sich etwa in den Fragen der persönlichen Freiheit der Bauern, der landständischen Verfassung oder der Notwendigkeit staatlicher Reorganisation und Integration deutlich von der altständischen Opposition unterschieden, sei jedoch mit dieser in ihrer Gegnerschaft zu einer Repräsentativverfassung und zur Mobilisierung der unteren Schichten konform gegangen. Begünstigt durch die innenpolitisch anti-reformerische Wirkung der Befreiungskriege habe sie sich schließlich durchgesetzt [320: Beamtenkonservativismus]. In die gleiche Richtung zielte M. W. GRAY, die die preußischen Reformen als eine dynamische Interaktion zwischen Aufklärungsideen und Kräften sozialer Beharrung in einem europaweiten Kontext interpretierte, wenn sie zu zeigen versuchte,

Konservative Tendenzen in der Bürokratie

daß schon unter Stein ein Gegensatz zwischen „aristokratischem" und „mittelständischem Liberalismus" bestanden habe. Wie sich die Argumente hier überschnitten und die Reformarbeit – z. B. die geplante Aufhebung der Patrimonialgerichtsbarkeit – blockieren konnten, erläuterte sie an dem Beispiel, daß L. v. Schroetter im Gegensatz zu (dem freilich ebenfalls adeligen) Th. v. Schön bei den Adelsbauern den Bauernschutz möglichst schnell aufheben, dafür aber andererseits bei den Domänenbauern die Eigentumsverleihung mit dem Wegfall der staatlichen Hilfsverpflichtungen abgegolten wissen wollte [292: Prussia; 293: Schroetter].

Die Diskussion um die „Vorreformen"

Die Veränderung des Rechtsstatus der Domänenbauern war jedoch bekanntlich schon Jahre vor dem militärischen Zusammenbruch von 1806 eingeleitet worden. Diese Tatsache bildete das Hauptargument für die These von O. HINTZE, die Gesetzgebung von 1807 sei „im Grunde nur der Abschluß einer langen, vorangegangenen Entwicklung". Freilich habe erst die Katastrophe den älteren Reformbestrebungen zum Durchbruch verholfen, aber auch danach seien die Grundzüge des altpreußischen Militär- und Beamtenstaates erhalten geblieben [51: Regierung, zit. 508]. Diese Kontinuitätsthese wurde gelegentlich weiter diskutiert, aber nie zum Gegenstand einer umfassenden Untersuchung gemacht. Offenbar verdichtete sich der Eindruck, das Jahr 1806 markiere im Regelfall die Grenze zwischen der Diskussion bzw. ersten Planung und der Ausführung der Reformen. Immerhin hat neuerdings H. HARNISCH die später öfters wiederholten Darlegungen von G. F. KNAPP, auf die sich auch HINTZE bezogen hatte – wonach nämlich die Befreiung der Domänenbauern als eine „geräuschlose, tiefgreifende Reform" mehr Bauern zugute gekommen sei als die spätere Regulierungsgesetzgebung [304: Bauern=Befreiung I, 96 ff.] – angegriffen und aufgrund neuer Quellen die Bedeutung der betreffenden Reformmaßnahmen sowohl quantitativ als auch qualitativ erheblich geringer bewertet [295: Reformmaßnahmen].

Knapp: „Bauernbefreiung" als Ursache der Entstehung der Landarbeiterschaft

Das zeigt, wie sehr KNAPPS umfangreiches Werk aus dem Jahre 1887 schon wegen seiner Erhellung zahlreicher rechtlicher und legislativer Zusammenhänge jahrzehntelang als maßgebend galt. KNAPP war es auch, der den seit langem als unzulänglich erachteten Begriff „Bauernbefreiung" in die wissenschaftliche Diskussion einführte – ohne ihn allerdings mit einem liberalen Freiheitspathos verbinden zu wollen. Denn seine Darlegungen liefen darauf hinaus, daß die Agrargesetzgebung zwar in die Herrschaft der Gutsherren eingegriffen, deren Vermögen aber bewahrt habe. Statt dessen habe man infolge von Leichtfertigkeit bzw. Nachgiebigkeit gegenüber dem Adel den Bauernschutz geopfert, damit weite Flächen des Bauernlandes dem Gutsbesitz in die Hände gespielt und zugleich zahlreiche Kleinstellenbesitzer einem ruinösen Wettbewerb ausgesetzt, der nur dazu führen konnte, daß aus ihnen eine neue Klasse weitgehend besitzloser Landarbeiter hervorging [304: Bauern=Befreiung].

Diese Hauptthese KNAPPS, bei der Stein als „bauernfreundlich" erschien und der Schuldvorwurf auf seinen angeblich doktrinär-liberalen Mitarbeiter Schön bzw. später mehr auf Hardenberg zugespitzt wurde, blieb indessen nicht unumstritten. Eine minutiöse Analyse der Redaktionsgeschichte des Oktoberedikts ließ erkennen, daß die Beteiligten differenziertere, aber allesamt doch tendenziell wirtschaftsliberale Positionen vertraten und unter dem Eindruck der in weiten Teilen ruinierten bäuerlichen Landwirtschaft Ost- und Westpreußens standen (323: G. WINTER: Oktoberedikt). Ist, so hat E. FEHRENBACH gefragt, „der Bauernschutz als Prüf- und Maßstab überhaupt geeignet..., den Wert der Gesetzgebung historisch zu beurteilen" [40: Régime, 199]?

Auf die viel diskutierte Frage des Landverlusts der Bauern – ein wirtschaftliches und soziales Problem der Zeit nach 1816 – kann hier nicht näher eingegangen werden. Doch hat die neuere Forschung gezeigt, daß von einer gelegentlich vermuteten „Befreiung der Gutsbesitzer" schwerlich die Rede sein kann, wenngleich diese Schicht langfristig einen deutlichen ökonomischen Aufschwung nahm. Überhaupt haben sich nach den Feststellungen von D. SAALFELD infolge der Agrarreformen „keine umwälzenden Besitzumschichtungen" ergeben, insofern nämlich, als die bäuerliche Nutzfläche relativ konstant blieb. Allerdings war dies nur deshalb der Fall, weil ein kleiner Teil der ausgedehnten Allmende den nunmehrigen bäuerlichen Eigentümern zugesprochen wurde, die Masse indes den Gutsherren [312: Frage, 170]. Dies zwang dazu, neues Land unter den Pflug zu nehmen, weshalb für G. IPSEN die Bauernbefreiung „im wesentlichen ein staatlich bewirkter Landesausbau" war, zum erheblichen Nutzen der Produktion und des Staates [in: 32: E. W. BÖCKENFÖRDE, Verfassungsgeschichte, 362]. Dies lag natürlich ganz im Sinne der Reformer, die sich F. LÜTGE zufolge als treibende Kraft des ganzen Prozesses über die Frage eines künftigen Landverlustes der Bauern wenig Gedanken machten, weil sie, von liberalen Ideen erfüllt, der neuen Freiheit aller Wirtschaftssubjekte eine in jedem Fall segensreiche Wirkung zuschrieben [in: 62: DERS., Studien]. Daß die schließlich eingetretene Konsolidierung des Bauernstandes

Debatte um den Landverlust der Bauern

– ebenso wie die Stärkung des Großgrundbesitzes – keineswegs identisch war mit einer sozialen Absicherung einzelner Familien, wird man auch heute nicht außer acht lassen dürfen, wo man weiß, daß ein Landarbeiterproletariat im Gefolge der Agrarreformen nicht erst entstand, sondern sich nur erheblich vermehrte.

<small>Neuere westdeutsche Historiographie: Betonung der „sozialen Kosten"</small>

Diese (im weitesten Sinne) „sozialen Kosten" der Reform und die Verfestigung als undemokratisch angesehener Machtstrukturen prägten stark das Bild der neueren westdeutschen Historiographie. So schrieb H. BÖHME 1981, es sei darum gegangen, die „Kreditlosigkeit des Staates ... mit der Kreditfähigkeit seiner Grundbesitzer politisch zu vermählen" und die Macht der alten Elite in neuen Besitzverhältnissen abzusichern: „Der neue Großgrundbesitzer konnte sich entlastet von seinen sozialen Pflichten als Machtträger in der und mit Hilfe der leitenden Staatsbürokratie erhalten und kräftigen – allerdings nicht in der Kontinuität der Familien. Der freigesetzte Bauer zahlte ... die Kosten für die Innovationsfähigkeit der Landwirtschaft und unterzeichnete damit zugleich seine eigene politische Entmündigung" [in: 35: O. BÜSCH, Preußenbild, 148 f.].

Nach H. SCHISSLER war es die starke Kommerzialisierung der ostelbischen Landwirtschaft vor 1807, die den „Schleier des Patriarchalismus" zerriß, die Ausbeutungspraktiken der zwar teilweise verschuldeten, aber weiterhin mächtigen adeligen Gutsbesitzer – wie auch des königlichen Domänenherrn – immer unverhüllter hervortreten ließ und Reformen hinsichtlich der legislativen Rahmenbedingungen im Sinne einer „Systemerhaltung durch gesteuerten Wandel" spätestens im Augenblick der Krise notwendig machte. Entgegen ihrer Selbsteinschätzung als kompetente Lenkerin sozialer und ökonomischer Wandlungsprozesse habe die in sich uneinige Bürokratie die Veränderungen jedoch weitgehend planlos, zögerlich und inkonsequent vorangetrieben. Zudem sei ihr Handlungsspielraum von vornherein durch ihr anti-revolutionäres Legalitätsprinzip beschränkt geblieben. Nicht zuletzt aber habe sie in der entstehenden Klasse kapitalistischer Gutsbesitzer keineswegs den Motor landwirtschaftlichen Fortschritts gesucht – den diese gar nicht gebildet hätte –, sondern den Partner für einen neuen Herrschaftskompromiß zur Absicherung ihrer eigenen Stellung. Für die Bauern sei auf diese Weise nur eine teilweise hoffnungslose Lage angesichts des Zusammenwirkens von feudaler und kapitalistischer Ausbeutung entstanden [84: Agrargesellschaft, zit. 70, 116].

Gerade diese Kombination charakterisierte nach Ansicht der marxistisch-leninistischen Geschichtsschreibung den „preußischen

3. Die Deutsche Reformzeit

Weg" der Agrarreform, der, anknüpfend an Lenin, als ein nichtrevolutionärer, gerade daher aber besonders langwieriger und für die Bauern qualvoller Weg von der feudalen zur kapitalistischen Ordnung beschrieben wurde, wobei man, ausgehend von einem Engels-Zitat, das Jahr 1807 als den „Beginn der bürgerlichen Revolution in Deutschland" kennzeichnete.

Der marxistisch-leninistische Ansatz: der „preußische Weg"

Die in der DDR intensivierte Quellenforschung hat in den letzten Jahren die älteren Vorstellungen jedoch so stark differenziert, daß von einem neuen Bild der Agrarreformen gesprochen werden muß. Zunächst konstatierte H.-H. MÜLLER schon für das letzte Drittel des 18. Jahrhunderts einen rapiden Aufschwung der agrarischen Produktivkräfte in den Marken [158: Landwirtschaft]. Doch trotz des „Drucks von unten" habe diese Entwicklung den legislativen Rahmen nicht sprengen müssen, betonte demgegenüber H. HARNISCH. Erst die Folgen des Krieges und die Gesetzgebung in Westfalen und Warschau hätten ein Eingreifen der Politiker bewirkt. In der juristisch heiklen Eigentumsfrage habe man dann unter Stein nach einem Kompromiß gesucht und dabei durch die Verordnung vom 14.2.1808 der großen Gruppe der Zeitpachtbauern jegliches Eigentum an dem von ihnen bewirtschafteten Boden abgesprochen. Daher, und nicht wegen der sonst gelegentlich ins Feld geführten „Lähmung" der Gutsbesitzer angesichts der Katastrophe von 1806/ 07, hätten diese gegen das Oktoberedikt weit weniger opponiert als gegen das Regulierungsedikt Hardenbergs. Durch dieses – und selbst durch die Deklaration von 1816 – sei ihnen nämlich für die Regulierung im Falle des schlechtesten Besitzrechts keine volle Entschädigung mehr zugesprochen worden [294: Agrarreform; DERS., in: 89: Studien]. Dazu paßt die Beobachtung K. VETTERS, daß der märkische Adel – entgegen traditionellen Vorstellungen in seiner überwiegenden Mehrheit weit davon entfernt, grundsätzlich neuerungsfeindlich zu sein – die Vorteile des Oktoberedikts bald erkannte und beim Fortgang der Gesetzgebung als gewissermaßen „konstruktive" Opposition nur seinen Arbeitskräftebedarf zu sichern, möglichst günstige Regulierungsbedingungen zu erzielen sowie den von Hardenbergs Mitarbeitern intendierten weitergehenden Privilegienabbau zu verhindern suchte [319: Adel].

Jüngere DDR-Forschung: neues Bild der Agrarreformen

Nach HARNISCH begann die „kapitalistische" Bauernbefreiung im Grunde erst 1811. Keineswegs primär durch kurzfristige fiskalpolitische Überlegungen motiviert, habe die Regulierung gegen Landabtretung – mehr von den Bauern als von dem oft eher an einer Geldentschädigung interessierten Adel vorangetrieben – dann

Harnisch: erfolgreiche kapitalistische Bauernbefreiung nach 1811

teilweise sogar schon vor 1816 einen schnellen Aufschwung genommen. Zusammen mit einer klugen Landeskulturgesetzgebung und der in ihrer Bedeutung meist sträflich unterschätzten Ablösungsordnung von 1821 habe sie eine starke einkommensmäßige und soziale Differenzierung der Landbevölkerung bewirkt, dabei aber anfänglich auch den Landarmen Chancen eröffnet. Von der enormen Steigerung der Agrarproduktion hätten jedenfalls nicht nur die Großgrundbesitzer profitiert, sondern auch, wenngleich in bescheidenerem Umfang, viele Bauern, nicht indessen die Taglöhner [294: Agrarreform].

Damit sollte bewiesen werden, daß die Agrarreformen durch die Erhöhung der Nachfrage eine entscheidende Voraussetzung für die Industrialisierung bildeten. In diesem Sinne interpretierte B. VOGEL auch die Verkündung der „Gewerbefreiheit" durch Hardenberg. Bislang hatte man diese fast ausschließlich als eine Maßnahme ins Auge gefaßt, die sich ganz überwiegend gegen die „Mißbräuche", ja generell die „Erstarrung" des städtischen Zunfthandwerks gerichtet habe. Selbst in der Hauptstadt Berlin änderten sich aber, wie man feststellen konnte, die gewerblichen Verhältnisse – wenngleich von Handwerk zu Handwerk verschieden – teilweise erst im Laufe einer ganzen Reihe von Jahren [I. MIECK, in: 36; O. BÜSCH, W. NEUGEBAUER, Geschichte; J. BERGMANN, in: 322; B. VOGEL, Reformen]. Dies stützt die schon mehrfach geäußerte generelle Theorie, daß man der Gewerbefreiheit unter den zahlreichen Faktoren, die auf das Handwerk einwirkten, nur eine sekundäre Bedeutung zuschreiben dürfe, dies schien aber auch die These E. KLEINS zu bestätigen, daß es sich hierbei um eine rein fiskalpolitisch motivierte Maßnahme angesichts schlimmer staatlicher Finanznöte handelte [303: Reform]. B. VOGEL hingegen sah in der Wirtschaftspolitik der Reformzeit immer eine „Mischung von programmatischer Zielverfolgung und Krisenmanagement" und speziell in der Gewerbefreiheit vorrangig ein Mittel, um die Arbeitsmarktprobleme auf dem Lande zu lösen. Das Ziel sei nicht zuletzt gewesen, den von der Regulierung nicht erfaßten untersten ländlichen Schichten neue Existenzmöglichkeiten zu eröffnen, damit gleichzeitig auch das vorhandene Arbeitskräftepotential zugunsten von Staat und Volkswirtschaft besser zu nutzen und den Rückstand hinsichtlich der Dichte des Landgewerbes gegenüber dem westlichen Ausland zu verringern. Teilweise sei diese umfassende, nicht mit einer einfachen laissez-faire-Politik zu verwechselnde Modernisierungsstrategie tatsächlich erfolgreich gewesen, auch wenn etwa staatliche Initiativen zur

Vogel: Gewerbefreiheit als umfassende Modernisierungsstrategie

Mechanisierung des Textilgewerbes am innerbürokratischen Widerstand gescheitert seien [321: Gewerbefreiheit, zit. 139].

Die Auswirkungen der preußischen Agrar- und Gewerbepolitik der Reformzeit auf die spätere Industrialisierung dürften sich somit doch auf die Schaffung notwendiger, aber eben nicht hinreichender Rahmenbedingungen beschränken. Als Ergebnis der Diskussionen wird man außerdem festhalten können, daß die dabei oftmals konstatierten Unterschiede *selbst zwischen den ostelbischen Provinzen* schon hinsichtlich der Ausgangslage so gewaltig waren [vgl. z. B. R. BERTHOLD, in: 89: Studien], daß die Antwort auf die Frage nach „der" Wirkung der Reformen in jedem Fall sehr differenziert ausfallen muß und weniger denn je die für Ostelbien getroffenen Feststellungen unbesehen auf das übrige Deutschland übertragen werden dürfen. Die – freilich nie exakt meßbaren – sozialen Kosten waren zweifellos hoch. Jedoch fragt sich, „wer eine noch radikalere Reformpolitik außerhalb der schmalen Spitze der Bürokratie hätte unterstützen sollen" [209: C. DIPPER, Bauernbefreiung, 17] – und ob eine solche Politik dann tatsächlich humanere Folgen gehabt hätte. Im Hinblick auf die gesamtstaatliche Produktivität waren die eingeleiteten Maßnahmen auf längere Sicht jedenfalls erfolgreich.

Davon profitierte, wie die neuere Forschung zeigte, auch die Staatskasse, nachdem schon die beiden Steuerreformen von 1810/11 und 1817/20 ebenso wie das Zollgesetz von 1818 auf eine Erhöhung der Staatseinnahmen abzielten. Denn 1807 war das alte staatliche Finanzsystem kollabiert – ein Ausdruck struktureller Schwächen, die im Augenblick des militärischen Zusammenbruchs virulent wurden. Die Antwort der Verwaltung war, wie eine neue Quellenedition belegt, vielfältig und zunächst unsystematisch [313: H. SCHISSLER, Finanzpolitik; DIES., in: 16: DIES., H.-U. WEHLER, Finanzpolitik]: Man steigerte mittels Erpressung der (meist dann doch profitierenden) Privatbankiers die Staatsverschuldung, betrieb eine Inflationspolitik, erhöhte in großem Umfang – unter Abbau einiger Steuerprivilegien, aber doch in sozial und von Provinz zu Provinz sehr unausgewogener Weise – die Steuerbelastung und versuchte, zunächst wenig erfolgreich, Domänen zu verkaufen. Von der Finanzmisere ging ein wenigstens partieller Modernisierungsdruck aus, bemühte man sich doch erstmals, eine regelmäßige, allgemeine Steuerpflicht einzuführen. Vor allem aber wurde der Gesamtetat grundlegend umstrukturiert: Der Anteil der Militärausgaben hielt – allen Kriegen zum Trotz – mit dem Anstieg der Zivilausgaben nicht Schritt, die Domäneneinnahmen verloren, relativ gesehen, drastisch

Neueste Diskussion über die preußische Finanzpolitik

an Bedeutung, ebenso die direkten gegenüber den indirekten Steuern. Im Unterschied zu H. SCHISSLER betonte B. VOGEL aber, daß die steuerliche Gesamtbelastung immer noch durchaus mäßig gewesen sei – die Kapazitäten der Bevölkerung ja auch offensichtlich ausreichten, um den Staat relativ schnell zu sanieren und den Wirtschaftsaufschwung einzuleiten. Außerdem sei der Verzicht auf eine Grundsteuerreform nicht in erster Linie durch die Rücksicht auf den Widerstand der Gutsbesitzer bedingt gewesen, sondern durch finanztechnische Probleme [in: 207: H. BERDING, Privatkapital]. In ähnlicher Weise schrieb A. v. WITZLEBEN entgegen dem lange vorherrschenden Urteil der Hardenbergschen Finanzpolitik eine in gewisser Weise durchaus konstruktive Rolle zu und wies darauf hin, daß diese ein leistungsfähiges Finanzierungssystem geschaffen und bei der Finanzierung der Kriegs- und Kriegsfolgekosten erhebliche Mittel bereitgestellt habe [324: Staatsfinanznot].

Die Stellung der Militärreform im Reformwerk

Diese Zusammenhänge sind noch ungenügend erforscht, zumal auch die Militärgeschichtsforschung ihren Schwerpunkt nicht hierher, sondern traditionell auf die biographische Erfassung des Wirkens der großen Militärreformer und deren persönliche Zusammenarbeit mit den Zivilpolitikern sowie auf rein innermilitärische Fragestellungen gelegt hat. Dabei hat sich indes z. B. ergeben, daß das einst vielgerühmte Krümpersystem „weit weniger wirkungsvoll [war]", als man sich vorgestellt hatte" [G. A. CRAIG, in: 36: O. BÜSCH, W. NEUGEBAUER, Geschichte, 823], wiewohl H. G. NITSCHKE ihm weiterhin eine erhebliche Bedeutung für die spätere schnelle Aufstockung der Armee zuschrieb [307: Militärreformen, 112]. Zum Thema „Reform und Befreiungskriege" steuerte R. IBBEKEN die Erkenntnis bei, daß die Kriegsfreiwilligen von 1813 eher märkische Handwerker als akademisch gebildete Bürgersöhne waren, was er mit der Gewerbereform in Verbindung brachte [302: Preußen]. Dem widersprach B. v. MÜNCHOW-POHL, für den der Ausbruch patriotischer Begeisterung das durch den Frontwechsel des Königs bewirkte Ende einer Autoritäts- und Identitätskrise darstellte, kaum dagegen ein Verdienst der Reformen: „Deren Segnungen ließen mit wenigen Ausnahmen noch auf sich warten ..." Gleichzeitig bezweifelte er, daß die Reformer in ihrer Gesamtheit – wie es bei G. RITTER [311: Stein, 3. Aufl., 307] heißt – ihr Werk „von vornherein bewußt in den Dienst der nationalen Befreiung stellten". Abgesehen von der Frage, was hier „national" bedeute, hätten die Politiker lange den Ausgleich mit Napoleon gesucht, und die Identifizierung von „Patrioten" mit „Reformern" sei nicht generell anzunehmen – „für

3. Die Deutsche Reformzeit

den militärischen Bereich vielleicht noch am ehesten" [306: Reform, zit. 408, 217].

Ausgehend von einem ganz anders gelagerten Forschungsinteresse untersuchte H. STÜBIG die geistigen und institutionellen Bedingungen dessen, was er als das „Bündnis zwischen Armee und Nation" beschrieb, nämlich die pädagogisch-politischen Motive der Heeresreformer. Dabei wurde jedoch der Unterschied deutlich zwischen deren Konzeption des gebildeten, leistungsfähigen Offiziers und dem Ideal allgemeiner Menschenbildung, wie es Humboldt vertrat [318: Armee]. Daß sich dieser nicht mit seiner Forderung nach Abschaffung einer gesonderten Kadettenausbildung durchsetzen konnte, erscheint geradezu als symptomatisch für das nüchterne Bild vom Erfolg der Humboldtschen Bildungsidee, zu dem die neuere Forschung gelangt ist. So wenig hier – unabhängig von der jeweiligen Bewertung – die weiterwirkende Bedeutung Humboldts als Bildungstheoretiker geleugnet wird, so begrenzt war offenbar der unmittelbare Einfluß seiner Ideale auf die preußische Bildungswirklichkeit, nur teilweise mit Ausnahme der Universität. Am Ende stand, so resümierte beispielsweise K.-E. JEISMANN, „bei weitem kein ‚Humboldtsches Gymnasium' ...; es war das ‚Preußische Gymnasium', das mit seinen Vorzügen und Schwächen diesem Staatswesen und den bestimmenden Kräften seiner Geschichte seit dem ausgehenden 18. Jahrhundert durchaus entsprach" – womit es aber doch „zu den modernsten und trotz aller Begrenzung der eigenen Idee am weitesten in die Gesellschaft hineinreichenden allgemeinen öffentlichen Erziehungsanstalten Europas" gehörte [57: Gymnasium, 397 f.]. Hatte Humboldt theoretisch den Vorrang der individuellen, allgemein-menschlichen, kosmopolitischen Bildung proklamiert, so behielt das gesamte preußische Bildungswesen von der Elementarschule bis zur Universität einen – ab 1819 wiederum verstärkten – bürokratischen, ständischen und nationalpolitischen Zug [305: C. MENZE, Bildungsreform]. Nicht zu vergessen ist aber, daß das neugegründete zentrale Kultusministerium gar kein bildungspolitisches Monopol besaß: Die Gründung von Realschulen bzw. -gymnasien, Gewerbeschulen und Oberrealschulen erfolgte ab 1815 aufgrund von Initiativen des Handels- und Gewerbedepartements, die von verschiedenen Stadtmagistraten aufgegriffen wurden [P. LUNDGREEN, in: 322: B. VOGEL, Reformen]. So kann die neue These von W. SPEITKAMP, daß rheinbündische und preußische Bildungsreformen zu ähnlichen Konsequenzen geführt hätten, nicht mehr überraschen [223: Staat].

Unterschiedliche Bildungskonzepte im Wettstreit

3.4 Der Vergleich der Reformen – Forschungsbilanz zur Deutschen Reformzeit

Die preußischen Reformen als „Bündnis zwischen Geist und Macht"

Daß die Synthese von Geist und Macht – wiewohl, wie es nach 1945 bisweilen hieß, vielleicht unzureichend gelungen – ein Spezifikum der preußischen Reformzeit darstelle, wird seit F. MEINECKE [215: Zeitalter] immer wieder behauptet. Sie verlieh diesen Reformen, H. SCHULZE zufolge, „ihr eigenes Pathos, ihre eigene Substanz", obgleich sich ihre Träger gegenüber ihren rheinbündischen Kollegen „keineswegs avantgardistisch", sondern eher einem schmerzhaften Konkurrenzdruck ausgesetzt gefühlt hätten [in: 39: K. D. ERDMANN u. a., Preußen, 205 f.]. TH. NIPPERDEY äußerte dazu, anders als die rheinbündische sei die preußische Reform „immer auch auf Befreiung ausgerichtet" und eine „idealistisch-moralische" Bewegung gewesen [66: Geschichte, 35, 33]. Daß derartige Urteile noch keineswegs auf eine Idealisierung des Stein-Hardenbergschen Reformwerks hinauslaufen müssen, beweist schon K. v. RAUMER, der eine „verhältnismäßige Schwäche des Moments sittlicher Regeneration und nationaler Wiedergeburt bei den Reformen in Österreich und im Rheinbund" konstatierte und doch im Anschluß an die Wertungen F. SCHNABELS [86: Geschichte] die Gleichrangigkeit der rheinbündischen mit den preußischen Reformen herausarbeitete und diesem Umstand – im Gegensatz selbst zu manchen neuesten Überblickswerken [vgl. M. BEHNEN, in: 72: RASSOW, Geschichte] – auch hinsichtlich des Umfangs der jeweiligen Darstellungsteile Rechnung trug [in: 73: DERS., M. BOTZENHART, Geschichte, zit. 352]. Aber ein verdecktes bildungsbürgerliches Ideal der Philosophenherrschaft mag doch dazu beigetragen haben, daß gerade mit diesem Argument zumeist die Überlegenheit der preußischen gegenüber den rheinbündischen Reformen begründet wurde, wenn man nicht, wie lange Zeit noch die DDR-Forschung, einseitig daran festhalten wollte, daß die Rheinbundreformen eben doch primär dem fremden Eroberer, die preußischen hingegen dem nationalen, antifeudalen Interesse gedient hätten [H. HEITZER, in: 206: BEFREIUNGSKRIEG].

Modernisierung durch die Rheinbundreformen

Demgegenüber hat H.-U. WEHLER betont, die rheinbündischen Reformen seien „in aller Regel radikaler gedacht, häufig schneller durchgeführt, wenn man von der Bauernbefreiung absieht, und menschenfreundlicher im Effekt" gewesen [in: 35: O. BÜSCH, Preußenbild, 29; vgl. 98: DERS., Gesellschaftsgeschichte I]. E. WEIS machte darauf aufmerksam, daß die der rheinbündischen bzw. französischen Gesetzgebung unterworfenen Regionen später „die eigentlichen Gebiete des deutschen Liberalismus" bildeten [in: 100: DERS., Deutschland, 217]. Die rheinbündischen Reformen, heißt es bei K. O. Frhr. v. ARETIN, lagen „zeitlich früher" als die preußischen, denen sie daher vielfach zum Vorbild dienten, und sie „gingen zum Teil sehr viel weiter" als diese, insbesondere „in der Überwindung des ständisch gegliederten Staates" [24: Bund, 129]. Auch M. BOTZENHART bemerkte etwa, im Rheinbund habe man den „Übergang zur freien Eigentümergesellschaft auf dem Lande durchweg schonender vollzogen" – alles Bemerkungen einer Art, die P. BAUMGART veranlaßten, sich von Aussagen zu distanzieren, die dazu neigten, „die rheinbündischen Reformen zu stark zu betonen und sie womöglich über die preußischen Reformen zu stellen" [bd. in: 71: H. QUARITSCH, Gesellschaft, 64, 79].

Alle vorgebrachten Argumente zielen jedenfalls in die Richtung, den rheinbündischen eine im Vergleich zu den preußischen größere politische und gesellschaftliche – nicht allerdings wirtschaftliche – Modernisierungswirkung zuzuschreiben. Angesichts der Möglichkeit einer Umkehrung früherer Wertungen hatte schon K. V. RAUMER in der nach der „Spiritualisierung" der preußischen Reformen eingetretene „Soziologisierung" die Gefahr gesehen, „die tatsächlichen Folgen der Reform ... gleichsam in ihre Intention mit hineinzunehmen und Reformen wie Reformer an dieser Problematik zu messen" [309: Beurteilung, 347]. In der Tat wird man fragen müssen, ob man bei unvorhergesehenen und vielleicht sogar unvorhersehbaren späteren Auswirkungen der Reformgesetze die „Schuld" dafür nicht weniger den Reformpolitikern als vielmehr ihren Nachfolgern und deren Mangel an Bereitschaft zum Gegensteuern zuschreiben müßte. Einen anderen Punkt berührte TH. NIPPERDEY, wenn er schrieb: „Die rheinbündischen Reformen haben lange im Schatten der preußischen gestanden, sie galten als Produkte der Fremdherrschaft oder als rationalistisch-aufklärerische, nicht ‚organische' Reformen. Heute werden sie gelegentlich gerade deshalb, weil sie stärker von der Aufklärung und den – domestizierten – Ideen von 1789 bestimmt gewesen seien, gegen die preußischen ausgespielt. Beide Betrachtungsweisen sind Ideologie, und man sollte sie getrost beiseite lassen. Beide Reformtypen sind – im Rahmen der Reformperiode – eigenständig und gleichgewichtig, beide haben ihre spezifische, aber unterschiedliche Modernität" [66: Geschichte, 78 f.]. Gilt aber diese Gleichgewichtigkeit nicht auch für die Folgezeit, etwa in dem Sinne, wie es M. BOTZENHART andeutet, daß die preußischen Reformer einen historisch weiterwirkenden, höheren

Preußische und rheinbündische Reformen – Umkehr früherer Wertungen

ideellen Anspruch erhoben hätten, die rheinbündischen aber mit ihren eher pragmatischen Reformen weniger unmittelbar an der Wirklichkeit gescheitert seien [33: Reform, 45, 74f.]? Verlief nicht ohnehin, wie B. Vogel meinte, die Trennlinie zwischen rationalistischen, französisch beeinflußten und organisch-gemäßigten Reformen nicht etwa zwischen Rheinbund und Reformpreußen, sondern zwischen Stein und Hardenberg [321: Gewerbefreiheit, 11]? Hat nicht andererseits „der Erfolg der wirtschaftlichen Reformen in Preußen zum Mißerfolg der politischen Reformen beigetragen, und umgekehrt" [219: P. Nolte, Staatsbildung, 19]?

Vorzeitige Konstitutionalisierung als Motor oder Hemmschuh der Entwicklung?

Ob die frühzeitige Einführung konstitutioneller Formen die politische und gesellschaftliche Entwicklung eher gefördert oder behindert hätte, ist allerdings umstritten. H. Obenaus, der sich von der traditionellen Abwertung des rheinbündischen „Schein-Konstitutionalismus", als „bloßes Beiwerk der bürokratischen Staatsverfassung" [so 54: E. R. Huber, Verfassungsgeschichte I, 88, 316] distanzierte, beschrieb die zweimal einberufenen westfälischen Reichsstände als für „Besitz und Bildung" durchaus „repräsentative Versammlungen" (ohne das befürchtete Übergewicht der Bürokraten), ausgestattet mit einem nicht unbedeutenden, wenngleich vornehmlich informellen Einfluß auf die legislative Arbeit. Einwände eines Teils der Abgeordneten etwa gegen die Gewerbefreiheit habe die Regierung leicht mit Verweis auf die Konstitution abblocken können, im übrigen aber seien die Stände dem gesellschaftlichen Fortschritt durchaus aufgeschlossen gegenübergestanden [268: Reichsstände]. Dagegen steht freilich die Beobachtung von V. Press, daß selbst der spätere württembergische Landtag, entgegen seiner Verklärung in der „Hochzeit des Liberalismus", sich zunächst oft konservativer zeigte als die aus dem Rheinbund stammende Bürokratie [69: Landtag]. „Die Reformen waren der sozialen Entwicklung weit voraus", konstatierte K. O. Frhr. v. Aretin [24: Bund, 121] – mußte dann nicht die Gefahr bestehen, daß eine vorzeitige Konstitutionalisierung Repräsentativorgane hervorbrachte, die das Reformwerk des bürokratischen Absolutismus zumindest teilweise wieder rückgängig gemacht hätten, wie Bestrebungen innerhalb der westfälischen Reichsstände wie auch in den von Hardenberg einberufenen Versammlungen es nahelegen [in diesem Sinne z. B. E. Fehrenbach und die Einleitung von H. Berding, H.-P. Ullmann, beide in: 28: Dies., Deutschland]? Ob die Verfassunggebung in Preußen eher an derartigen liberalen oder aber an konservativen Einflüssen gescheitert ist, ist allerdings ebenso umstritten wie die Frage, ob sie in den

Rheinbundstaaten als echter politischer Neuanfang oder eher als Abschluß der Reformzeit gewertet werden soll.

War das ganze Reformwerk überhaupt als eine zukunftsorientierte Neugestaltung konzipiert? Der Herausforderung durch die Französische Revolution versuchten, so H.-U. WEHLER, die Machteliten in den meisten deutschen Staaten „durch vielfältige Maßnahmen einer teils radikalen, teils nur punktuellen Modernisierung zu begegnen. In ihrem Grundcharakter blieb diese Strategie defensiver Natur, da nach Möglichkeit wichtige Stützpfeiler der alten Ordnung durch die Reform von oben gegen die Revolution von unten erhalten werden sollten" [98: Gesellschaftsgeschichte I, 345]. Über die „defensive Modernisierung" [38: K. EPSTEIN, 692] als Reformmotiv sollte man jedoch nicht nur die Reformtraditionen des Aufgeklärten Absolutismus nicht vergessen, sondern mit B. VOGEL gerade mit Blick auf Preußen auch berücksichtigen, daß das Schlüsselwort der Reformzeit „nicht Eindämmung, sondern ‚Entfesselung' aller Kräfte, Beseitigung aller Hindernisse der freien Entfaltung des Einzelnen" war und daß die Reformer „nicht die möglichste Konservierung des Herrschaftssystems mit seinen wirtschaftlichen und sozialen Grundlagen anstrebten" [in: 322: DIES., Reformen, 10, 17]. Außerdem lassen sich die anhand der preußischen Reformen gewonnenen jeweiligen Erkenntnisse von W. M. SIMON und B. VOGEL vermutlich verallgemeinern, daß nämlich sowohl „Reformer" als auch „Reformgegner" weder in der Theorie noch in der Praxis eine geschlossene Front darstellten und daß die Reformbereitschaft eines einzelnen Beamten nicht unmittelbar von seiner Herkunft abhing [317: Variations; 321: Gewerbefreiheit].

Die Reformzeit als „defensive Modernisierung" oder „Entfesselung aller Kräfte"?

Wenn sich derartige Beobachtungen nur unter Vorbehalt generalisieren lassen, so deshalb, weil in der Forschung bisher selten unter einer gemeinsamen Fragestellung konkrete, quellengesättigte Vergleiche zwischen mehr als zwei Staaten angestellt wurden – und schon gar nicht zwischen Preußen und einem oder mehreren Rheinbundstaaten. Deshalb sind die nach einem ersten Anlauf von E. FEHRENBACH [in: 28: H. BERDING, H.-P. ULLMANN, Deutschland] jüngst unternommenen Bemühungen von P. NOLTE zu begrüßen, obwohl sie sich weitestgehend auf Literatur stützen und eine Detailforschung nicht ersetzen können [218: Reformen; 219: Staatsbildung]. Ferner fehlt es auch für die Reformzeit, wie für den Aufgeklärten Absolutismus, an konkreten Untersuchungen über das Zusammenspiel von Innen- und Außenpolitik sowie über die Auswirkungen der Reformen auf die Untertanen, z. B. hinsichtlich von de-

Desiderata der Forschung

ren steuerlicher Belastung in verschiedenen Staaten. Tatsache ist, daß in den letzten zwanzig Jahren eine „Konzentration der Forschung auf die Rheinbundstaaten Süd- und Westdeutschlands" erfolgte, wogegen die Preußenforschung in mancher Hinsicht stagnierte und sich mehr der (Um-)Interpretation bekannter als der Erschließung neuer Quellen widmete. Daß diese Entwicklung nicht nur durch einen gewissen Nachholbedarf, sondern auch durch „neue Legitimationsabsichten..., bezogen auf die Länder der [alten] Bundesrepublik und ihr politisches Selbstverständnis" begründet sein könnte, wie O. DANN mutmaßt [208: Deutschland, 423], wird man nicht in jedem Fall ausschließen dürfen. Überwiegend wird man sie aber doch auf die bis vor kurzem unterschiedliche Zugänglichkeit der Quellen zurückführen müssen. Insofern ist zu hoffen, daß die deutsche Einigung der Forschung neue Impulse zu geben vermag.

4. Die deutsche Entwicklung vom aufgeklärten Reformstaat zum bürokratischen Staatsabsolutismus im europäischen Rahmen

Reformkontinuität als deutsches Spezifikum? Dies könnte für das Bild der deutschen Entwicklung gerade im Rahmen der europäischen Geschichte des 18. und 19. Jahrhunderts von Bedeutung sein. Denn während England in dieser Zeit den Absolutismus bereits überwunden hatte, folgte für die meisten europäischen Staaten, die Reformen im Sinne des Aufgeklärten Absolutismus erlebt hatten, so schnell keine Phase einer Gesellschaftsreform und einer weiteren Expansion der Staatsmacht unter bürokratischen Vorzeichen. In dieser Hinsicht wirkte Frankreich auf Deutschland während der Ära Napoleons teilweise unmittelbar, teilweise als vielfältiges Vorbild ein – nur war Frankreich vor 1789 selbst über bescheidene aufgeklärt-absolutistische Reformansätze nicht hinausgelangt und besaß danach eine eigenständige bürgerliche Freiheitstradition. Insofern scheint die Kontinuität zwischen dem aufgeklärten Reformstaat des 18. und dem bürokratischen Staatsabsolutismus des 19. Jahrhunderts ein spezifisch deutsches Phänomen zu sein, dessen Erforschung noch ganz am Anfang steht.

5. Die Erforschung von Aufgeklärtem Absolutismus/ Reformabsolutismus und Deutscher Reformzeit 1993–2008
Nachtrag zur 2. Auflage

5.1 Diskussionen und Forschungen zum ausgehenden Ancien Régime im Reich

Für die Charakterisierung der Epoche von ca. 1740 bis ca. 1790 beziehungsweise bestimmter Erscheinungen dieser Zeit setzte sich in den 1990er Jahren die Begriffsdiskussion fort zwischen jenen Forschern, die an dem Begriff „Aufgeklärter Absolutismus" festhalten wollten [z. B. 372: P. BAUMGART, Absolutismus; H. REINALTER, in: 387: DERS./H. KLUETING, Vergleich], und anderen, die für den angeblich „unverfänglicheren" Terminus „Reformabsolutismus" plädierten [G. BIRTSCH, in: 373: DERS., Reformabsolutismus, zit. 109; Überblick mit weiterer Literatur: 374: W. DEMEL, Reformabsolutismus]. W. NEUGEBAUER ging – wie einige andere Historiker – noch einen Schritt weiter und fragte, ob nicht eine notwendige „Typologie des Wandels" zur „Verabschiedung vom Absolutismus-Begriff als Epochensigné" zwinge [DERS., in: 377: W. GREILING u.a., Ernst II., 38, 39]. Inwieweit wirkte etwa das Naturrecht in die damalige Gesetzgebung hinein, inwiefern tat dies eine neue Wahrnehmung des Raumes [351: D. KLIPPEL, Naturrecht; 389: D. SCHLÖGL, Staat]? Dabei galt das Augenmerk in dieser Debatte nicht mehr nur der „staatlichen" Modernisierung – zumal das Verhältnis zwischen „Staat" und Ständen höchst differenziert gesehen werden muss [331: G. AMMERER u.a., Bündnispartner; 368: J. SEITZ, Bayern; 378: G. HAUG-MORITZ, Württembergischer Ständekonflikt; 390: B. STOLLBERG-RILINGER, Vormünder; 417: G. P. OBERSTEINER, Steiermark] – und schon gar nicht mehr fast ausschließlich den „Großstaaten". Vielmehr wurden nun gerade wenig bürokratisch strukturierte Kleinterritorien wie z. B. Sachsen-Weimar-Eisenach [392: M. VENTZKE, Herzogtum] unter der Fragestellung untersucht, inwieweit sie einen Modellfall aufgeklärter Herrschaft darstellten.

Auf dem Gebiet der Erforschung kleiner und mittlerer Territorien war die ostdeutsche Forschung besonders aktiv. Das sächsische Rétablissement wurde, aus unterschiedlichen Perspektiven, mehrfach als ein erfolgreiches, allerdings auf die Wirtschaftsförderung beschränktes, sozialpolitisch sogar eher konservatives Unternehmen

Marginalia: „Aufgeklärter Absolutismus" oder „Reformabsolutismus"?

Erforschung kleiner und mittlerer Territorien

unter die Lupe genommen [S. LÄSSIG, in: 367: U. SCHIRMER, Sachsen; 381: K. KELLER, Saxony; 384: C. LEBEAU, Regierungskunst; 385: J. MATZERATH, Rétablissement; T. NICKLAS, in: 386: E. LAUX/K. TEPPE, Staat]. Untersucht wurden aber auch andere Fürstentümer, mit Blick zum Teil auf spezielle Protagonisten der Reform [u. a. 371: R. BAUMGÄRTEL-FLEISCHMANN, Erthal; 375: B. DÖLEMEYER, Staatsreformprogramme; 394: W. WIEGAND/J. MÖTSCH, Georg I. von Sachsen-Meiningen; 348: M. KAISER, A. PEČAR, Der zweite Mann (zu Kreittmayr, Montgelas und Kaunitz)], zum Teil auf bestimmte Sektoren der Politik [376: R. ENDRES, Wirtschaftspolitik in Ansbach-Bayreuth; 388: K. RIES, Stadt- und Landproteste in Nassau-Saarbrücken]. Daneben finden sich aber auch breit angelegte, die „Zäsur" um 1800 überspannende Forschungen [332: J. ARNDT, Lippe; 337: J. ENGELBRECHT, Berg; 356: K. MURK, Waldeck] sowie eine ganze Reihe neuer bzw. zumindest neu aufgelegter Landesgeschichten [z. B. 338: W. FREITAG/M. HECHT, Anhalt; 349: W. KARGE u.a., Mecklenburg; für den heute bayerischen Raum: 341: HBG, für den baden-württembergischen: 346: W. HUG, Baden; 362: M. SCHAAB/ H. SCHWARZMAIER, Handbuch]. Für Reformen in katholischen Territorien wurde dabei der Einfluss der Katholischen Aufklärung als einer spezifischen geistigen Bewegung verdeutlicht und die alte These eines generellen Modernisierungsdefizits geistlicher Fürstentümer zurückgewiesen [352: H. KLUETING, Katholische Aufklärung]. Für das protestantische Weimar war hingegen von besonderem Interesse der Nachweis des Bemühens, über personelle Netzwerke Reformprojekte voranzutreiben, was gut zu dem neuen Bild der Organisationsstruktur der mitteldeutschen Aufklärung passt [393: M. VENTZKE, Netzwerke; 395: H. ZAUNSTÖCK, Sozietätslandschaft].

Hochschätzung von Wörlitz

Verstärkte Aufmerksamkeit und besondere Hochschätzung erfuhren in diesem Zusammenhang die Person des Dessauer Herzogs (Leopold III. Friedrich) Franz sowie dessen Landschaftspark Wörlitz als „Idealort" aufklärerischer Bildung. Neben Studien unter anderem von H. KATHE [in: 339: Geschichte Sachsen-Anhalts] liegt nun vor allem der umfangreiche, revidierte und ergänzte Erstdruck der halleschen Dissertation von 1969 des in diesem Bereich ungemein produktiven E. HIRSCH vor. Ob man der hier mit bewundernswerter Detailkenntnis geschilderten Dessau-Wörlitzer Reformbewegung gleich „zumindest [!] europäische Größe" zuschreiben sollte [379: Reformbewegung, 526], sei allerdings dahingestellt. Günstig für Reformen war die Tatsache, dass dieses aufgeklärt-absolutistische Musterländchen ein „Domänenstaat" war. Anderersiets waren dessen politische Möglichkeiten wegen seiner geringen Größe stark begrenzt.

Deutlicher als früher tritt nun überhaupt hervor, warum bestimmte Territorien kaum zu Reformen in der Lage waren. In Mecklenburg-Schwerin gelang es dem pietistisch geprägten Herzog Friedrich lediglich, gewisse Neuerungen im Bereich des domanialen Kirchen- und Schulwesens durchzuführen – viel mehr gestattete die lutherisch-orthodoxe bzw. ritterschaftliche Opposition nicht [354: M. MANKE/E. MÜNCH, Verfassung]. Kurhannover war ein heterogenes Gebilde, das als Nebenland der englischen Krone – abgesehen von geistigen Kontakten z. B. Göttinger Intellektueller [391: H.-J. TEUTEBERG, Reformbewusstsein] – wenig Reformanregungen von den Britischen Inseln empfing: Die Gründung einer Landschaftlichen Brandkasse (1750) konnte da schon als „Reformmaßnahme ..., herausragend unter allen" bezeichnet werden [E. SCHUBERT, in: 334: W. BUCHHOLZ, Ende, 37]. Spezifischer als die Frage, wie sich das Ende der Frühen Neuzeit in verschiedenen Territorien darstellte, suchten zwei schon 1997/98 entstandene Beiträge die bislang erzielten Ergebnisse neuerer landesgeschichtlicher Forschungen dahingehend zu vergleichen, welche Voraussetzungen und Resultate den „aufgeklärten Absolutismus" bzw. „Reformabsolutismus" in kleinen bzw. mittelgroßen Territorien kennzeichneten und wie diese im Vergleich zur Situation in Preußen und Österreich zu werten seien [382: S. LÄSSIG, Reformpotential; W. DEMEL, in: 387: H. REINALTER/H. KLUETING, Vergleich]. Dabei ist deutlich geworden, dass es oft gerade kleine Territorien waren, die in puncto Sozial-, Kultur- und Emanzipationspolitik (kaum freilich hinsichtlich Verwaltungs- und Justizreformen) eine führende Rolle spielten. M. UMBACH ging wenig später sogar so weit, einen hier entwickelten dezentral-pluralistisch angelegten, an England orientierten und politisch bis heute revitalisierbaren „Enlightened Federalism" – mit Wörlitz als „ideological backbone" und dem Fürstenbund als reichspolitischem Konzept – dem für diese Territorien bedrohlichen, zentralistischen „Enlightened Absolutism" der beiden deutschen Großmächte gegenüber zu stellen [369: Federalism, zit. IX]. Doch sollte man andererseits deren Vorbildwirkung nun nicht unterschätzen [vgl. z. B. H. KLUETING, in: 418: H. REINALTER, Josephinismus], wie umgekehrt freilich auch einmal etwa Schulideen aus dem winzigen Hochstift Passau der riesigen Habsburgermonarchie Anregungen zu vermitteln vermochten [383: M. LAUDENBACH, Aufklärung, 60].

Komparatistische Ansätze

Wege und Grenzen der preußischen Reformpolitik vor 1806

Bemerkenswerter Weise hat H. J. BÖMELBURG selbst für Preußen zwei vergleichbar unterschiedliche „Modernisierungspfade" ausgemacht: eine von Ostpreußen ausgehende bürokratisch-zentralistische sowie eine im späteren Westpreußen realisierte ständisch-dezentrale Variante, welch letztere freilich nach 1772 von der ersteren überformt wurde – eher ein Rückschritt als ein Fortschritt [397: Reformen; 398: DERS., Ständegesellschaft, 470–474]! W. NEUGEBAUER sieht andererseits schon spätestens in den 1760er Jahren auf regionaler Ebene eine „ständische Renaissance" in Preußen einsetzen [357: Geschichte, 76; vgl. 358: DERS., Wandel, 87–125]. Stand die sicherlich bedeutende, aber widersprüchliche Persönlichkeit Friedrichs II., an der sich immer noch erfahrene Historiker abarbeiten [406: J. KUNISCH, Friedrich; 411: R. VIERHAUS, in: K.-H. ZIESSOW u.a., Neuzeit], vielleicht gar nicht so sehr für die zentralistische Spielart, wie man früher glaubte? Auch in anderer Hinsicht folgte der König jedenfalls nicht unbedingt dem „Zeitgeist". Die preußische Adelspolitik blieb, auch im Vergleich, rückwärtsgewandt [400: W. DEMEL, Adelsrecht]. Dass Friedrichs Judenpolitik alles andere als von Toleranz gekennzeichnet war, ist zwar nicht neu, tritt aber in der zeitlich übergreifenden Darstellung von A. A. BRUER, der ihn diesbezüglich als den „härtesten" aller Hohenzollernherrscher beschreibt, noch einmal deutlich hervor [333: Juden, 69–93, zit. 69]. In diesem Punkt dachten nicht wenige von Friedrichs Beamten sicherlich fortschrittlicher. Aber insgesamt war die Intensität staatlicher Herrschaft auch in Preußen noch recht begrenzt. Dies lag unter anderem an der auch vergleichsweise erstaunlich geringen Größe der preußischen Bürokratie, deren Gesinnungen und Struktur näher erforscht wurden [409: H. M. SIEG, Staatsdienst; 410: R. STRAUBEL, Beamte; E. HELLMUTH in: 373: G. BIRTSCH, Reformabsolutismus], aber auch daran, dass die Entwicklung vom Regional- zum Ressortprinzip in der Zentralverwaltung vorerst noch nicht zum Abschluss gelangte [P. MAINKA, in: 386: E. LAUX/K. TEPPE, Staat].

Zweifel an deren langfristigen Erfolgen

Zudem wurden Zweifel laut, ob die Innenpolitik für Friedrich II. überhaupt eine eigenständige, über ihren Beitrag zum außenpolitischen Machterhalt seines Staates hinausreichende Funktion gehabt habe. Dies würde erklären, so U. MÜLLER-WEIL, warum auf manchen Feldern Veränderungen vorangetrieben, andere vernachlässigt wurden [355: Absolutismus, 294]. Doch selbst in Bereichen, die der König – wie die Landeskultur – fördern wollte, scheinen seine Erfolge von der Nachwelt gerne überschätzt worden zu sein [R. GUDERMANN, in:

361: R. Pröve, Leben], wiewohl die Zahl der Neusiedler durchaus beeindruckt [359: W. Neugebauer, Zentralprovinz, 131-134]. Selbst die Qualität der preußischen Armee nach 1763 wird unterschiedlich eingeschätzt [vgl. H. Schulze und D. Showalter, bd. in: 363: P. G. Dwyer, Rise; 407: D. E. Showalter, Army; 365: M. Rink, „Partheygänger", 147-174]. Sicher ist, dass es vor wie nach 1806 beachtliche Reformen im preußischen Militärbildungswesen gab - etwas strittig ist allerdings die daraus resultierende Prägung der künftigen Offiziere [O. Jessen, in: 469: J. Kloosterhuis/S. Neitzel, Militär; F. C. Stahl, in: 471: B. Sösemann, Gemeingeist]. W. Bringmann erkannte jedenfalls gerade im militärischen Bereich eine Weiterentwicklung, wenngleich „zu treu in den friderizianischen Bahnen". Überhaupt lautet sein Hauptvorwurf an die Adresse Friedrich Wilhelms II., dass dieser keinen „Schlußstrich unter die friderizianische Mißwirtschaft" gezogen habe [399: Preußen, 159, 192]. Dieses eher gegenüber der älteren als der jüngeren Literatur revisionistische Bild erkennt somit lediglich die Einleitung der Rechtsreformen, allen voran die Vorarbeiten für das Allgemeine Landrecht, als positives innenpolitisches Erbe Friedrichs II. an.

Das Jubiläum des Inkrafttretens des „Allgemeinen Landrechts für die preußischen Staaten" löste um 1994 eine ganze Flut vor allem rechtshistorischer Publikationen aus [z. B. 396: G. Birtsch/D. Willoweit, Reformabsolutismus; 403: T. Finkenauer, Gesetzbuch; 404: G. Kleinheyer, Landrecht]. Dabei betonte D. Merten dessen rechtsstaatlichen Züge, bezeichnete es aber gleichzeitig als ein „Gesetzbuch der Widersprüche" [in: 402: F. Ebel, Gemeinwohl, 136, zit. 109]. Dagegen wollte D. Schwennicke das damalige Preußen „kaum als ‚Rechtsstaat' im modernen Sinne ... eher als ‚Rechtestaat'" beschreiben [408: Einleitung, 381], während H. Hattenhauer es immerhin „auf dem Wege zum Rechtsstaat" sah [in: 405: J. Wolff, Landrecht, 49]. Von Historikerseite diskutierte R. Vierhaus erneut, ob das ALR als Verfassungsersatz gelten könne [in: 401: B. Dölemeyer/H. Mohnhaupt, 200 Jahre]. Integrierend dürfte es langfristig wohl gewirkt haben, doch verweist schon sein Titel auf die Heterogenität der Hohenzollernmonarchie, deren sich die neuere Forschung bewusster ist als die ältere.

Neue Forschungen zum Allgemeinen Landrecht

Dass das Habsburgerreich aus ganz unterschiedlich strukturierten Ländern bestand, war dagegen stets augenfällig, das zeigt gerade auch der letzte der drei hier genannten neueren Sammelbände zum Thema „Josephinismus" [418: H. Reinalter, Josephinismus; 419: Ders., Absolutismus; 420: W. Schmale u.a., Josephinismus]. Ein we-

Beamten- und Kirchenreformen in Österreich

sentliches verbindendes Element stellte indes die Beamtenschaft dar, die gerade in josephinischer Zeit zu einer regelrechten Bürokratie ausgebaut wurde [342: W. HEINDL, Rebellen]. Auch im internationalen Vergleich erscheint sie als durchaus effizient [347: C. INGRAO, Monarchy, 218]. Trotzdem vermochte Joseph II. – nicht zuletzt wegen seiner ungestümen Art – keineswegs alle seine Pläne zu verwirklichen. Wirkte seine Armenpolitik für lange Zeit prägend [H. WENDELIN, in: 343: W. HEINDL/E. SAUER, Grenze], so stieß seine Kirchenpolitik in breiten Kreisen vieler – allerdings nicht aller – habsburgischer Länder auf massiven Widerstand [vgl. 350: E. KIMMINICH, Volksbräuche; 360: M. PAMMER, Glaubensabfall]. Das josephinische Staatskirchentum, dessen Einfluss auf den Klerus näher untersucht wurde [D. BEALES, in: 412: N. ASTON, Change; 421: C. SCHNEIDER, Klerus], basierte dabei offenbar auf den Ideen des ursprünglich lutherischen Staatskirchenrechts des Territorialismus [415: H. KLUETING, Staatskirchentum]. Ihm hing namentlich Kaunitz an, dessen vielseitige Persönlichkeit nunmehr näher ausgeleuchtet wurde [414: G. KLINGENSTEIN/F. A. J. SZÁBO, Staatskanzler; 423: F. A. J. SZÁBO, Kaunitz]. Dabei unterstützte die öffentliche Meinung Joseph II. anfänglich bei dessen Kirchenreformen, distanzierte sich dann jedoch zunehmend von seinem absolutistischen Regierungsstil [424: E. WANGERMANN, Publizität]. Die zahlreichen Unruhen, die am Ende der Regierungszeit Joseph II. ausbrachen, brachte erst Leopold II. unter Kontrolle.

Diskussionen um Leopold II. Dessen undurchsichtige Persönlichkeit erscheint der neueren Forschung allerdings als viel weniger liberal, als dies die große Biographie A. WANDRUSZKAS [201: Leopold II.] glauben machte, auch wenn Leopold z. B. das Polizeiministerium seines Vorgängers auflöste [413: P. BERNARD, Pergen, 170–179], das sein Nachfolger bald reaktivieren sollte. G. LETTNER sah in ihm, jedenfalls seit 1790, sogar einen Kämpfer gegen die Aufklärung [416: Rückzugsgefecht]. Immerhin hielt ihn F. A. J. SZÁBO inzwischen noch für ein wenig liberaler als seinen Bruder Joseph II. – schrieb ihm jedoch keine allzu abweichenden Prinzipien zu [422: Ambivalenzen]. Sollte der Ausbruch der Französischen Revolution Leopolds Einstellung verändert haben?

5.2 Revolutionärer Umbruch und Reformen im Lichte der neuesten Forschung

Fragen der Kontinuität über die durch die Französische Revolution und Napoleon ausgelösten Umbrüche hinweg stellten sich generell [336: H. DUCHHARDT/A. KUNZ, Reich] und forderten auch für das „nachfriderizianische" Preußen weitere Forschungen heraus [344: E. HELLMUTH u.a., Zeitenwende]. Ziemlich unstrittig ist dabei, dass viele Reformen ab ca. 1799 in der Tradition „aufgeklärt-absolutistischer" bzw. „reformabsolutistischer" Bestrebungen standen, wobei der Prozess der Staatsbildung erst jetzt zu einem gewissen Abschluss gelangte [z. B. 462: H.-P. ULLMANN, Baden], und zwar nicht zuletzt infolge der Säkularisation und des Reichsendes.

_{Französische Einflüsse: Wandel und Kontinuität}

Früher und unmittelbarer wirkte der französische Einfluss natürlich auf die besetzten linksrheinischen Gebiete. Allgemein wurde hier eine „radikale und breite Erschütterung der Ordnung" konstatiert und herausgearbeitet, was dies für einzelne Gruppen, etwa Beamte, Geistliche, Stadtbürger oder auch ein Fürstenhaus bedeutete [449: U. ANDRAE, Rheinländer, zit. 167; 430: C. DIPPER u.a., Herrschaft; 451: E. KELL, Leiningen; 441: V. RÖDEL u.a., Oberrheinlande; 452: J. MÜLLER, Umbruch; 453: J. SMETS, Freiheit]. Für die Juden änderte sich faktisch zunächst anscheinend wenig – ihr Rechtszustand blieb in der Schwebe –, aber ihr Selbstbewusstsein konnte angesichts der französischen Freiheits- und Gleichheitsparolen nur wachsen [433: C. KASPER-HOLKOTTE, Juden, 214]. Dagegen wurde natürlich der katholische Hoch- und Mönchsklerus schwer getroffen. Ausgehend von der inzwischen vorliegenden, vorzüglichen Dokumentation zur linksrheinischen Säkularisation [329: W. SCHIEDER/A. KUBE, Säkularisation] ließen sich andererseits auch die Profiteure dieses Prozesses genauer ermitteln [440: G. B. CLEMENS, Immobilienhändler].

Folgen der französischen Herrschaft links des Rheins

Allgemein wurden links- wie rechtsrheinisch die Schicksale einzelner Klöster sowie ehemaliger Klosterinsassen untersucht [z. 425: C. BARTZ, Maria Laach], und zahlreiche Sammelbände widmeten sich im Umfeld des „Jubiläums" von 2003 einer Vielzahl von Aspekten des Phänomens Säkularisation [Forschungsüberblick mit umfassenden, im Literaturverzeichnis meist nicht aufgelisteten Werkangaben: 436: H. KLUETING, Reichsdeputationshauptschluß]. Etwas ältere zusammenfassende Darstellungen wie namentlich jene von W. MÜLLER [438: Säkularisation; 439: Deutschland] behielten gleichwohl ihren Wert. Freilich wurden durch neue Archivforschungen bisweilen ältere Annahmen präzisiert oder auch korrigiert, etwa

Vorgeschichte, Verlauf und Folgen der Säkularisation von 1802/03 durch den Nachweis R. STAUBERS, dass der Versuch Kurfürst Karl Theodors, den bayerischen Klöstern 15 Mio. Gulden abzupressen, total scheiterte [in: 443: A. SCHMID, Säkularisation]. Darstellungen, die zeigten, dass schon in den Jahrzehnten vor 1802/03 auch außerhalb der Habsburgermonarchie einzelne Klöster – freilich mit päpstlicher Zustimmung – aufgehoben worden waren [380: C. JAHN, Klosteraufhebungen; Beispiele auch in: 435: H. KLUETING, 200 Jahre], ebneten einer trotz fortdauernd unterschiedlicher Beurteilungen im Vergleich zu früher differenzierteren und auch nüchterneren Betrachtungsweise den Weg.

Differenzierung der Lage der einzelnen Klöster

Das gilt nicht nur hinsichtlich des von Kloster zu Kloster oft sehr unterschiedlichen Personal- und Finanzzustandes, sondern auch für die Bewertung der nun näher untersuchten Leistungen der Klöster im Bereich der Armen- und Krankenpflege oder auch des Schulwesens [440: R. NOLTE, Pietas; M. ALBERT in: 435: H. KLUETING, 200 Jahre; A. HOPFENMÜLLER, in: 427: R. BRAUN/J. WILD, Bayern]. Generell gilt: In der Regel waren die Klöster (und ebenso die Hochstifte [370: K. ANDERMANN, Staaten]) weder so schlecht geführt, wie dies Aufklärer und Liberale lange behauptet hatten, noch waren die meisten Säkularisierer so rücksichtslos und beschränkt, wie sie von der älteren katholischen Kirchengeschichtsschreibung oft beschrieben wurden [438: W. MÜLLER, Säkularisation, 8–11; R. BRAUN, in: 427: DERS./J. WILD, Bayern]. Vieles wurde in staatlichen Bibliotheken oder Archiven wahrscheinlich sogar besser für die Nachwelt bewahrt als in manchen Klöstern. Dass dennoch viel wertvolles Kulturgut verloren ging, ist nicht zu bestreiten [Beispiele für beides etwa in: 434: J. KIRMEIER/M. TREML, Glanz; M. FISCHER, in: 431: V. HIMMELEIN/H. U. RUDOLF, Klöster]. Für manches hatte man zeitgenössisch einfach kein Interesse [H. MÜLLER, in: 429: I. CRUSIUS, Säkularisation], anderes wurde aufgrund des kurzfristigen Überangebots auf dem lokalen Markt höchst billig abgegeben. Denn die Regierungen benötigten dringend Geld. Doch hatte „Jahrzehnte vor der Säkularisation ... bereits kriegs- und krisenbedingt ein Ausverkauf geistlicher Schätze ein[gesetzt]", einiges wurde auch vor dem Zugriff der Behörden verborgen [448: W. WÜST, Schätze, 386]. Jedenfalls vermochten die rechtsrheinischen Säkularisierer, anders als Frankreich in den linksrheinischen Gebieten, trotz aller Bemühungen kurzfristig nicht so viel zu erlösen, wie sie gehofft hatten – auch wenn die „Gesamtbilanz" staatlicher Einnahmen bis heute umstritten bzw. gar nicht zu erstellen ist [W. DEMEL, in: 427: R. BRAUN/J. WILD, Bayern]. Natürlich war die Säkularisation in gewissem Sinne ein staatlicher Griff nach der Kirche [447: M. WEITLAUFF, Staat]. Aber die Grenze zwi-

5. Aufgeklärter Absolutismus

schen staatlicher und kirchlicher Sphäre war eben in dieser Zeit umstritten und wurde erst durch die Säkularisation im „modernen" Sinn gezogen – was der katholischen Kirche in Deutschland, die nun keine „adelige Reichskirche" mehr war, gerade im geistlich-religiösen Bereich neue Spielräume eröffnete, die bald genutzt wurden und auch von der heutigen Kirchengeschichtsschreibung, bei allem Bedauern wegen ideeller Verluste und menschlicher Tragödien, positiv bewertet werden [z. B. 446: W. Weiss, Würzburg].

Die formale Legitimation der bisher erwähnten Säkularisationen bot rechtsrheinisch bekanntlich der Reichsdeputationshauptschluss, dem 2003 eine neue Dokumentation, zudem auch ein Ausstellungskatalog gewidmet wurde [325: U. Hufeld, Reichsdeputationshauptschluß; 444: P. Schmid/C. Unger, 1803]. Dabei fand im Vergleich zur Klostersäkularisation die Mediatisierung geistlicher und weltlicher Territorien weniger Beachtung in Forschung und Öffentlichkeit. Aber natürlich erschienen auch hierzu, nicht zuletzt für Oberschwaben, einzelne Arbeiten, die sich dann oft besonders der Frage der Integration der mediatisierten Reichsritter, Reichsstädte oder Territorien widmeten, gegen die es zum Teil massive Widerstände gab [z. B. 340: W. D. Goodsey, Nobles; 426: P. Blickle/A. Schmauder, Mediatisierung; 428: C. Bumiller, Adel; 432: D. Hohrath u.a., Ende reichsstädtischer Freiheit; 457: C. A. Hoffmann/R. Kiessling, Integration; 459: A. Kohnle u.a., Kurpfalz; Beiträge auch in: 431: V. Himmelein/H. U. Rudolf, Klöster]. Sie vollends zu brechen, vermochte Hardenberg in Franken während der 1790er Jahre noch nicht [vgl., unterschiedlich akzentuiert, R. Endres und W. Demel, bd. in: 474: T. Stamm-Kuhlmann, Kräfte]. Erst der RDHS und das Reichsende änderten die Lage [vgl. z. B. 442: A. Schmid, 1806] und erfüllten in dieser Hinsicht eine „Brückenfunktion", die auch ein neuer Sammelband verdeutlicht, indem er Beiträge zur Säkularisation mit Aufsätzen zu den napoleonischen „Modellstaaten" kombiniert [435: H. Klueting, 200 Jahre].

Dort behauptete K. Rob, „dass die maßlos exekutierte Verfügungsgewalt Napoleons über die Staatsdomänen deutschen Ministern ... um der Verteidigung der Interessen ihres Standes willen die Möglichkeit eröffnete, ... unbemerkt das Scheitern auch der französischen Staatsdomäne, genannt Königreich Westphalen, zu bewerkstelligen" [in: ebd., 243]. Das Königreich – ein Opfer intriganter deutscher Minister? Davon liest man in dem neuen, von H. Burmeister herausgegebenen Sammelband nichts [455: Reformstaat]: Hier werden oppositionelle „deutsche Patrioten" und restaurativ einge-

Neues zum Reichsdeputationshauptschluss und zur Mediatisierung

Weitere Forschungen zu den napoleonischen „Modellstaaten"

stellte Adelige durchaus behandelt, doch erscheinen unter den höchsten Beamten eher einige französischer als deutscher Herkunft als nicht immer ganz loyal gegenüber ihrem König Jérôme, jedoch als durchaus fähig – ebenso wie dieser von der älteren Geschichtsschreibung oft in schwarzen Farben gemalte Herrscher selbst! Jedenfalls wird in diesem Band die liberale Judenpolitik gerühmt, ebenso die westfälische Konstitution von 1807 als erste moderne Verfassung und Beginn des Konstitutionalismus in Deutschland sowie vor allem die als Vorbild in Nachfolge- und Nachbarstaaten weiterwirkende, am französischen Beispiel orientierte Verwaltung. Auch J. ENGELBRECHT [in: 435: H. KLUETING, 200 Jahre] sieht in der tüchtigen französisch-deutschen Spitzenbürokratie des Großherzogtums Berg ab 1808 den Motor weitreichender Reformen, die freilich teilweise an der Adelsopposition, vor allem aber an der Kürze ihrer Wirkungszeit scheiterten. Damit fällt die Hauptschuld am Misserfolg der „Modellstaaten" doch wieder Napoleon zu, der seine Schöpfungen überlastete und dann nicht einmal verteidigen konnte [H.-P. ULLMANN, in: 364: W. SPEITKAMP/DERS., Konflikt]. Immerhin: Der von ihm angestoßene rheinbündische Konstitutionalismus sollte, selbst in einzelnen Kleinstaaten weiter wirken [454: H. BRANDT/E. GROTHE, Konstitutionalismus] – schon weil man überall mit massiven Finanzierungsproblemen zu kämpfen hatte [Beiträge in: 468: J. KLOOSTERHUIS/ W. NEUGEBAUER, Finanzen].

Neue Arbeiten zu den süddeutschen Reformstaaten

Wie Forschungen zu den napoleonischen Modellstaaten können auch neue Arbeiten zu den Reformen in den süddeutschen Rheinbundstaaten nunmehr auf eine große Quellenedition zurückgreifen [328: Quellen]. Die beiden Bände von I. U. PAUL enthalten sogar umfangreiche Studien zu den dargebotenen Materialien, die, zusammengenommen, die neueste Gesamtschau der württembergischen Reformen bieten [knapp zusammenfassend DIES., in: 366: H. SCHILLING, Reich, 343–355]. Eine Bilanz der bayerischen Reformzeit enthält schon E. WEIS' Beitrag zur Neuauflage des Handbuchs der bayerischen Geschichte [in: 341: HBG]. Dessen zweiter Band der Montgelas-Biographie bereichert die Forschung noch durch zahlreiche neue Ergebnisse [463: DERS., Montgelas]. War das Reformprogramm des späteren Ministers bereits 1996 erneut betrachtet worden [456: M. HENKER u.a., Bayern], so veranlasste das Jubiläum der bayerischen Konstitution von 1808 einen Sammelband, der den Verfassungswandel in Bayern thematisierte und ihn mit demjenigen in anderen Ländern verglich. Mit der Konstitution war ein allererster Schritt zum „süddeutschen (Früh-)Konstitutionalismus" getan. Doch

5. Aufgeklärter Absolutismus 139

wenn z. B. auch Nassau bereits 1814 eine Verfassung erhielt, so war es in der Rheinbundzeit tendenziell durch eine „Verwaltungsherrschaft" geprägt worden – was erst recht für Hessen-Darmstadt gilt [458: W. JÄGER, Nassau; 273a: A. SCHULZ, Herrschaft].

Eigentlich hatte die 1806 erlangte Souveränität allen deutschen Ländern neue innenpolitische Spielräume eröffnet. In den mecklenburgischen Herzogtümern misslangen jedoch die Versuche zur Revision des Erbvergleichs von 1755, praktisch der Landesverfassung, bald nicht nur dank des ständischen Widerstands, sondern auch infolge der Uneinigkeit der Herzöge. In Schwedisch-Vorpommern scheiterten die auf eine Integration des Landes in den schwedischen Gesamtstaat angelegten Verfassungs- und Verwaltungsreformen an den folgenden Kriegswirren, dem innenpolitischen Umsturz in Schweden und schließlich der Übernahme des Landes durch Preußen. Immerhin: Hier blieben die Patrimonialgerichte abgeschafft, die Stadtgerichte jedoch erhalten, während Mecklenburg 1818 eine Landesjustizreform durchführte, 1821 die Patrimonialgerichte „teilverstaatlichte" und, auch im Interesse der soziale Unruhen fürchtenden Ritter, eine neue Armenordnung erließ [M. MANKE, in: 354: DERS./E. MÜNCH, Verfassung; K. JANDAUSCH bzw. J. E. OLESEN, in: 460: M. NORTH/R. RIEMER, Ende; Beiträge in: 345: E. V. HEYEN, Verwaltungsreformen]. In Sachsen verhinderten geringer Reformdruck und der Konservativismus des Monarchen nennenswerte Reformen [W. MÜLLER, in: 461: A. SCHMID, Konstitution], nicht jedoch eine dynamische wirtschaftliche Entwicklung. Ähnliches gilt für Österreich – mit Ausnahme der Heeres- und der Rechtsreformen.

„Reformunfähige" deutsche Länder

Für Preußen wurden die Zusammenhänge zwischen Finanzlage, Ständemacht und Reformpolitik sowie die Heeresreformen jüngst neu analysiert [468: J. KLOOSTERHUIS/W. NEUGEBAUER, Finanzen; 469: J. KLOOSTERHUIS/S. NEITZEL, Militär] – was die inzwischen geäußerte Kritik an dem in der 1. Auflage verwendeten Begriff „Stein-Hardenbergsche Reformen" [B. SÖSEMANN, in: 471: DERS., Gemeingeist, 20] verstärken könnte. Ansonsten wurde, nach dem Überblick von I. MIECK [470: Preußen], im Gesamtbereich „Preußische Reformen" eher deren „Umfeld" als deren Entstehung erforscht (was zum Teil an der Quellenlage – der Vernichtung von Archivgut zur Reformzeit im Zweiten Weltkrieg – liegt). Man widmete sich biographisch den bekanntesten Protagonisten der Reform sowie Friedrich Wilhelm III. [464: H. DUCHHARDT, Stein; 472: T. STAMM-KUHLMANN, König; 473: DERS., Hardenberg] und machte eine „Bestandsaufnahme der Hardenberg-Forschung" [so als etwas zu bescheidene Selbstbezeichnung

Neuerscheinungen zu den preußischen Reformen

474: T. STAMM-KUHLMANN, Kräfte]. Ein Sammelband von 1993 [471: B. SÖSEMANN, Gemeingeist] widmete sich eher der Historiographiegeschichte und dem Schicksal der Reformen im weiteren Verlauf des 19. Jahrhunderts (mit einer bemerkenswert skeptischen Einschätzung von I. MIECK hinsichtlich des langfristigen Erfolgs der Steinschen Städteordnung) als der Reformzeit selbst. Auch S. HAAS [465: Verwaltung] fragte nach der längerfristigen Umsetzung der Bürokratie- und Verwaltungsreformen und sah eine neue Verwaltungskultur entstehen. Obwohl A. HOFMEISTER-HUNGER zeigen konnte, wie systematisch Hardenberg die Öffentlichkeit in seinem Sinne zu lenken suchte [466: Pressepolitik], erhielt Preußen, anders als die süddeutschen „Reformstaaten", bekanntlich vorerst keine gesamtstaatliche Verfassung. Das lag allerdings, wie W. NEUGEBAUER [in: 461: A. SCHMID, Konstitution] meint, wohl nicht an einer von Anfang an geschlossenen altständischen Opposition, sondern an der konfrontativen Politik Hardenbergs, die reformbereite Kräfte in den Provinzen nicht einband, sondern vor den Kopf stieß. Auch musste B. WUNDER feststellen, dass von den Verwaltungs-, Kommunal- und Beamtenreformen lediglich die territoriale Neugliederung Preußens und die Neuordnung der Zentralverwaltung nach 1815 unangefochten Bestand hatten. Alle anderen Maßnahmen scheiterten oder blieben bruchstückhaft: „Von einer Effizienz des preußischen Gesetzesstaates kann daher im Vormärz mit Ausnahme einiger Fachverwaltungen nicht gesprochen werden" [in: 445: H.-P. ULLMANN/C. ZIMMERMANN, Restaurationssystem, zit. 90].

Problematik des Begriffs „Deutsche Reformzeit"

Gerade der eben erwähnte Band betont die Kontinuitätslinien zwischen „Reformzeit" und „Vormärz". Wenn O. LEHNER nunmehr für Österreich die Jahre 1749–1792 als „die Reformzeit" bezeichnete, die Jahre 1792–1848 aber als „Zeit der Restauration" [353: Verfassungs- und Verwaltungsgeschichte, 140, 160], so wird die Problematik einer auf ca. 1799–1821 datierten „Deutschen Reformzeit" vollends deutlich. Ohnehin verschieben sich die Gewichte, wenn man nicht nur die etatistisch-bürokratischen Reformen betrachtet, sondern auch die gesellschaftlichen Reformpotentiale einkalkuliert (H.-W. HAHN, in: 366: H. SCHILLING, Reich, 372–376). Nicht zuletzt wird der tatsächlich erzielte „Reformerfolg" heute teilweise skeptischer betrachtet als in der Vergangenheit (vgl. 335: C. CLARK, Preußen, 393).

III. Quellen und Literatur

Die Abkürzungen für Zeitschriften entsprechen
den Siglen der „Historischen Zeitschrift".

1. Quellen

1. Acta Borussica. Denkmäler der Preußischen Staatsverwaltung im 18. Jahrhundert. Abt. A: Die Behördenorganisation und die allgemeine Staatsverwaltung Preußens im 18. Jahrhundert, 16 Bde. Berlin bzw. Hamburg/Berlin 1894–1982.
2. A. RITTER VON ARNETH, Geschichte Maria Theresia's. 10 Bde. Wien 1863–1879 (Nd. Osnabrück 1971).
3. O. BARDONG (Hrsg.), Friedrich der Große. Darmstadt 1982.
4. K. BOSL (Hrsg.), Dokumente zur Geschichte von Staat und Gesellschaft in Bayern. 3 Abtt. München 1974 ff.
5. W. CONZE (Hrsg.), Quellen zur Geschichte der deutschen Bauernbefreiung. Göttingen/Berlin/Frankfurt am Main 1957.
6. J. HANSEN (Hrsg.), Quellen zur Geschichte des Rheinlandes im Zeitalter der Französischen Revolution 1780–1801. 4 Bde. Bonn 1931–1938.
7. E. R. HUBER (Hrsg.), Dokumente zur deutschen Verfassungsgeschichte, Bd. 1: Deutsche Verfassungsdokumente 1803 bis 1850. Stuttgart 1961, 3. erg. Aufl. 1978.
8. Allgemeines LANDRECHT für die Preußischen Staaten von 1794. H. Hattenhauer und G. Bernert (Hrsg.). Frankfurt am Main/Berlin 1970, Registerband 1973.
9. G. LAUBMANN/M. DOEBERL (Hrsg.), Denkwürdigkeiten des großen Maximilian von Montgelas über die innere Staatsverwaltung Bayerns (1799–1817). München 1908.
10. F. MAASS (Hrsg.), Der Josephinismus. Quellen zu seiner Geschichte in Österreich 1760–1790 (bzw. 1850), 5 Bde. Wien bzw. Wien/München 1951–1961.
11. K. OBSER/B. ERDMANNSDÖRFFER (Hrsg.), Politische Correspondenz Karl Friedrichs von Baden 1783–1806, 6 Bde. Heidelberg 1888–1913.

12. Quellen zu den Reformen in den Rheinbundstaaten, hrsg. v. d. Historischen Kommission bei der Bayerischen Akademie der Wissenschaften, Bd. 1: Regierungsakten des Großherzogtums Berg 1806–1813, Bd. 2: Regierungsakten des Königreichs Westphalen 1807–1813 (bd. bearbeitet von K. ROB). München 1992.
13. L. VON RANKE (Hrsg.), Denkwürdigkeiten des Staatskanzlers Fürsten von Hardenberg. 5 Bde. Leipzig 1877.
14. H. SCHEEL (Hrsg.), Das Reformministerium Stein. Akten zur Verfassungs- und Verwaltungsgeschichte aus den Jahren 1807/08. Bearb. v. D. Schmidt. 3 Bde. Berlin/DDR 1966–1968.
15. H. SCHEEL/D. SCHMIDT (Hrsg.), Von Stein zu Hardenberg. Dokumente aus dem Interimsministerium Altenstein/Dohna. Berlin/DDR 1986.
16. H. SCHISSLER/H.-U. WEHLER (Hrsg.), Preußische Finanzpolitik 1806–1810. Quellen zur Verwaltung der Ministerien Stein und Altenstein. Bearb. v. E. Kehr, Göttingen 1984.
17. H. SCHLECHTE (Hrsg.), Die Staatsreform in Kursachsen 1762–1763. Quellen zum kursächsischen Rétablissement nach dem Siebenjährigen Kriege. Berlin 1958.
18. K. FRHR. VOM STEIN, Briefe und amtliche Schriften, bearb. v. E. BOTZENHART, neu hrsg. v. W. HUBATSCH, 10 Bde. Stuttgart 1957–1974.
19. G. B. VOLZ (Hrsg.), Die Werke Friedrichs des Großen. In deutscher Übersetzung 10 Bde. Berlin bzw. Stuttgart/Berlin/Köln/Mainz 1912/14.
20. F. WALTER (Hrsg.), Maria Theresia. Briefe und Aktenstücke in Auswahl. 2. Aufl. Darmstadt 1982.
21. G. WINTER/R. VAUPEL (Hrsg.), Die Reorganisation des Preussischen Staates unter Stein und Hardenberg. 1. Tl.: Allgemeine Verwaltungs- und Behördenreform, bearb. v. G. WINTER. 2. Tl.: Das Preussische Heer vom Tilsiter Frieden bis zur Befreiung 1807–1814, bearb. v. R. VAUPEL. Leipzig 1931/1938. (ND Osnabrück 1968).
22. Die Österreichische Zentralverwaltung. T. FELLNER u. a. (Hrsg.). (Darstellungsbände und Aktenstücke) Abtt. 1–3. Wien 1907–1971.

2. Epochenübergreifende Darstellungen

23. K. O. FRHR. V. ARETIN, Heiliges Römisches Reich 1776–1806. Reichsverfassung und Staatssouveränität. 2 Bde. (Darstellung und Akten). Wiesbaden 1967.
24. K. O. FRHR. V. ARETIN, Vom deutschen Reich zum deutschen Bund. Göttingen 1980.
25. K. O. FRHR. V. ARETIN, Bayerns Weg zum souveränen Staat. Landstände und konstitutionelle Monarchie 1714–1818. München 1976.
26. P. BAUMGART, Expansion und Integration. Zur Eingliederung neugewonnener Gebiete in den preußischen Staat (= NFBrPrG 5). Köln/Wien 1984.
27. P. BAUMGART (Hrsg.), Kontinuität und Wandel. Schlesien zwischen Österreich und Preußen. Sigmaringen 1990.
28. H. BERDING, H.-P. ULLMANN (Hrsg.), Deutschland zwischen Revolution und Restauration. Königstein 1981.
29. G. BIRTSCH, Religions- und Gewissensfreiheit in Preußen von 1780 bis 1817, in: ZHF 11 (1984) 177–204.
30. T. C. W. BLANNING, Reform and Revolution in Mainz 1743–1803. Cambridge 1974.
31. D. BLASIUS (Hrsg.), Preußen in der deutschen Geschichte, Königstein 1980.
32. E.-W. BÖCKENFÖRDE (Hrsg.), Moderne deutsche Verfassungsgeschichte 1815–1918, Köln 1972.
33. M. BOTZENHART, Reform, Restauration, Krise. Deutschland 1789 bis 1847. Frankfurt/M. 1985.
34. A. BRUER, Geschichte der Juden in Preußen, 1750–1820. Frankfurt am Main 1991.
35. O. BÜSCH, Das Preußenbild in der Geschichte. Berlin/New York 1981.
36. O. BÜSCH/W. NEUGEBAUER (Hrsg.), Moderne Preußische Geschichte 1648 bis 1947. Eine Anthologie. 3 Bde. Berlin/New York 1981.
37. L. DEHIO, Um den deutschen Militarismus, in: HZ 180 (1955) 43–64.
38. K. EPSTEIN, Die Ursprünge des Konservativismus in Deutschland. Der Ausgangspunkt: Die Herausforderung durch die Französische Revolution 1770 bis 1806. Frankfurt am Main/Berlin/Wien 1973.

39. [K. D. ERDMANN u.a.], Preußen. Seine Wirkung auf die deutsche Geschichte. 2. Aufl. Stuttgart 1985.
40. E. FEHRENBACH, Vom Ancien Régime zum Wiener Kongreß. 2. Aufl. München 1986.
41. P. FLECK, Agrarreformen in Hessen-Darmstadt. Agrarverfassung, Reformdiskussion und Grundlastenablösung (1770–1860). Darmstadt/Marburg 1982.
42. L. GALL, Gründung und politische Entwicklung des Großherzogtums bis 1848, in: Badische Geschichte. Vom Großherzogtum bis zur Gegenwart. Stuttgart 1979, 11–36.
43. GEBHARDT. Handbuch der deutschen Geschichte. Hrsg. v. H. Grundmann. 4 Bde. 9. Aufl. Stuttgart 1970–1976.
44. W. GEMBRUCH, Nationalistische und personalistische Tendenzen in der Stein-Historiographie, in: Nassauische Annalen 90 (1979) 81–97.
45. H. GLASER (Hrsg.), Krone und Verfassung. König Max I. Joseph und der neue Staat. 2 Tle. (Wittelsbach und Bayern (Ausstellungskatalog) Bd. 3). München/Zürich 1980.
46. H. HANTSCH, Die Geschichte Österreichs. Bd. 2. 4. Aufl. Graz/Wien/Köln 1968.
47. F. HARTUNG, Deutsche Verfassungsgeschichte vom 15. Jahrhundert bis zur Gegenwart. 8. Aufl. Stuttgart o. J. [1964].
48. H. HATTENHAUER, G. LANDWEHR, Das nachfriderizianische Preußen 1786–1806. Heidelberg 1988.
49. H. HEFFTER, Die deutsche Selbstverwaltung im 19. Jahrhundert. 2. Aufl. Stuttgart 1969.
50. O. HINTZE, Die Hohenzollern und ihr Werk: 1415–1915. Berlin 1915 (ND Hamburg 1987).
51. O. HINTZE, Regierung und Verwaltung. Hrsg. v. G. OESTREICH. 2. Aufl. Göttingen 1967.
52. H. H. HOFMANN (Hrsg.), Die Entstehung des modernen souveränen Staates. Köln/Berlin 1967.
53. W. HUBATSCH (Hrsg.), Absolutismus. Darmstadt 1973.
54. E. R. HUBER, Deutsche Verfassungsgeschichte seit 1789, Bd. 1: Reform und Restauration 1789 bis 1830. 2. Aufl. Stuttgart 1967 (ND 1990).
55. H. JEDIN (Hrsg.), Handbuch der Kirchengeschichte. Bd. 5: Die Kirche im Zeitalter des Absolutismus und der Aufklärung; Bd. 6: Die Kirche in der Gegenwart, 1. Halbbd.: Die Kirche zwischen Revolution und Restauration, Freiburg/Basel/Wien 1970/71.

2. Epochenübergreifende Darstellungen

56. K.-E. JEISMANN, Preußische Bildungspolitik vom ausgehenden 18. bis zur Mitte des 19. Jahrhunderts. Thesen und Probleme, in: U. ARNOLD (Hrsg.), Zur Bildungs- und Schulgeschichte Preußens. Lüneburg 1988, 9–37.
57. K.-E. JEISMANN, Das preußische Gymnasium in Staat und Gesellschaft. Die Entstehung des Gymnasiums als Schule des Staates und der Gebildeten, 1787–1817. Stuttgart 1974.
58. K. G. A. JESERICH/H. POHL/G.-CH. V. UNRUH (Hrsg.), Deutsche Verwaltungsgeschichte, Bd. 1: Vom Spätmittelalter bis zum Ende des Reiches, Bd. 2: Vom Reichsdeputationshauptschluß bis zur Auflösung des Deutschen Bundes. Stuttgart 1983.
59. E. KEHR, Der Primat der Innenpolitik. Hrsg. v. H.-U. WEHLER. Berlin 1965.
60. R. KOSELLECK, Preußen zwischen Reform und Revolution. Allgemeines Landrecht, Verwaltung und soziale Bewegung von 1791 bis 1848. 3. Aufl. Stuttgart 1981.
61. J. KUNISCH, Absolutismus, Europäische Geschichte vom Westfälischen Frieden bis zur Krise des Ancien Régime. Göttingen 1986.
62. F. LÜTGE, Studien zur Sozial- und Wirtschaftsgeschichte. Stuttgart 1963.
63. K. MÖCKL, Der moderne bayerische Staat. Eine Verfassungsgeschichte vom Aufgeklärten Absolutismus bis zum Ende der Reformepoche. München 1979.
64. H. MÖLLER, Fürstenstaat oder Bürgernation. Deutschland 1763–1815. Berlin 1989.
65. H.-E. MUELLER, Bureaucracy, Education, and Monopoly. Civil Service Reforms in Prussia and England. Berkeley/Los Angeles/London 1984.
66. TH. NIPPERDEY, Deutsche Geschichte 1800 bis 1866. München 1983 u. ö.
67. H. OBENAUS, Anfänge des Parlamentarismus in Preußen bis 1848. Düsseldorf 1984.
68. Österreich und Europa. Festgabe für H. Hantsch. Graz/Wien/Köln 1965.
69. V. PRESS, Der württembergische Landtag im Zeitalter des Umbruchs 1770–1830, in: ZWLG 42 (1983) 255–281.
70. H.-J. PUHLE/H.-U. WEHLER (Hrsg.), Preußen im Rückblick. Göttingen 1980.
71. H. QUARITSCH (Red.), Von der ständischen zur bürgerlichen Gesellschaft (Der Staat, Beih. 4). Berlin 1980.

72. Rassow. Deutsche Geschichte. Begründet von Peter Rassow, Neuausgabe hrsg. v. M. Vogt. Stuttgart 1987.
73. K. v. Raumer/M. Botzenhart, Deutsche Geschichte im 19. Jahrhundert. Deutschland um 1800: Krise und Neugestaltung von 1789 bis 1815 (= L. Just (Hrsg.), Handbuch der deutschen Geschichte, Bd. 3, Abschn. 1, 1. Teil) Wiesbaden 1980.
74. A. v. Reden-Dohna/R. Melville (Hrsg.), Der Adel an der Schwelle des bürgerlichen Zeitalters 1780–1860. Stuttgart 1988.
75. R. Reinhardt, Die Beziehungen von Hochstift und Diözese Konstanz zu Habsburg-Österreich in der Neuzeit. Wiesbaden 1966.
76. G. Ritter, Staatskunst und Kriegshandwerk. Das Problem des Militarismus in Deutschland, Bd. 1: Die altpreußische Tradition 1740–1890. 4. Aufl. Stuttgart 1970.
77. W. Roscher, Geschichte der National-Oekonomik in Deutschland. 2 Bde. München 1874.
78. H. Rosenberg, Bureaucracy, Aristocracy, and Autocracy. The Prussian Experience, 1660–1815. Cambridge/Mass. 1958.
79. R. Rürup, Emanzipation und Antisemitismus. Göttingen 1975.
80. M. Schlenke (Hrsg.), Preußen. Beiträge zu einer politischen Kultur (Preußen. Versuch einer Bilanz. Bd. 2). Reinbek b. Hamburg 1981.
81. T. Schieder (Hrsg.), Handbuch der europäischen Geschichte, Bd. 4: F. Wagner (Hrsg.), Europa im Zeitalter des Absolutismus und der Aufklärung; Bd. 5: W. Bussmann (Hrsg.), Europa von der französischen Revolution zu den nationalstaatlichen Bewegungen des 19. Jahrhunderts. Stuttgart 1975 bzw. 1981.
82. H. Schilling, Höfe und Allianzen. Deutschland 1648–1763. Berlin 1989.
83. A. Schindling/W. Ziegler (Hrsg.), Die Kaiser der Neuzeit 1519–1918. München 1990.
84. H. Schissler, Preußische Agrargesellschaft im Wandel. Wirtschaftliche, gesellschaftliche und politische Transformationsprozesse von 1763 bis 1847. Göttingen 1978.
85. G. Schmoller, Die Epochen der Getreidehandelsverfassung und -politik, in: [Schmollers] Jb. f. Gesetzgebung, Verwaltung und Volkswirtschaft im Deutschen Reich 20 (1896) 695–744.
86. F. Schnabel, Deutsche Geschichte im 19. Jahrhundert, 4 Bde., Freiburg 1929–37 (ND München 1987).
87. U. Schömig, Politik und Öffentlichkeit in Preußen: Entwick-

lung der Zensur- und Pressepolitik zwischen 1740 und 1819. Würzburg 1988.
88. R. STADELMANN, Deutschland und Westeuropa. Schloß Laupheim 1948.
89. Studien zu den Agrarreformen des 19. Jahrhunderts in Preußen und Rußland (= Sonderband JbW 1978). Berlin 1979.
90. E. TREICHEL, Der Primat der Bürokratie. Bürokratischer Staat und bürokratische Elite im Herzogtum Nassau 1806–1866. Stuttgart 1991.
91. H. V. TREITSCHKE, Deutsche Geschichte im Neunzehnten Jahrhundert. 5 Bde. Neuausgabe Leipzig 1928.
92. F. VALJAVEC, Die Entstehung der politischen Strömungen in Deutschland 1770 bis 1815. ND Kronberg/Ts. 1978.
93. F. VALJAVEC, Der Josephinismus. Zur geistigen Entwicklung Österreichs im 18. und 19. Jahrhundert. Brünn/München/Wien 1944 (2. verm. Aufl. 1945).
94. R. VIERHAUS (Hrsg.), Eigentum und Verfassung. Zur Eigentumsdiskussion im ausgehenden 18. Jahrhundert. Göttingen 1972.
95. R. VIERHAUS, Staaten und Stände. Vom Westfälischen Frieden bis zum Hubertusburger Frieden 1648 bis 1763. Berlin 1984.
96. G. VOGLER (Hrsg.), Europäische Herrscher. Ihre Rolle bei der Gestaltung von Politik und Gesellschaft vom 16. bis zum 18. Jahrhundert. Weimar 1988.
97. G. VOGLER/K. VETTER, Preußen. Von den Anfängen bis zur Reichsgründung. Köln 1980.
98. H.-U. WEHLER, Deutsche Gesellschaftsgeschichte. Bd. 1: Vom Feudalismus des Alten Reiches bis zur Defensiven Modernisierung der Reformära 1700–1815. München 1987.
99. H.-U. WEHLER (Hrsg.), Sozialgeschichte Heute. Fs. f. H. Rosenberg. Göttingen 1974.
100. E. WEIS, Deutschland und Frankreich um 1800. Aufklärung – Revolution – Reform. Hrsg. v. W. Demel u. B. Roeck. München 1990.
101. E. WEIS, Der Durchbruch des Bürgertums 1776–1847. Berlin 1978.
102. E. WINTER, Frühliberalismus in der Donaumonarchie. Religiöse, nationale und wissenschaftliche Strömungen von 1790–1868. Berlin/DDR 1968.
103. E. WINTER, Der Josefinismus. Die Geschichte des österreichischen Reformkatholizismus (1740–1848). Neuaufl. Berlin/

DDR 1962. (1. Aufl.: Der Josphinismus und seine Geschichte. Beiträge zur österreichischen Geistesgeschichte 1740–1848. Brünn/München/Wien 1943.)

3. Aufgeklärter Absolutismus

3.1 Theoretische Diskussion; Aufgeklärter Absolutismus in mittleren und kleineren Territorien

104. K. O. FRHR. V. ARETIN (Hrsg.), Der Aufgeklärte Absolutismus. Köln 1974.
105. K. O. FRHR. V. ARETIN, Aufgeklärter Herrscher oder aufgeklärter Absolutismus. Eine notwendige Begriffserklärung, in: Gesellschaftsgeschichte. Fs. K. Bosl zum 80. Geburtstag. Bd. 1. Hrsg. v. F. SEIBT. München 1988, 78–88.
106. (C.) B. (A.) BEHRENS, Enlightened Despotism, in: The Historical Journal 18 (1975) 401–408.
107. C. B. A. BEHRENS, Society, Government and Enlightenment. The experience of eighteenth-century France and Prussia. O. O. 1985.
108. G. BIRTSCH (Hrsg.), Der Idealtyp des aufgeklärten Herrschers. = Aufklärung 2/1 (1987).
109. H. E. BÖDEKER/U. HERRMANN (Hrsg.), Über den Prozeß der Aufklärung in Deutschland im 18. Jahrhundert. Göttingen 1987.
110. H. DUCHHARDT, Das Zeitalter des Absolutismus. München 1989.
111. E. FRANÇOIS, Die Volksbildung am Mittelrhein im ausgehenden 18. Jahrhundert. Eine Untersuchung über den vermeintlichen „Bildungsrückstand" der katholischen Bevölkerung Deutschlands im Ancien Régime, in: Jb. f. westdt. Landesgeschichte 3 (1977) 277–304.
112. K. GERTEIS, Bürgerliche Absolutismuskritik im Südwesten des Alten Reiches vor der Französischen Revolution. Trier 1983.
113. N. HAMMERSTEIN, Aufklärung und katholisches Reich. Untersuchungen zur Universitätsreform und Politik katholischer Territorien des Heiligen Römischen Reiches deutscher Nation im 18. Jahrhundert. Berlin 1977.
114. C. INGRAO, The Hessian mercenary state. Ideas, institutions, and reforms under Frederick II, 1760–1785. Cambridge/London/New York/New Rochelle/Melbourne/Sydney 1987.

3. Aufgeklärter Absolutismus

115. F. KOPITZSCH (Hrsg.), Aufklärung, Absolutismus und Bürgertum in Deutschland. München 1986.
116. F. KOPITZSCH, Grundzüge einer Sozialgeschichte der Aufklärung in Hamburg und Altona. 2 Bde. Hamburg 1982.
117. M. KOSSOK, Der aufgeklärte Absolutismus. Überlegungen zum historischen Ort und zur Typologie, in: ZfG 33 (1987), 622-642.
118. L. KRIEGER, An Essay on the Theory of Enlightened Despotism. Chicago/London 1975.
119. B. R. KROENER (Hrsg.), Europa im Zeitalter Friedrichs des Großen. Wirtschaft, Gesellschaft, Kriege. München 1989.
120. I. MITTENZWEI, Über das Problem des Aufgeklärten Absolutismus, in: ZfG 18 (1970) 1162-1172.
121. S. MÖRZ, Aufgeklärter Absolutismus in der Kurpfalz während der Mannheimer Regierungszeit des Kurfürsten Karl Theodor (1742-1777). Stuttgart 1991.
122. G. NIEDHART, Aufgeklärter Absolutismus oder Rationalisierung der Herrschaft, in: ZHF 6 (1979) 119-211.
123. M. RAUH, Verwaltung, Stände und Finanzen. Studien zu Staatsaufbau und Staatsentwicklung Bayerns unter dem späten Absolutismus. München 1988.
124. M. RAEFF, The Well-Ordered Police State and the Development of Modernity in 17th and 18th-Century Europe: An Attempt at a Comparative Approach, in: AHR 80 (1975) 1221-1243.
125. J. SCHLOHBACH, Französische Aufklärung und deutsche Fürsten, in: ZHF 17 (1990) 327-349.
126. J. SCHLUMBOHM, Freiheit – Die Anfänge der bürgerlichen Emanzipationsbewegung im Spiegel ihres Leitwortes (ca. 1760–1800). Düsseldorf 1975.
127. H. M. SCOTT (Hrsg.), Enlightened Absolutism. Reform and Reformers in Later Eighteenth-Century Europe. Basingstoke/London 1990.
128. V. SELLIN, Friedrich der Große und der aufgeklärte Absolutismus. Ein Beitrag zur Klärung eines umstrittenen Begriffs, in: Soziale Bewegung und politische Verfassung. Beiträge zur Geschichte der modernen Welt. Fs. W. Conze. Hrsg. v. U. ENGELHARDT/V. SELLIN/H. STUKE. Stuttgart 1976, 83-112.
129. F. VALJAVEC, Das Woellnersche Religionsedikt und seine geschichtliche Bedeutung, in: HJb 72 (1953) 386-400.
130. J. VAN HORN MELTON, Absolutism and the eighteenth-century origins of compulsory schooling in Prussia and Austria. Cambridge/New York/New Rochelle/Melbourne/Sidney 1988.

131. J. VAN HORN MELTON, From Enlightenment to Revolution: Hertzberg, Schlözer, and the Problem of Despotism in the Late Aufklärung, in: CEH 12 (1979) 103–123.
132. A. SCHMID, Der Reformabsolutismus Kurfürst Max' III. Joseph von Bayern, in: ZBLG 54 (1991) 39–76.
133. R. VIERHAUS (Hrsg.), Aufklärung als Prozeß. = Aufklärung 2/2 (1987).
134. J. ZIECHMANN (Hrsg.), Panorama der fridericianischen Zeit. Friedrich der Große und seine Epoche. Bremen 1985.
135. C. ZIMMERMANN, Reformen in der bäuerlichen Gesellschaft. Studien zum aufgeklärten Absolutismus in der Markgrafschaft Baden 1750–1790. Ostfildern 1983.

3.2 Das friderizianische Preußen

136. K. O. FRHR. V. ARETIN, Friedrich der Große. Größe und Grenzen des Preußenkönigs. Bilder und Gegenbilder. Freiburg 1985.
137. P. BAUMGART, Epochen der preußischen Monarchie im 18. Jahrhundert, in: ZHF 6 (1979) 287–316.
138. P. BAUMGART, Absoluter Staat und Judenemanzipation in Brandenburg-Preußen, in: JGMOD 13/14 (1965) 60 ff.
139. P. BAUMGART, Die Stellung der jüdischen Minorität im Staat des aufgeklärten Absolutismus. Das friderizianische Preußen und das josephinische Österreich im Vergleich, in: Kairos 22 (1980) 226–245.
140. E. BETHKE (Hrsg.), Friedrich der Große, Herrscher zwischen Tradition und Fortschritt. Gütersloh 1985.
141. G. BIRTSCH, Zum konstitutionellen Charakter des preußischen Allgemeinen Landrechts von 1794, in: Politische Ideologien und nationalstaatliche Ordnung. Fs. f. Th. Schieder zum 60. Geburtstag. Hrsg. v. K. KLUXEN/W. J. MOMMSEN. München/Wien 1968, 97–115.
142. O. BÜSCH, Militärsystem und Sozialleben im alten Preußen 1713 bis 1807. Berlin 1962.
143. H. CONRAD, Die geistigen Grundlagen des allgemeinen Landrechts für die preußischen Staaten von 1794. Köln/Opladen 1958.
144. G. CORNI, Stato assoluto e società agraria in Prussia nell'età di Federico II. Bologna 1982 (Zusammenfassung: Absolutistische Agrarpolitik und Agrargesellschaft in Preußen, in: ZHF 13 (1986) 285–313).

145. C. DUFFY, Friedrich der Große. Ein Soldatenleben. Köln 1986 (engl. Frederick the Great. A Military Life. London 1985).
145a. C. DUFFY, The Army of Frederick the Great. New Abbot/London/Vancouver 1974.
146. G. P. GOOCH, Friedrich der Große. Herrscher – Schriftsteller – Mensch. Frankfurt am Main/Hamburg 1964.
147. O. HAUSER (Hrsg.), Friedrich der Große in seiner Zeit. (=NFBrPrG Bd. 8). Köln 1987.
148. E. HELLMUTH, Naturrechtsphilosophie und bürokratischer Werthorizont. Studien zur preußischen Geistes- und Sozialgeschichte des 18. Jahrhunderts. Göttingen 1985.
149. W. HUBATSCH, Das Problem der Staatsräson bei Friedrich dem Großen. Göttingen 1956.
150. W. HUBATSCH, Friedrich der Große und die preußische Verwaltung. Köln/Berlin 1973.
151. H. C. JOHNSON, Frederick the Great and His Officials. New Haven/London 1975.
152. R. KOSER, Geschichte Friedrich des Großen. ND 4 Bde. Darmstadt 1974.
153. J. KUNISCH (Hrsg.), Analecta Fridericiana (=ZHF Beih. 4). Berlin 1987.
154. J. KUNISCH (Hrsg.), Persönlichkeiten im Umkreis Friedrichs des Großen (=NFBrPrG Bd. 9). Köln/Wien 1988.
155. Friedrich der Große und das Militärwesen seiner Zeit. Hg. v. Militärgeschichtlichen Forschungsamt. Bonn 1987.
156. I. MITTENZWEI, Friedrich II. von Preußen. Köln 1980.
157. H. MÖLLER, Aufklärung in Preußen. Der Verleger, Publizist und Geschichtsschreiber Friedrich Nicolai. Berlin 1974.
158. H. H. MÜLLER, Märkische Landwirtschaft vor den Agrarreformen von 1807. Potsdam 1967.
159. W. NEUGEBAUER, Absolutistischer Staat und Schulwirklichkeit in Brandenburg-Preußen. Berlin/New York 1985.
160. G. RITTER, Friedrich der Große. Heidelberg, 3. Aufl. 1954 (1. Aufl. 1936).
161. TH. SCHIEDER, Friedrich der Große. Ein Königtum der Widersprüche. Frankfurt am Main/Berlin/Wien 1983.
162. E. SCHMIDT, Die Justizpolitik Friedrich des Großen, in: Heidelberger Jahrbücher 6 (1962), 95–110 (auch in: E. Schmidt, Beiträge zur Geschichte des preußischen Rechtsstaates. Berlin 1980, 305–323).

163. H. THIEME, Carl Gottlieb Svarez in Schlesien, Berlin und anderswo, in: Juristen-Jb. 6 (1965/66) 1–24.
164. W. TREUE (Hrsg.), Preußens großer König. Leben und Werk Friedrichs des Großen. Eine Ploetz-Biographie. Freiburg/Würzburg 1986.
165. G.-C. v. UNRUH, Staatsverwaltung und Rechtsprechung unter Friedrich dem Großen, in: Die Verwaltung 20 (1987) 355–372.
166. A. VOIGT, Gesetzgebung und Aufklärung in Preußen, in: H.-J. Schoeps (Hrsg.), Zeitgeist der Aufklärung. Paderborn 1972, 139–151.

3.3 Reformen unter Maria Theresia und Joseph II.

167. P. BARTON, Im Zeichen der Toleranz. Aufsätze zur Toleranzgesetzgebung des 18. Jahrhunderts in den Reichen Joseph II., ihren Voraussetzungen und ihren Folgen. Wien 1981.
168. D. BEALES, The False Joseph II, in: Historical Journal 18 (1975) 467–495.
169. D. BEALES, Joseph II, Bd. 1: In the Shadow of Maria Theresa. Cambridge/New York/New Rochelle/Melbourne/Sydney 1987.
170. P. BERNARD, Jesuits and Jacobins. Enlightenment and Enlightened Despotism in Austria. Urbana/Chicago/London 1971.
171. P. BERNARD, Joseph II. New York 1968.
172. P. BERNARD, The Limits of Enlightenment. Joseph II and the Law. Urbana/Chicago/London 1979.
173. P. BERNARD, The Origins of Josephinism (= The Colorado College Studies 7). Colorado Springs 1964.
174. T. C. W. BLANNING, Joseph II and Enlightened Despotism. London 1970.
175. L. BODI, Tauwetter in Wien. Zur Prosa der österreichischen Aufklärung 1781–1795. Frankfurt am Main 1977.
176. H. CONRAD, Zu den geistigen Grundlagen der Strafrechtsreform Josephs II. (1780–1788), in: Fs. H. v. Weber. Hrsg. v. H. WELZEL/H. CONRAD/A. KAUFMANN/H. KAUFMANN. Bonn 1963, 56–74.
177. P. G. M. DICKSON, Finance and Government under Maria Theresia 1740–1780, 2 Bde. Oxford 1987.
178. F. FEJTÖ, Joseph II, un Habsbourg révolutionnaire. 2. Aufl. Paris 1982 (dt. München 1987).

3. Aufgeklärter Absolutismus

179. G. GRIMM, Die Schulreform Maria Theresias 1747–1775. Frankfurt am Main/Bern/New York/Paris 1987.
180. K. GUTKAS, Kaiser Joseph II. Wien/Darmstadt 1989.
181. P. HERSCHE, Der Spätjansenismus in Österreich. Wien 1977.
182. M. JENTZSCH, Josephinisches Denken und seine soziale Basis, in: Aufklärung – Vormärz – Revolution 6 (1986) 24–50.
183. R. A. KANN, Kanzel und Katheder. Studien zur österreichischen Geistesgeschichte vom Spätbarock zur Frühromantik. Wien/Freiburg/Basel 1962.
184. J. KARNIEL, Die Toleranzpolitik Kaiser Josephs II. Gerlingen 1985.
185. G. KLINGENSTEIN, Staatsverwaltung und kirchliche Autorität im 18. Jahrhundert. Das Problem der Zensur in der theresianischen Reform. München 1970.
186. W. KOSCHATZKY (Hrsg.), Maria Theresia und ihre Zeit. 2. Aufl. Salzburg/Wien 1980.
187. E. KOVÁCS (Hrsg.), Katholische Aufklärung und Josephinismus. München 1979.
188. E. KOVÁCS, Ultramontanismus und Staatskirchentum im theresianisch-josephinischen Staat. Wien 1975.
189. F. MAASS, Der Frühjosephinismus. Wien/München 1969.
190. H. MATIS (Hrsg.), Von der Glückseligkeit des Staates. Staat, Wirtschaft und Gesellschaft in Österreich im Zeitalter des aufgeklärten Absolutismus. Berlin 1981.
191. L. MIKOLETZKY, Kaiser Joseph II. Herrscher zwischen den Zeiten. Göttingen/Zürich/Frankfurt am Main 1979.
192. P. V. MITROFANOV, Joseph II. Seine politische und kulturelle Tätigkeit. 2 Bde. Wien/Leipzig 1910.
193. Österreich im Europa der Aufklärung. Hrsg. v. Bundesministerium für Wissenschaft und Forschung und der Österreichischen Akademie der Wissenschaften. 2 Bde. Wien 1985.
194. G. OTRUBA, Die Wirtschaftspolitik Maria Theresias. Wien 1963.
195. F. QUARTHAL/G. WIELAND/B. DÜRR, Die Behördenorganisation Vorderösterreichs von 1753 bis 1805 und die Beamten in Verwaltung, Justiz und Unterrichtswesen. Brühl/Baden 1977.
196. R. ROZDOLSKI, Die große Steuer- und Agrarreform Josefs II. Ein Kapitel zur österreichischen Wirtschaftsgeschichte. Warschau 1961.
197. O. SASHEGYI, Zensur und Geistesfreiheit unter Joseph II. Budapest 1958.

198. H. STRAKOSCH, Privatrechtskodifikation und Staatsbildung in Österreich (1753–1811). Wien 1976.
199. H. STRAKOSCH, State Absolutism and the Rule of Law. The Struggle for the Codification of Civil Law in Austria 1753–1811. Sydney 1967.
200. K. VOCELKA, Der Josephinismus. Neuere Forschungen und Problemstellungen, in: Jb. d. Gesellschaft für die Geschichte des Protestantismus in Österreich 95 (1979) 53–68.
201. A. WANDRUSZKA, Leopold II. Erzherzog von Österreich, Großherzog von Toskana, König von Ungarn und Böhmen, Römischer Kaiser. 2 Bde. Wien/München 1963–65.
202. E. WANGERMANN, Von Joseph II. zu den Jakobinerprozessen. Wien/Frankfurt am Main/Zürich 1966.
203. R. WOLNY, Die josephinische Toleranz unter besonderer Berücksichtigung ihres geistlichen Wegbereiters Johann Leopold Hay. München 1973.
204. Österreich zur Zeit Kaiser Joseph II. Mitregent Maria Theresias, Kaiser und Landesfürst (Ausstellungskatalog). Wien 1980.
205. E. ZÖLLNER (Hrsg.), Österreich im Zeitalter des aufgeklärten Absolutismus. Wien 1983.

4. Deutsche Reformzeit

4.1 Französische Einflüsse, Säkularisation, Deutsche Reformzeit, Befreiungskriege: Allgemeines (1793–1821)

206. Der Befreiungskrieg 1813. Berlin/DDR 1967.
207. H. BERDING (Hrsg.), Privatkapital, Staatsfinanzen und Reformpolitik im Deutschland der napoleonischen Zeit. Ostfildern 1981.
208. O. DANN, Deutschland unter französischem Einfluß, in: AfS 26 (1986) 416–428.
209. C. DIPPER, Die Bauernbefreiung in Deutschland. Stuttgart 1980.
210. R. DUFRAISSE, Das napoleonische Deutschland. Stand und Probleme der Forschung unter besonderer Berücksichtigung der linksrheinischen Gebiete, in: GG 6 (1980) 467–483.
211. K. D. HÖMIG, Der Reichsdeputationshauptschluß vom 25. Febr. 1803 und seine Bedeutung für Staat und Kirche, unter besonderer Berücksichtigung württembergischer Verhältnisse. Tübingen 1969.

4. Deutsche Reformzeit 155

212. H. KLUETING, Die Säkularisation im Herzogtum Westfalen 1802–1834. Vorbereitung, Vollzug und wirtschaftlich-soziale Auswirkungen der Klosteraufhebung. Köln 1980.
213. F. L. KNEMEYER, Regierungs- und Verwaltungsreformen in Deutschland zu Beginn des 19. Jahrhunderts. Köln 1970.
214. M. LAHRKAMP, Münster in napoleonischer Zeit 1800–1815. Administration, Wirtschaft und Gesellschaft im Zeichen von Säkularisation und französischer Herrschaft. Münster 1976.
215. F. MEINECKE, Das Zeitalter der deutschen Erhebung (1795–1815). 7. Aufl. Göttingen 1963 [1. Aufl. 1906].
216. H. C. MEMPEL, Die Vermögenssäkularisation 1803/10. Verlauf und Folgen der Kirchengutenteignung in verschiedenen deutschen Territorien. Tl. 1: Materialien, Tl. 2: Text. München 1979.
217. R. MORSEY, Wirtschaftliche und soziale Auswirkungen der Säkularisation in Deutschland, in: Dauer und Wandel der Geschichte. Fs. K. v. Raumer. München 1966, 361–383.
218. R. NOLTE, Reformen und politische Modernisierung. Preußen zu Beginn des 19. Jahrhunderts im Vergleich, in: AKG 70 (1988) 33–100.
219. P. NOLTE, Staatsbildung und Gesellschaftsreform. Politische Reformen in Preußen und den süddeutschen Staaten 1800–1820. Frankfurt am Main/New York 1990.
220. A. v. REDEN-DOHNA (Hrsg.), Deutschland und Italien im Zeitalter Napoleons. Wiesbaden 1979.
221. H. SCHEEL (Hrsg.),/F. STRAUBE (Red.), Das Jahr 1813. Studien zur Geschichte und Wirkung der Befreiungskriege. Berlin/DDR 1963.
222. H. O. SIEBURG (Hrsg.), Napoleon und Europa. Köln 1971.
223. W. SPEITKAMP, Staat und Bildung in Deutschland unter dem Einfluß der Französischen Revolution, in: HZ 250 (1990) 549–577.
224. J. STREISAND, Deutschland von 1789 bis 1815. 4. Aufl. Berlin 1977.
225. P. STULZ, Fremdherrschaft und Befreiungskampf. Die preußische Kabinettspolitik und die Rolle der Volksmassen in den Jahren 1811 bis 1813. Berlin/DDR 1960.
226. E. WEIS, Die Säkularisation der bayerischen Klöster 1802/03: Neue Forschungen zu Vorgeschichte und Ergebnissen. München 1983.

227. P. WENDE, Die geistlichen Staaten und ihre Auflösung im Urteil der zeitgenössischen Publizistik. Lübeck 1966.
228. Baden und Württemberg im Zeitalter Napoleons (= Ausstellungskatalog). Bd. 2. Stuttgart 1987.

4.2 Linksrheinische Gebiete und Einflüsse der Französischen Revolution auf Deutschland

229. K. O. FRHR. V. ARETIN/K. HÄRTER, Revolution und konservatives Beharren. Das Alte Reich und die Französische Revolution. Mainz 1990.
230. T. C. W. BLANNING, The French Revolution in Germany: Occupation and Resistance in the Rhineland, 1792–1802. Oxford 1983.
231. R. DUFRAISSE, Les notables de la rive gauche du Rhin à l'époque napoléonienne, in: RHMC 17 (1970) 758–776.
232. R. DUFRAISSE, Les populations de la rive gauche du Rhin et le service militaire à la fin de l'Ancien Régime et à l'Époque révolutionnaire, in: RH 231 (1964) 103–140.
233. R. DUFRAISSE, De la Révolution à la patrie: La rive gauche du Rhin à l'époque française (1792–1814), in: Patriotisme et nationalisme en Europe à l'époque de Napoléon. Paris 1973, 103–141.
234. K.-G. FABER, Verwaltungs- und Justizbeamte auf dem linken Rheinufer während der französischen Herrschaft, in: Aus Geschichte und Landeskunde. Fs. f. F. Steinbach. Bonn 1960, 350–388.
235. K.-G. FABER, Die Rheinländer und Napoleon, in: Francia 1 (1973) 374–394.
236. A. GERLICH (Hrsg.), Vom Alten Reich zu neuer Staatlichkeit: Kontinuität und Wandel im Gefolge der Französischen Revolution am Mittelrhein. Wiesbaden 1982.
237. S. GRAUMANN, Französische Verwaltung am Niederrhein. Das Roerdepartement 1798–1814. Essen 1990.
238. A. KUHN, Jakobiner im Rheinland. Der Kölner konstitutionelle Zirkel von 1798. Stuttgart 1976.
239. H. MOLITOR, Vom Untertan zum Administré. Studien zur französischen Herrschaft und zum Verhalten der Bevölkerung im Rhein-Mosel-Raum von den Revolutionskriegen bis zum Ende der Napoleonischen Zeit. Wiesbaden 1980.
240. H. REINALTER, Die Französische Revolution und Mitteleuropa.

Erscheinungsformen und Wirkungen des Jakobinismus. Seine Gesellschaftstheorien und politischen Vorstellungen. Frankfurt am Main 1988.
241. P. SAGNAC, Le Rhin français pendant la Révolution et l'Empire. Paris 1917.
242. H. SCHEEL, Süddeutsche Jakobiner. Klassenkämpfe und republikanische Bestrebungen im deutschen Süden am Ende des 18. Jahrhunderts. 3. Aufl. Berlin 1979.
243. W. SCHIEDER/A. KUBE, Säkularisation und Mediatisierung. Die Veräußerung der Nationalgüter im Rhein-Mosel-Departement 1803 bis 1813. Boppard 1987.
244. M. SPRINGER, Die Franzosenherrschaft in der Pfalz 1792–1814. Stuttgart 1926.
245. J. VOSS (Hrsg.), Deutschland und die Französische Revolution. München 1983.

4.3 (Spätere) Rheinbundstaaten

246. W. ANDREAS, Geschichte der badischen Verwaltungsorganisation und Verfassung in den Jahren 1802–1818, Bd. 1: Der Aufbau des Staates im Zusammenhang der allgemeinen Politik. Leipzig 1913.
247. E. ARNDT, Vom markgräflichen Patrimonialstaat zum großherzoglichen Verfassungsstaat Baden. Ein Beitrag zur Verfassungsgeschichte Badens zu Beginn des 19. Jahrhunderts mit Berücksichtigung der Verhältnisse in Bayern und Württemberg, in: ZGO 101 (1953) 157–264, 436–531.
248. H. BERDING, Die Emanzipation der Juden im Königreich Westfalen (1807–1813), in: AfS 23 (1983) 23–50.
249. H. BERDING, Napoleonische Herrschafts- und Gesellschaftspolitik im Königreich Westfalen 1807–1813. Göttingen 1973.
250. H. BERDING, Die Reform des Zollwesens in Deutschland unter dem Einfluß der napoleonischen Herrschaft, in: GG 6 (1980) 523–537.
251. W. BILZ, Die Großherzogtümer Würzburg und Frankfurt. Ein Vergleich. Würzburg 1968.
252. W. K. BLESSING, Staatsintegration als soziale Integration. Zur Entstehung einer bayerischen Gesellschaft im frühen 19. Jahrhundert, in: ZBLG 41 (1978) 633–700.
253. W. DEMEL, Der bayerische Staatsabsolutismus 1806/08–1817. Staats- und gesellschaftspolitische Motivationen und Hinter-

gründe der Reformära in der ersten Phase des Königreichs Bayern. München 1983.
254. L. DOEBERL, Maximilian v. Montgelas und das Prinzip der Staatssouveränität. München 1925.
255. M. DOEBERL, Rheinbundverfassung und bayerische Konstitution, in: Sitzungsber. d. Bayer. Akad. d. Wiss., Philos.-philolog. u. histor. Kl. 1924, Abh. 5. München 1924, 1–92.
256. M. DUNAN, Napoléon et l'Allemagne. Le système continental et les débuts du royaume de Bavière 1806–1810. 2. Aufl. Paris 1948.
257. E. FEHRENBACH, Das napoleonische Beamtentum und sein Einfluß auf die deutsche Geschichte, in: L'educazione giuridica IV: Il publico funzionario II. Perugia 1981, 221–237.
258. E. FEHRENBACH, Traditionale Gesellschaft und revolutionäres Recht. Die Einführung des Code Napoléon in den Rheinbundstaaten. 3. Aufl. Göttingen 1983.
259. W. FISCHER, Der Staat und die Anfänge der Industrialisierung in Baden 1800–1850. Bd. 1: Die staatliche Gewerbepolitik. Berlin 1962.
260. M. W. FRANCKSEN, Staatsrat und Gesetzgebung im Großherzogtum Berg (1806–1813). Frankfurt 1982.
261. F. HAUSMANN, die Agrarpolitik der Regierung Montgelas. Untersuchungen zum gesellschaftlichen Strukturwandel Bayerns um die Wende vom 18. zum 19. Jahrhundert. Bern 1975.
262. H. HEITZER, Insurrectionen zwischen Weser und Elbe. Volksbewegungen gegen die französische Fremdherrschaft im Königreich Westfalen (1806–1813). Berlin/DDR 1959.
263. E. HÖLZLE, Württemberg im Zeitalter Napoleons und der deutschen Erhebung. Stuttgart 1937.
264. H. H. HOFMANN, Adelige Herrschaft und souveräner Staat. Studien über Staat und Gesellschaft in Franken und Bayern im 18. und 19. Jahrhundert. München 1962.
265. H. KLUETING, Dalbergs Großherzogtum Frankfurt – ein Napoleonischer Modellstaat? Zu den rheinbündischen Reformen im Fürstentum Aschaffenburg und im Großherzogtum Frankfurt, in: Aschaffenburger Jb. 11/12 (1988) 359–380.
266. H. KLUETING, Nachholung des Absolutismus: Die rheinbündischen Reformen im Herzogtum Westfalen in hessen-darmstädtischer Zeit (1802–1816), in: Westfälische Zs. 137 (1987) 227–244.

267. L. E. LEE, The Politics of Harmony. Civil Service, Liberalism, and Social Reform in Baden, 1800–1850. Newark, Del. 1980.
268. H. OBENAUS, Die Reichsstände des Königreichs Westfalen, in: Francia 9 (1981) 299–329.
269. P. SAUER, Napoleons Adler über Württemberg, Baden und Hohenzollern. Südwestdeutschland in der Rheinbundzeit. Stuttgart 1987.
270. P. SAUER, Der schwäbische Zar. Friedrich – Württembergs erster König. Stuttgart 1984.
271. H. A. SCHMITT, Germany without Prussia. A Closer Look at the Confederation of the Rhine, in: German Studies Review 6 (1983) 9–39.
272. F. SCHNABEL, Sigismund von Reitzenstein – Der Begründer des badischen Staates. Heidelberg 1927.
273. W. SCHUBERT, Französisches Recht in Deutschland zu Beginn des 19. Jahrhunderts. Zivilrecht, Gerichtsverfassungsrecht und Zivilprozeßrecht. Köln 1977.
273a. A. SCHULZ, Herrschaft durch Verwaltung. Die Rheinbundreformen in Hessen-Darmstadt unter Napoleon (1803–1815). Stuttgart 1991.
274. W. STEITZ, Feudalwesen und Staatssteuersystem, Bd. 1: Die Realbesteuerung der Landwirtschaft in den süddeutschen Staaten im 19. Jahrhundert. Göttingen 1976.
275. W. STEITZ, Zur Etablierung der Realbesteuerung in den süddeutschen Staaten im Rahmen der sich auflösenden Feudalstrukturen 1806–1850, in: VSWG 63 (1976) 145–179.
276. J. TULARD, Siméon et l'organisation du royaume de Westphalie (1807–1813), in: Francia 1 (1973) 557–568.
277. H.-P. ULLMANN, Der Staatskredit im Rheinbund: Bayern, Württemberg und Baden im Vergleich, in: Francia 10 (1982) 327–343.
278. H.-P. ULLMANN, Staatsschulden und Reformpolitik. Die Entstehung moderner öffentlicher Schulden in Bayern und Baden 1780–1820. 2 Bde. Göttingen 1986.
279. E. WEIS, Der Einfluß der französischen Revolution und des Empire auf die Reformen in den süddeutschen Staaten, in: Francia 1 (1973) 569–583.
280. E. WEIS, Montgelas 1759–1799. Zwischen Revolution und Reform. München 1971. 2. Aufl. 1988.
281. E. WEIS, Montgelas' innenpolitisches Reformprogramm. Das

Ansbacher Mémoire für den Herzog vom 30.9.1796, in: ZBLG 33 (1970) 219–256.
282. E. WEIS (Hrsg.), Reformen im rheinbündischen Deutschland, München 1984.
283. J. A. WEISS, Die Integration der Gemeinden in den modernen bayerischen Staat. Zur Entstehung der kommunalen Selbstverwaltung in Bayern (1799–1818). München 1986.
284. R. WENDT, Die bayerische Konkursprüfung der Montgelas-Zeit. Einführung, historische Wurzeln und Funktion eines wettbewerbsorientierten, leistungsvergleichenden Staatsexamens. München 1984.
285. R. WOHLFEIL, Napoleonische Modellstaaten, in: W. v. Groote (Hrsg.), Napoleon I. und die Staatenwelt seiner Zeit. Freiburg 1969, 33–53.
286. R. WOHLFEIL, Untersuchungen zur Geschichte des Rheinbundes 1806 bis 1813. Das Verhältnis Dalbergs zu Napoleon, in: ZGO 108 (1960) 85–108.
287. B. WUNDER, Die Entstehung des modernen Staates und des Berufsbeamtentums in Deutschland im frühen 19. Jahrhundert, in: Leviathan 2 (1974, ND 1989) 459–478.
288. B. WUNDER, Privilegierung und Disziplinierung. Die Entstehung des Berufsbeamtentums in Bayern und Württemberg (1780–1825). München 1978.

4.4 Preußische Reformen

289. W. BLEEK, Die preußische Reform. Verwaltungsqualifikation und Juristenbildung, in: Die Verwaltung 7 (1974) 179–197.
290. W. GEMBRUCH, Freiherr vom Stein im Zeitalter der Restauration. Wiesbaden 1960.
291. M. W. GRAY, Der ostpreußische Landtag des Jahres 1808 und das Reformministerium Stein. Eine Fallstudie politischer Modernisation, in: JbGMO 26 (1977) 129–145.
292. M. W. GRAY, Prussia in Transition. Society and Politics under the Stein Reform Ministry of 1808. Philadelphia 1986.
293. M. W. GRAY, Schroetter, Schön, and Society. Aristocratic Liberalism versus Middle-Class Liberalism in Prussia, 1808, in: CEH 6 (1973) 60–82.
294. H. HARNISCH, Kapitalistische Agrarreform und Industrielle Revolution. Agrarhistorische Untersuchungen über das ostelbische Preußen zwischen Spätfeudalismus und bürgerlich-demo-

kratischer Revolution von 1848/49 unter besonderer Berücksichtigung der Provinz Brandenburg. Leipzig 1984.
295. H. HARNISCH, Die agrarpolitischen Reformmaßnahmen der preußischen Staatsführung in dem Jahrzehnt vor 1806/07, in: JbWG 1977/III, 129–153.
296. F. HARTUNG, Hardenberg und die preußische Verwaltung ins Ansbach-Bayreuth 1792–1806. Tübingen 1906.
297. H. HAUSSHERR, Hardenberg. Eine politische Biographie, 1. Teil: 1750–1800; 3. Teil: Die Stunde Hardenbergs, Köln/Graz I: 1963, III: 2. Aufl. 1965.
298. H. HAUSSHERR, Hardenbergs Reformdenkschrift Riga 1807, in: HZ 157 (1938) 267–308.
299. H. HAUSSHERR, Stein und Hardenberg, in: HZ 190 (1960) 267–289.
300. W. HUBATSCH, Die Stein-Hardenbergschen Reformen. 2. Aufl. Darmstadt 1989.
301. W. HUBATSCH, Stein-Studien. Die preußischen Reformen des Reichsfreiherrn Karl vom Stein zwischen Revolution und Restauration. Köln/Berlin 1975.
302. R. IBBEKEN, Preußen 1807–1813. Staat und Volk als Idee und Wirklichkeit. Köln/Berlin 1970.
303. E. KLEIN, Von der Reform zur Restauration. Finanzpolitik und Reformgesetzgebung des preußischen Staatskanzlers Karl August v. Hardenberg. Berlin 1965.
304. G. F. KNAPP, Die Bauern=Befreiung und der Ursprung der Landarbeiter in den älteren Theilen Preußens. 2 Bde. Leipzig 1887 (2. Aufl. München 1927).
305. C. MENZE, Die Bildungsreform Wilhelm von Humboldts. Hannover 1975.
306. B. V. MÜNCHOW-POHL, Zwischen Reform und Krieg. Untersuchungen zur Bewußtseinslage in Preußen 1809–1812. Göttingen 1987.
307. H. G. NITSCHKE, Die Preußischen Militärreformen 1807–1813. Berlin 1983.
308. K. V. RAUMER, Freiherr vom Stein. Reden und Aufsätze. Münster 1961.
309. K. V. RAUMER, Zur Beurteilung der preußischen Reform, in: GWU 18 (1967) 333–348.
310. Preußische Reformen – Wirkungen und Grenzen. Aus Anlaß des 150. Todestages des Freiherrn vom und zum Stein, Berlin/DDR 1982.

311. G. Ritter, Stein. Eine politische Biographie, 2 Bde. Stuttgart/ Berlin 1931; neugestaltete einbändige 3. Aufl. Stuttgart 1958, Nachdruck 1981.
312. D. Saalfeld, Zur Frage des bäuerlichen Landverlustes im Zusammenhang mit den preußischen Agrarreformen, in: ZAA 11 (1963) 163–171.
313. H. Schissler, Preußische Finanzpolitik nach 1807. Die Bedeutung der Staatsverschuldung als Faktor der Modernisierung des preußischen Finanzsystems, in: GG 8 (1982) 367–385.
314. F. Schnabel, Freiherr vom Stein. Leipzig/Berlin 1931.
315. D. Schwab, Die „Selbstverwaltungsidee" des Freiherrn vom Stein und ihre geistigen Grundlagen. Frankfurt am Main 1971.
316. W. M. Simon, The Failure of the Prussian Reform-movement 1807–1819. Ithaka/New York 1955.
317. W. M. Simon, Variations in Nationalism during the Great Reform Period in Prussia, in: AHR 59 (1953/54) 305–321.
318. H. Stübig, Armee und Nation. Die pädagogisch-politischen Motive der preußischen Heeresreform 1807–1814. Frankfurt am Main 1971.
319. K. Vetter, Kurmärkischer Adel und preußische Reform. Weimar 1979.
320. B. Vogel, Beamtenkonservativismus. Sozial- und verfassungsgeschichtliche Voraussetzungen der Parteien in Preußen im frühen 19. Jahrhundert, in: D. Stegmann/B.-J. Wendt/P.-C. Witt (Hrsg.), Deutscher Konservativismus im 19. und 20. Jahrhundert. Bonn 1983, 1–31.
321. B. Vogel, Allgemeine Gewerbefreiheit. Die Reformpolitik des preußischen Staatskanzlers Hardenberg (1810–1820). Göttingen 1983.
322. B. Vogel (Hrsg.), Die preußischen Reformen 1807–1820. Staat und Gesellschaft im Wandel. Königstein 1980.
323. G. Winter, Zur Entstehungsgeschichte des Oktoberedikts und der Verordnung vom 14. Februar 1808, in: Forschungen zur Brandenburgischen und Preußischen Geschichte 40 (1927) 1–33.
324. A. v. Witzleben, Staatsfinanznot und sozialer Wandel. Eine finanzsoziologische Analyse der preußischen Reformzeit zu Beginn des 19. Jahrhunderts. Stuttgart 1985.

5. Nachtrag 2010

5.1 Quellen

325. U. HUFELD (Hrsg.), Der Reichsdeputationshauptschluß von 1803. Eine Dokumentation zum Untergang des Alten Reiches. Köln u.a. 2003.
326. H. KLUETING (Hrsg.), Der Josephinismus. Ausgewählte Quellen zur Geschichte der theresianisch-josephinischen Reformen. Darmstadt 1995.
327. R. A. MÜLLER (Hrsg.), Deutsche Geschichte in Quellen und Darstellung, Bd. 5: H. NEUHAUS (Hrsg.), Zeitalter des Absolutismus 1648–1789. Stuttgart 1997; Bd. 6: W. DEMEL/U. PUSCHNER, Von der Französischen Revolution bis zum Wiener Kongreß 1789–1815. Stuttgart 1995.
328. Quellen zu den Reformen in den Rheinbundstaaten, hrsg. v. d. Historischen Kommission bei der Bayerischen Akademie der Wissenschaften, Bd. 3: Regierungsakten des Primatialstaates und des Großherzogtums Frankfurt 1806–1813 (bearbeitet von K. ROB). München 1995; Bd. 4: Regierungsakten des Kurfürstentums und Königreichs Bayern 1799–1815 (bearbeitet von M. SCHIMKE). München 1996; Bd. 5: Regierungsakten des Herzogtums Nassau 1803–1814 (bearbeitet von U. ZIEGLER). München 2001; Bd. 6: Regierungsakten des Großherzogtums Hessen-Darmstadt 1802–1820 (bearbeitet von U. ZIEGLER). München 2002; Bd. 7, 2 Teilbde.: Württemberg 1797–1816/19. Quellen und Studien zur Entstehung des modernen württembergischen Staates (bearbeitet von I. U. PAUL). München 2005.
329. W. SCHIEDER/A. KUBE (Hrsg.), Säkularisation und Mediatisierung in den vier rheinischen Departements 1803–1813. Edition des Datenmaterials der zu veräußernden Nationalgüter, 5 Tle. in 7 Bden. Boppard am Rhein 1991.
330. T. STAMM-KUHLMANN (Hrsg.), Karl August von Hardenberg 1750–1822. Tagebücher und autobiographische Aufzeichnungen. München 2000.

5.2 Epochenübergreifende Darstellungen

331. G. AMMERER/W. D. GOODSEY JR./M. SCHEUTZ/P. URBANITSCH/A. S. WEISS (Hrsg.), Bündnispartner oder Konkurrenten des Landes-

fürsten? Die Stände in der Habsburgermonarchie. Wien/München 2007.
332. J. ARNDT, Das Fürstentum Lippe im Zeitalter der Französischen Revolution 1770–1820. Münster/New York 1992.
333. A. A. BRUER, Geschichte der Juden in Preußen (1750–1820). Frankfurt am Main 1991.
334. W. BUCHHOLZ (Hrsg.), Das Ende der Frühen Neuzeit im „Dritten Deutschland". Bayern, Hannover, Mecklenburg, Pommern, das Rheinland und Sachsen im Vergleich. München 2003.
335. C. CLARK, Preußen. Aufstieg und Niedergang 1600–1947. dt. 5. Aufl. München 2007.
336. H. DUCHHARDT/A. KUNZ (Hrsg.), Reich oder Nation? Mitteleuropa 1780–1815. Mainz 1998.
337. J. ENGELBRECHT, Das Herzogtum Berg im Zeitalter der Französischen Revolution. Paderborn u. a. 1996.
338. W. FREITAG/M. HECHT (Hrsg.), Die Fürsten von Anhalt. Herrschaftssymbolik, dynastische Vernunft und politische Konzepte in Spätmittelalter und Früher Neuzeit. Halle an der Saale 2003.
339. Geschichte Sachsen-Anhalts, hrsg. v. LANDESHEIMATBUND SACHSEN-ANHALT e. V. Bd. 2: Reformation bis Reichsgründung 1871. Berlin/München 1993.
340. W. D. GOODSEY Jr., Nobles and Nation in Central Europe. Free Imperial Knights in the Age of Revolution, 1750–1850. Cambridge u. a. 2004.
341. Handbuch der bayerischen Geschichte [HBG] 3/1: Geschichte Frankens bis zum Ausgang des 18. Jahrhunderts. 3. Aufl. München 1997; 3/2: Geschichte Schwabens bis zum Ausgang des 18. Jahrhunderts. 3. Aufl. München 2001; 3/3: Geschichte der Oberpfalz und des bayerischen Reichskreises bis zum Ausgang des 18. Jahrhunderts. 3. Aufl. München 1995; 4/1 bzw. 4/2: Das neue Bayern. Von 1800 bis zur Gegenwart, 2 Teilbde., neu hrsg. v. A. SCHMID. 2. Aufl. München 2003 bzw. 2007.
342. W. HEINDL, Gehorsame Rebellen. Bürokratie und Beamte in Österreich 1780 bis 1848. Wien u. a. 1991.
343. W. HEINDL/E. SAURER, Grenze und Staat. Paßwesen, Staatsbürgerschaft, Heimatrecht und Fremdengesetzgebung in der österreichischen Monarchie 1750–1867. Wien u. a. 2000.
344. E. HELLMUTH/I. MEENKEN/M. TRAUTH (Hrsg.), Zeitenwende? Preußen um 1800. Stuttgart/Bad Cannstadt 1999.
345. E. V. HEYEN (Hrsg.), Verwaltungsreformen im Ostseeraum. Baden-Baden 2004.
346. W. HUG, Geschichte Badens. Stuttgart 1992, 2. Aufl. 1998.

347. C. INGRAO, The Habsburg Monarchy 1618–1815. 2. Aufl. Cambridge u. a. 2000.
348. M. KAISER/A. PEČAR (Hrsg.), Der zweite Mann im Staat. Oberste Amtsträger und Favoriten im Umkreis der Reichsfürsten in der Frühen Neuzeit. Berlin 2003.
349. W. KARGE/H. SCHMIED/E. MÜNCH (Hrsg.), Die Geschichte Mecklenburgs. Von den Anfängen bis zur Gegenwart. Rostock 1993, 4. Aufl. 2004.
350. E. KIMMINICH, Religiöse Volksbräuche im Räderwerk der Obrigkeiten. Ein Beitrag zur Auswirkung aufklärerischer Reformprogramme am Oberrhein und in Vorarlberg. Frankfurt am Main u. a. 1989.
351. D. KLIPPEL (Hrsg.), Naturrecht und Staat. Politische Funktionen des europäischen Naturrechts. München 2006.
352. H. KLUETING (Hrsg.), Katholische Aufklärung. Aufklärung im katholischen Deutschland. Hamburg 1993.
353. O. LEHNER, Österreichische Verfassungs- und Verwaltungsgeschichte mit Grundzügen der Wirtschafts- und Sozialgeschichte. Linz 1992, 4. Aufl. 2007.
354. M. MANKE/E. MÜNCH (Hrsg.), Verfassung und Lebenswirklichkeit. Der Landesgrundgesetzliche Erbvergleich von 1755 in seiner Zeit. Lübeck 2006.
355. U. MÜLLER-WEIL, Absolutismus und Außenpolitik in Preußen. Ein Beitrag zur Strukturgeschichte des preußischen Absolutismus. Stuttgart 1992.
356. K. MURK, Vom Reichsterritorium zum Rheinbundstaat. Entstehung und Funktion der Reformen im Fürstentum Waldeck (1780–1814). Arolsen 1995.
357. W. NEUGEBAUER, Die Geschichte Preußens. Von den Anfängen bis 1947. 2. Aufl. München 2006.
358. W. NEUGEBAUER, Politischer Wandel im Osten. Ost- und Westpreußen von den alten Ständen zum Konstitutionalismus. Stuttgart 1992.
359. W. NEUGEBAUER, Zentralprovinz im Absolutismus. Brandenburg im 17. und 18. Jahrhundert. Berlin 2001.
360. M. PAMMER, Glaubensabfall und Wahre Andacht. Barockreligiosität, Reformkatholizismus und Laizismus in Oberösterreich 1700–1820. Wien 1994.
361. R. PRÖVE (Hrsg.), Leben und Arbeiten auf märkischem Sand. Wege in die Gesellschaftsgeschichte Brandenburgs 1700–1914. Bielefeld 1999.
362. M. SCHAAB/H. SCHWARZMAIER (Hrsg.), Handbuch der baden-

württembergischen Geschichte, Bde. 2 u. 3. Stuttgart 1995 bzw. 1992.
363. P. G. DWYER (Hrsg.), The Rise of Prussia 1700–1830. Harlow u. a. 2000.
364. W. SPEITKAMP/H.-P. ULLMANN (Hrsg.), Konflikt und Reform. Fs. H. Berding. Göttingen 1995.
365. M. RINK, Vom „Partheygänger" zum Partisanen. Die Konzeption des kleinen Krieges in Preußen 1740–1813. Frankfurt am Main u. a. 1999.
366. H. SCHILLING (Hrsg.), Heiliges Römisches Reich Deutscher Nation 962 bis 1806. Altes Reich und neue Staaten 1495 bis 1806 (Ausstellungskatalog). Dresden 2006.
367. U. SCHIRMER (Hrsg.), Sachsen 1763–1832. Zwischen Rétablissement und bürgerlichen Reformen. Beucha 1996.
368. J. SEITZ, Die landständische Verordnung in Bayern im Übergang von der landständischen Repräsentation zum modernen Staat. Göttingen 1999.
369. M. UMBACH, Federalism and Enlightenment in Germany 1740–1806. London 2000.

5.3 Aufgeklärter Absolutismus/Reformabsolutismus

5.3.1 Theoretische Diskussion; Aufgeklärter Absolutismus/Reformabsolutismus in mittleren und kleineren Territorien

370. K. ANDERMANN, Die geistlichen Staaten am Ende des Alten Reiches, in: HZ 271 (2000) 593–619.
371. R. BAUMGÄRTEL-FLEISCHMANN (Hrsg.), Franz Ludwig v. Erthal. Fürstbischof von Bamberg und Würzburg 1779–1795. Bamberg 1995.
372. P. BAUMGART, Absolutismus ein Mythos? Aufgeklärter Absolutismus ein Widerspruch?, in: ZHF 27 (2000) 573–589.
373. G. BIRTSCH (Hrsg.), Reformabsolutismus im Vergleich. Staatswirklichkeit – Modernisierungsaspekte – verfassungsstaatliche Positionen. Hamburg 1996.
374. W. DEMEL, Reformabsolutismus, in: F. JÄGER (Hrsg.) Enzyklopädie der Neuzeit. Bd. 10. Stuttgart/Weimar 2009, 785–794.
375. B. DÖLEMEYER, Zwei Staatsreformprogramme des 18. Jahrhunderts: Thomas von Fritsch für Kursachsen – Friedrich Carl von Moser für Hessen-Darmstadt, in: H. LÜCK/B. SCHILDT (Hrsg.),

Recht – Idee – Geschichte. Fs. R. Lieberwirth. Köln u. a. 2000, 469–492.
376. R. ENDRES, Wirtschaftspolitik in Ansbach-Bayreuth im Zeitalter des Absolutismus, in: JbW (1994/2) 97–117.
377. W. GREILING/A. KLINGER/C. KÖHLER (Hrsg.), Ernst II. von Sachsen-Gotha-Altenburg. Ein Herrscher im Zeitalter der Aufklärung. Köln u. a. 2005.
378. G. HAUG-MORITZ, Württembergischer Ständekonflikt und deutscher Dualismus. Ein Beitrag zur Geschichte des Reichsverbands in der Mitte des 18. Jahrhunderts. Stuttgart 1992.
379. E. HIRSCH, Die Dessau-Wörlitzer Reformbewegung im Zeitalter der Aufklärung. Personen – Strukturen – Wirkungen. Tübingen 2003.
380. C. JAHN, Klosteraufhebungen und Klosterpolitik in Bayern unter Kurfürst Karl Theodor 1778–1784. München 1994.
381. K. KELLER, Saxony: Rétablissement and Enlightened Absolutism, in: German History 20/3 (2002) 309–331.
382. S. LÄSSIG, Reformpotential im „dritten Deutschland"? Überlegungen zum Idealtypus des Aufgeklärten Absolutismus, in: R. AURIG/S. HERZOG/S. LÄSSIG (Hrsg.), Landesgeschichte in Sachsen. Tradition und Innovation. Bielefeld 1997, 187–215.
383. M. LAUDENBACH, Aufklärung und Schule. Die Reform des Elementarschulwesens im fürstbischöflichen Passau unter dem Einfluß zeitgenössischer Schulreformkonzepte. Passau 1993.
384. C. LEBEAU, Beispiel eines Kulturtransfers zwischen Frankreich und Sachsen: die neue Regierungskunst zur Zeit des Rétablissements (1762–1768), in: M. ESPAGNE/M. MIDDELL (Hrsg.), Von der Elbe bis an die Seine. Kulturtransfer zwischen Sachsen und Frankreich im 18. und 19. Jahrhundert. 2. Aufl. Leipzig 1999, 119–136.
385. J. MATZERATH, „Pflicht ohne Eigennutz". Das kursächsische Rétablissement: Restauration einer Ständegesellschaft, in: NArchSächsG 66 (1995) 157–182.
386. E. LAUX/K. TEPPE (Hrsg.), Der neuzeitliche Staat und seine Verwaltung. Stuttgart 1998.
387. H. REINALTER/H. KLUETING (Hrsg.), Der aufgeklärte Absolutismus im europäischen Vergleich. Wien u. a. 2002.
388. K. RIES, Obrigkeit und Untertanen. Stadt- und Landproteste in Nassau-Saarbrücken im Zeitalter des Reformabsolutismus. Saarbrücken 1997.
389. D. SCHLÖGL, Der planvolle Staat. Raumerfassung und Reformen in Bayern 1750–1800. München 2002.

390. B. STOLLBERG-RILINGER, Vormünder des Volkes? Konzepte landständischer Repräsentation in der Spätphase des Alten Reiches. Berlin 1999.
391. H.-J. TEUTEBERG, Britische Frühindustrialisierung und kurhannoversches Reformbewusstsein im späten 18. Jahrhundert, in: VSWG 86 (1999) 153–180.
392. M. VENTZKE, Das Herzogtum Sachsen-Weimar-Eisenach 1775–1783. Ein Modellfall aufgeklärter Herrschaft? Köln u.a. 2004.
393. M. VENTZKE, Personelle Netzwerke im Reformabsolutismus Sachsen-Weimar und Eisenachs zwischen 1775 und 1785, in: M. MEUMANN (Hrsg.), Herrschaft in der Frühen Neuzeit: Umrisse eines dynamisch-kommunikativen Prozesses. Münster 2004, 231–248.
394. W. WIEGAND/J. MÖTSCH (Hrsg.), Herzog Georg I. von Sachsen-Meiningen. Meiningen 2004.
395. H. ZAUNSTÖCK, Sozietätslandschaft und Mitgliederstrukturen. Die mitteldeutschen Aufklärungsgesellschaften im 18. Jahrhundert. Tübingen 1999.

5.3.2 Das friderizianische Preußen; Preußen unter Friedrich Wilhelm II.

396. G. BIRTSCH/D. WILLOWEIT (Hrsg.), Reformabsolutismus und ständische Gesellschaft. Zweihundert Jahre Preußisches Allgemeines Landrecht. Berlin 1998.
397. H.-J. BÖMELBURG, Landesherrliche und dezentral-ständische Reformen – zwei Modernisierungspfade im Preußenland des 18. Jahrhunderts, in: M. WEBER (Hrsg.), Preußen in Ostmitteleuropa. München 2003, 93–113.
398. H.-J. BÖMELBURG, Zwischen polnischer Ständegesellschaft und preußischem Obrigkeitsstaat. Vom Königlichen Preußen zu Westpreußen (1756–1806). München 1995.
399. W. BRINGMANN, Preußen unter Friedrich Wilhelm II. (1786–1797). Frankfurt am Main u. a. 2001.
400. W. DEMEL, Preußisches und bayerisches Adelsrecht in der zweiten Hälfte des 18. Jahrhunderts. Ein Vergleich der großen Kodifikationen, in: M. KRIECHBAUM (Hrsg.), Fs. f. S. Gagnér zum 3. März 1996. Ebelsbach 1996, 151–180.
401. B. DÖLEMEYER/H. MOHNHAUPT (Hrsg.), 200 Jahre Allgemeines Landrecht für die Preußischen Staaten. Frankfurt am Main 1995.
402. F. EBEL (Hrsg.), Gemeinwohl – Freiheit – Vernunft – Rechtsstaat: 200 Jahre Allgemeines Landrecht für die Preußischen Staaten.

Berlin/New York 1995.
403. T. FINKENAUER, Vom Allgemeinen Gesetzbuch zum Allgemeinen Landrecht – preußische Gesetzgebung in der Krise, in: ZRG GA 113 (1996) 40–216.
404. G. KLEINHEYER, Das Allgemeine Landrecht für die Preußischen Staaten vom 1. Juni 1794. An der Wende des Spätabsolutismus zum liberalen Rechtsstaat. Heidelberg 1995.
405. J. WOLFF (Hrsg.), Das preußische Allgemeine Landrecht: Politische, rechtliche und soziale Wechsel- und Fortwirkungen. Heidelberg 1995.
406. J. KUNISCH, Friedrich der Große. Der König und seine Zeit. München 2004 u. ö.
407. D. E. SHOWALTER, Hubertusburg to Auerstädt: The Prussian Army in Decline?, in: German History 12 (1994) 308–333.
408. A. SCHWENNICKE, Die Entstehung der Einleitung des Allgemeinen Preußischen Landrechts von 1794. Frankfurt am Main 1993.
409. H. M. SIEG, Staatsdienst, Staatsdenken und Dienstgesinnung in Brandenburg-Preußen im 18. Jahrhundert (1713–1806). Berlin/New York 2003.
410. R. STRAUBEL, Beamte und Personalpolitik im altpreußischen Staat. Soziale Rekrutierung, Karriereverläufe, Entscheidungsprozesse (1763/86–1806). Potsdam 1998.
411. R. VIERHAUS, Friedrich II. von Preußen. Die Widersprüchlichkeit seiner historischen Größe, in: K.-H. ZIESSOW/C. REINDERS-DÜSELDER/H. SCHMIDT (Hrsg.), Frühe Neuzeit. Fs. E. Hinrichs. Bielefeld 2004, 233–246.

5.3.3 Reformen unter Maria Theresia und Joseph II.

412. D. BEALES, Joseph II and the Monasteries of Austria and Hungary, in: N. ASTON (Hrsg.), Religious Change in Europe, 1650–1914. Oxford 1997, 161–184.
413. P. P. BERNARD, From the Enlightenment to the Police State. The Public Life of Johann Anton Pergen. Urbana/Chicago 1991.
414. G. KLINGENSTEIN/F. A. J. SZÁBO (Hrsg.), Staatskanzler Wenzel Anton von Kaunitz-Rietberg 1711–1794. Graz u. a. 1996.
415. H. KLUETING, „Quidquid est in territorio, etiam est de territorio". Josephinisches Staatskirchentum als rationaler Territorialismus, in: Der Staat 37 (1998) 417–434.
416. G. LETTNER, Das Rückzugsgefecht der Aufklärung in Wien 1790–1792. Frankfurt am Main/New York 1988.

417. G. P. OBERSTEINER, Theresianische Verwaltungsreformen im Herzogtum Steiermark. Die Repräsentation und Kammer (1749–1763) als neue Landesbehörde des aufgeklärten Absolutismus. Graz 1993.
418. H. REINALTER (Hrsg.), Der Josephinismus. Bedeutung, Einflüsse und Wirkungen. Frankfurt am Main u. a. 1993.
419. H. REINALTER (Hrsg.), Josephinismus als aufgeklärter Absolutismus. Wien u. a. 2008.
420. W. SCHMALE/R. ZEDINGER/J. MONDOT (Hrsg.), Josephinismus – eine Bilanz. Échecs et réussites du Joséphisme. Bochum 2008.
421. C. SCHNEIDER, Der niedere Klerus im josephinischen Wien. Zwischen staatlicher Funktion und seelsorgerischer Aufgabe. Wien 1999.
422. F. A. J. SZÁBO, Ambivalenzen der Aufklärungspolitik in der Habsburgermonarchie unter Joseph II. und Leopold II., in: G. AMMERER/H. HAAS (Hrsg.), Ambivalenzen der Aufklärung. Fs. E. Wangermann. Wien/München 1997, 21–32.
423. F. A. J. SZÁBO, Kaunitz and Enlightened Absolutism 1753–1780. Cambridge 1994.
424. E. WANGERMANN, Die Waffen der Publizität. Zum Funktionswandel der politischen Literatur unter Joseph II. Wien/München 2004.

5.4 Deutsche Reformzeit

5.4.1 Französische Einflüsse, Säkularisation, Mediatisierung, Deutsche Reformzeit, Befreiungskriege: Allgemeines (1793–1821)

425. C. BARTZ, Die Säkularisation der Abtei Maria Laach im Jahre 1802, in: RhV 62 (1998) 238–307.
426. P. BLICKLE/A. SCHMAUDER (Hrsg.), Die Mediatisierung der schwäbischen Reichsstädte im europäischen Kontext. Epfendorf 2003.
427. R. BRAUN/J. WILD (Hrsg.), Bayern ohne Klöster? Die Säkularisation 1802/03 und ihre Folgen. München 2003.
428. C. BUMILLER (Hrsg.), Adel im Wandel. 200 Jahre Mediatisierung in Oberschwaben. Ostfildern 2006.
429. I. CRUSIUS (Hrsg.), Zur Säkularisation geistlicher Institutionen im 16. und im 18./19. Jahrhundert. Göttingen 1996.
430. C. DIPPER/W. SCHIEDER/R. SCHULZE (Hrsg.), Napoleonische Herrschaft in Deutschland und Italien – Verwaltung und Justiz. Berlin 1995.

431. V. HIMMELEIN/H. U. RUDOLF (Hrsg.), Alte Klöster – neue Herren. Die Säkularisation im deutschen Südwesten 1803 (Ausstellungskatalog). 2 Bde. Ostfildern 2003.
432. D. HOHRATH/G. WEIG/M. WETTENGEL (Hrsg.), Das Ende reichsstädtischer Freiheit 1802. Zum Übergang schwäbischer Reichsstädte vom Kaiser zum Landesherrn (Ausstellungskatalog). Stuttgart 2002.
433. C. KASPER-HOLKOTTE, Juden im Aufbruch. Zur Sozialgeschichte einer Minderheit im Saar-Mosel-Raum um 1800. Hannover 1996.
434. J. KIRMEIER/M. TREML (Hrsg.), Glanz und Ende der alten Klöster. Säkularisation im bayerischen Oberland 1803. München 1991.
435. H. KLUETING, 200 Jahre Reichsdeputationshauptschluß. Säkularisation, Mediatisierung und Modernisierung zwischen Altem Reich und neuer Staatlichkeit. Münster 2005.
436. H. KLUETING, Zweihundert Jahre Reichsdeputationshauptschluß. Säkularisation und Mediatisierung 1802/03 in der Literatur um das Gedenkjahr 2003, in: HZ 286 (2008) 403–417.
437. G. MÖLICH/J. OEPEN/W. ROSEN (Hrsg.), Klosterkultur und Säkularisation im Rheinland. Essen 2002.
438. W. MÜLLER, Die Säkularisation von 1803, und DERS., Zwischen Säkularisation und Konkordat, in: W. BRANDMÜLLER (Hrsg.), Handbuch der bayerischen Kirchengeschichte. Bd. 3: Vom Reichsdeputationshauptschluß bis zum Zweiten Vatikanischen Konzil. St. Ottilien 1991, 1–84 bzw. 85–129.
439. W. MÜLLER, Die Säkularisation im links- und rechtsrheinischen Deutschland 1802/03, in: E. GATZ (Hrsg.), Geschichte des kirchlichen Lebens in den deutschsprachigen Ländern seit dem Ende des 18. Jahrhunderts – Die katholische Kirche, Bd. 6: Die Kirchenfinanzen. Freiburg u. a. 2000, 49–81.
440. R. NOLTE, Pietas und Pauperes. Klösterliche Armen-, Kranken- und Irrenpflege im 18. und frühen 19. Jahrhundert. Köln u. a. 1996.
441. V. RÖDEL/H. AMMERICH/T. ADAM (Hrsg.), Säkularisation am Oberrhein. Ostfildern 2004.
442. A. SCHMID (Hrsg.), 1806. Bayern wird Königreich. Vorgeschichte, Inszenierung, europäischer Rahmen. Regensburg 2006.
443. A. SCHMID (Hrsg.), Die Säkularisation in Bayern. München 2003.
444. P. SCHMID/C. UNGER (Hrsg.), 1803 – Wende in Europas Mitte. Vom feudalen zum bürgerlichen Zeitalter (Ausstellungskatalog). Regensburg 2003.
445. H.-P. ULLMANN/C. ZIMMERMANN (Hrsg.), Restaurationssystem und Reformpolitik. Süddeutschland und Preußen im Vergleich. München 1996.

446. W. WEISS, Kirche im Umbruch der Säkularisation. Die Diözese Würzburg in der ersten bayerischen Zeit (1802/03–1806). Würzburg 1993.
447. M. WEITLAUFF, Der Staat greift nach der Kirche, in: DERS. (Hrsg.), Kirche im 19. Jahrhundert. Regensburg 1998, 15–53.
448. W. WÜST, Geistliche Schätze in Gefahr. Sicherung, Flucht und Ausverkauf der Werte vor der Säkularisation. Schwabens Klöster und Hochstifte im Vergleich, in: Jahrbuch des Vereins für Augsburger Bistumsgeschichte 36 (2002) 362–397.

5.4.2 Linksrheinische Gebiete

449. U. ANDRAE, Die Rheinländer, die Revolution und der Krieg 1794–1798. Essen 1994.
450. G. B. CLEMENS, Immobilienhändler und Spekulanten. Die sozial- und wirtschaftsgeschichtliche Bedeutung der Großkäufer bei den Nationalgüterversteigerungen in den rheinischen Departements (1802–1813). Boppard am Rhein 1995.
451. S. KELL, Das Fürstentum Leiningen. Umbruchserfahrungen einer Adelsherrschaft zur Zeit der Französischen Revolution. Kaiserslautern 1993.
452. J. MÜLLER, Personeller Umbruch im Rheinland. Die linksrheinischen Kommunalverwaltungen in der Revolutionszeit (1792–1799), in: Francia 24/2 (1997) 121–136.
453. J. SMETS, Freiheit, Gleichheit, Brüderlichkeit? Untersuchungen zum Verhalten der linksrheinischen Bevölkerung gegenüber der französischen Herrschaft 1794–1801, in: RhV 59 (1995) 79–122.

5.4.3 (Spätere) Rheinbundstaaten

454. H. BRANDT/E. GROTHE (Hrsg.), Rheinbündischer Konstitutionalismus. Frankfurt am Main u. a. 2007.
455. H. BURMEISTER (Hrsg.), König Jérôme und der Reformstaat Westphalen. Ein junger Monarch und seine Zeit im Spannungsfeld von Begeisterung und Ablehnung. Hofgeismar 2006.
456. M. HENKER/M. HAMM/E. BROCKHOFF (Hrsg.) Bayern entsteht. Montgelas und sein Ansbacher Mémoire von 1796. Ansbach/München 1996.
457. C. A. HOFFMANN/R. KIESSLING (Hrsg.), Die Integration in den modernen Staat. Ostschwaben, Oberschwaben und Vorarlberg im 19. Jahrhundert. Konstanz 2007.

458. W. Jäger, Staatsbildung und Reformpolitik. Politische Modernisierung im Herzogtum Nassau zwischen Französischer Revolution und Restauration. Wiesbaden 1993.
459. A. Kohnle/F. Engehausen/F. Hepp/C.-L. Fuchs (Hrsg.), „... so geht hervor ein' neue Zeit". Die Kurpfalz im Übergang an Baden 1803 (= Ausstellungskatalog). Heidelberg u. a. 2003.
460. M. North/R. Riemer (Hrsg.), Das Ende des Alten Reiches im Ostseeraum. Wahrnehmungen und Transformationen. Köln u. a. 2008.
461. A. Schmid (Hrsg.), Die bayerische Konstitution von 1808. Entstehung – Zielsetzung – Europäisches Umfeld. München 2008.
462. H.-P. Ullmann, Die Entstehung des modernen Baden an der Wende vom 18. zum 19. Jahrhundert, in: ZGO 140 (1992) 287–301.
463. E. Weis, Montgelas. Bd. 2: Der Architekt des modernen bayerischen Staates 1799–1838. München 2005.

5.4.4 Preußische Reformen

464. H. Duchhardt, Stein. Eine Biographie. Münster 2007.
465. S. Haas, Die Kultur der Verwaltung. Die Umsetzung der preußischen Reformen 1800–1848. Frankfurt am Main/New York 2005.
466. A. Hofmeister-Hunger, Pressepolitik und Staatsreform. Die Institutionalisierung staatlicher Öffentlichkeitsarbeit bei Karl August von Hardenberg (1792–1822). Göttingen 1994.
467. L. Kittstein, Politik im Zeitalter der Revolution. Untersuchungen zur preußischen Staatlichkeit 1792–1807. Stuttgart 2003.
468. J. Kloosterhuis/W. Neugebauer (Hrsg.), Krise, Reformen – und Finanzen. Preußen vor und nach der Katastrophe von 1806. Berlin 2008.
469. J. Kloosterhuis/S. Neitzel (Hrsg.), Krise, Reformen – und Militär. Preußen vor und nach der Katastrophe von 1806. Berlin 2009.
470. I. Mieck, Preußen von 1807 bis 1850. Reform, Restauration und Revolution, in: O. Büsch (Hrsg.), Handbuch der preußischen Geschichte, Bd. 2: Das 19. Jahrhundert und Große Themen der Geschichte Preußens. Berlin/New York 1992, 3–292.
471. B. Sösemann (Hrsg.), Gemeingeist und Bürgersinn. Die preußischen Reformen. Berlin 1993.
472. T. Stamm-Kuhlmann, König in Preußens großer Zeit. Friedrich Wilhelm III. der Melancholiker auf dem Thron. Berlin 1992.

473. T. STAMM-KUHLMANN, „Man vertraue doch der Administration!" Staatsverständnis und Regierungshandeln des preußischen Staatskanzlers Karl August von Hardenberg, in: HZ 264 (1997) 613–654.
474. T. STAMM-KUHLMANN (Hrsg.), „Freier Gebrauch der Kräfte". Eine Bestandsaufnahme der Hardenberg-Forschung. München 2001.

Register

1. Personen

Altenstein, Karl Frhr. vom Stein zum 36
ANDREAS, W. 99
ARETIN, K.O. Frhr. v. 57, 61, 64, 66f., 71, 80, 88, 91, 95, 98, 125f.
Arndt, Ernst Moritz 35
ARNDT, E. 105
Arnold (Müller) 10, 70
August, Fürst (Herzog) v. Anhalt-Köthen 37

Bartenstein, Johann Christoph Frhr. v. 23
BARTON, F. 89
Basedow, Johannes Bernhard 25
BAUMGART, P. 67, 74, 77f., 125
BEALES, D. 59, 87
Beauharnais, Eugène, Vizekönig v. Italien 37
BEHNEN, M. 124
BEHRENS, C.B.A. 61, 78
Belderbusch, Kaspar Anton Frhr. (Graf) v. 5
Benedikt XIV., Papst 88
BENEDIKT, H. 87
BERDING, H. 98, 104, 106, 126
BÉRENGER, J. 70
BERGMANN, J. 120
Bernard, P. 91f.
BERTHOLD, R. 121
Beugnot, Jacques-Claude (comte de) 41
BILZ, W. 104
BIRTSCH, G. 65, 67, 74, 77, 82
BLANNING, T.C.W. 70, 72
BLECKWENN, H. 76
BLEEK, W. 114
BLEIBER, H. 115

BLESSING, W. 109
BÖCKENFÖRDE, E.W. 117
BODI, L. 69
BÖHME, H. 118
Bonaparte, Napoléon I., frz. Kaiser 31, 33–40, 46, 51, 57, 96–99, 103f., 106f., 122, 128
Bonaparte, Jérôme, König v. Westfalen 34
BOTZENHARDT, M. 45, 124f.
Boyen, Hermann v. 51
BRAUBACH, M. 98
Brauer, Nikolaus 99
BÜSCH, O. 75, 77

Carl August, Herzog v. Sachsen-Weimar 4, 23
Carmer, Johann Heinrich Casimir (Graf) (Frhr.) (v.) 81
Clausewitz, Carl v. 51
Clemens August v. Bayern, Kurfürst v. Köln 3
Cocceji, Samuel v. 10
Colloredo (-Waldsee), Hieronymus Graf, Erzbischof v. Salzburg 23
CONRAD, H. 60, 81, 92
CORNI, G. 71, 77, 80
CRAIG, G.A. 122

Dalberg, Carl Theodor v., Kurfürst v. Mainz, Fürstprimas, Großherzog v. Frankfurt 26, 32f., 37, 43f., 97
DANN, O. 128
Daun, Leopold Graf v. 29
DEHIO, L. 75
DEMEL, W. 99, 108–110
DICKSON, P.G.M. 59

DIPPER, C. 95, 110, 121
DOEBERL, L. 105
DOEBERL, M. 97
Dohm, Christian Wilhelm v. 18
Dohna(-Schlobitten), Alexander Graf zu 36
Dörnberg, Wilhelm Frhr. v. 35
DUFFY, C. 75
DUFRAISSE, R. 94f., 104
DUNAN, M. 104
DÜRR, B. 92

Engels, Friedrich 119
EPSTEIN, K. 99, 127
Erthal, Friedrich Karl Frhr. v., Erzbischof v. Mainz 19, 72
Erthal, Franz Ludwig Frhr. v., Fürstbischof v. Würzburg u. Bamberg 5, 26

FABER, K.-G. 93f.
FEHRENBACH, E. 60, 99, 105, 107–110, 117, 126f.
FEIGL, H. 90
FEJTÖ, F. 89
Felbiger, Johann Ignaz v. 26
Feuerbach, Anselm (Ritter v.) 45
Fichte, Johann Gottlieb 35, 54
FICHTL, W. 69
FLECK, P. 110
FRANCKSEN, M.W. 99
FRANÇOIS, É. 68
Franz II. (I.), dt. Kaiser, Kaiser v. Österreich 28, 33, 70
Frey, Johann Gottfried 44
Franz Ludwig, Fürstbischof v. Würzburg u. Bamberg s. Erthal, Franz Ludwig Frhr. v.
FRIED, P. 110
Friedrich Wilhelm, Herzog v. Braunschweig-Öls 35
Friedrich II., Landgraf v. Hessen-Kassel 5, 7, 14
Friedrich Karl, Erzbischof v. Mainz s. Erthal, Friedrich Karl Frhr v.
Friedrich August, Herzog v. Oldenburg 6
Friedrich Wilhelm I., König in Preußen 3, 29, 44, 65, 105
Friedrich II., König v. Preußen 3–5, 8–12, 15–20, 27, 29, 63–65, 67, 69–71, 73–81, 83
Friedrich Wilhelm II., König v. Preußen 14, 27, 51
Friedrich II. (I.), Herzog bzw. König von Württemberg 33, 58, 96
Fritsch, Thomas (Frhr.) (v.) 5
Fürstenberg, Franz Frhr. v. 5

GALL, L. 100
GEMBRUCH, W. 83, 100
GERLICH, A. 94
GERTEIS, K. 58, 66
GILLIS, J.R. 115
Gneisenau, August (Graf) Neidhardt v. 51
GOOCH, G.P. 81
GRAUMANN, S. 94
GRAY, M.W. 114f.
GRIMM, G. 68
Grolmann, Karl v. 51
GUTKAS, K. 91
Gutschmid, Gotthelf 5

HAMMERSTEIN, N. 24, 68
Hardenberg, Carl August (Fürst) v. 31f., 36, 40–42, 49f., 58–60, 100–102, 105, 112, 115, 117, 119, 124, 126
HARNISCH, H. 116, 119
HARTUNG, F. 62, 98
HATTENHAUER, H. 82f.
Haugwitz, Friedrich Wilhelm Graf 9, 12, 23
HAUSMANN, F. 110
HAUSSHERR, H. 101
HEFFTER, H. 113
Heinitz [Heynitz], Friedrich Anton Frhr. v. 17
Heinke, Franz Joseph (Frhr.) (v.) 21, 85
HEINRICH, G. 82
HEITZER, H. 103, 124
HELLMUTH, E. 79
HERSCHE, P. 87
HINTZE, O. 82, 116
HIPPEL, W. v. 109
HOFMANN, H.H. 108
Holbach, Paul Heinrich Dietrich Frhr. v. 63
HÖLZLE, E. 96f.

Hömig, K.D. 95
Hubatsch, W. 62, 77, 80, 101 f.
Huber, E.R. 59, 97, 126
Humboldt, Wilhelm v. 54, 123

Ibbeken, R. 122
Ingrao, C. 67, 72
Ipsen, G. 117

Jeismann, K.-E. 68, 79, 123
Jentzsch, M. 91
Johann, Erzherzog v. Österreich 51
Johnson, H.C. 79
Joseph II., dt. Kaiser 3-5, 8-12, 17, 19f., 22-24, 27-30, 45, 59, 61, 63, 67, 69-71, 73, 80, 83-91, 94
Justi, Johann Heinrich Gottlob v. 18

Kann, R.A. 62, 90
Kant, Immanuel 24, 30
Karl Alexander, Markgraf v. Ansbach-Bayreuth 20
Karl, Herzog v. Arenberg 13
Karl Friedrich, Markgraf bzw. Großherzog v. Baden 3, 5, 11, 13, 67
Karl Wilhelm Ferdinand, Herzog v. Braunschweig 25
Karl Theodor, Kurfürst v. Pfalz bzw. Pfalzbayern 6, 11, 15
Karl August, Herzog bzw. Großherzog v. Sachsen-Weimar s. Carl August
Karl III., König v. Spanien 80
Karl Eugen, Herzog v. Württemberg 15
Karl, Erzherzog v. Österreich 51
Karniel, J. 89
Katharina II., Zarin v. Rußland 80
Kaufhold, H. 80
Kaunitz(-Rietberg), Wenzel Anton Graf (Fürst) v. 9, 20-22, 84 f., 87
Kehr, E. 113 f.
Klein, Ernst Ferdinand 82
Klein, E. 102, 120
Klingenstein, G. 68 f., 88
Klueting, H. 95, 99
Knapp, G.F. 116 f.
Knemeyer, F.L. 99

Kocka, J. 114 f.
Kopitzsch, F. 68
Koselleck, R. 82, 113 f.
Koser, R. 65
Kossok, M. 64
Kovács, E. 87
Kreittmayr, Aloisius (Frhr.) (v.) 10
Krieger, L. 61
Kroener, B.R. 76
Kube, A. 95
Kuhn, A. 93
Kunisch, J. 61, 83

Lacy, Franz Moritz Graf 29
Lahrkamp, M. 109
Landwehr, G. 83
Lee, L.E. 106
Lefebvre, G. 63
Lenin, Vladimir Il'ič Ul'janov 119
Leopold II., dt. Kaiser, Großherzog v. Toskana 12, 23, 28, 30, 70, 80, 86
Liebel(-Weckowicz), H. 60, 64, 90
Lill, R. 96
Lüders, Philipp Ernst 13
Ludwig XIV., König v. Frankreich 61
Ludwig, Herzog v. Nassau-Saarbrücken 20
Lundgreen, P. 123
Lütge, F. 117

Maass, F. 85-87
Maria Theresia, Königin v. Ungarn, dt. Kaiserin 8, 12, 15, 17, 19-22, 25, 28-30, 59, 62, 65, 67, 73, 83 f., 87-90
Marschall (v. Bieberstein), Ernst 58
Matis, H. 92
Max III. Joseph, Kurfürst v. Bayern 15
Max Friedrich v. Königseck-Rothenfels, Kurfürst v. Köln 5
Max Franz v. Österreich, Kurfürst v. Köln 10
Mayer, Johann Friedrich 13
Meinecke, F. 124
Melville, R. 109
Mempel, H.C. 95
Mendelssohn, Moses 18

MENZE, C. 123
MERTEN, D. 82
MESSERSCHMITT, M. 76
Metternich, Klemens Wenzel Nepomuk Lothar Fürst v. 54
MIECK, I. 120
Migazzi, Christoph Anton (Graf), Erzbischof v. Wien 21, 24, 87
MITTENZWEI, I. 63
MÖCKL, K. 109
MOLITOR, H. 94
MÖLLER, H. 57, 65, 71, 74, 80, 82
Montgelas, Maximilian Joseph Frhr. (Graf) v. 39, 41, 58, 97, 100, 105, 110
MORSEY, R. 95
Moser, Johann Jacob 3
Möser, Justus 7
MUELLER, H.-E. 79, 119
Münchhausen, Gerlach Adolf Frhr. v. 25
MÜNCHOW-POHL, B.v. 122
Murat, Joachim, Herzog v. Berg, König v. Neapel 34
Muratori, Lodovico Antonio 21

Napoleon I. s. Bonaparte, Napoléon
NEUGEBAUER, W. 68, 78
NIEDHART, G. 76
NIPPERDEY, Th. 60, 124f.
NITSCHKE, G. 122
NOLTE, P. 126f.

OBENAUS, H. 114f., 126
OER, R. Freiin v. 94
OESTREICH, G. 68
Osterwald, Peter v. 23
OTRUBA, G. 92

Pestalozzi, Johann Heinrich 53
PRESS, V. 30, 70, 99, 126

QUARTHAL, F. 92

Raab, Franz Anton 14
RAUH, M. 68
RAUMER, K.v. 98, 124f.
REDEN-DOHNA, A.v. 95f.
REGGE, J. 81

REICHARDT, R. 71
REINALTER, H. 70
Reinhard, Johann Jacob 5
REINHARDT, R. 88
Reitzenstein, Sigismund Frhr. v. 41, 54, 100, 105
RITTER, G. 72, 74f., 77, 100f., 122
Rochow, Friedrich Eberhard v. 26
ROSCHER, W. 61, 65
ROSENBERG, H. 70, 78, 113f.
ROZDOLSKI, R. 90
Rumford, Sir Benjamin Thompson (Graf v.) 52
RÜRUP, R. 106

SAALFELD, D. 117
SAGNAC, P. 93
SASHEGYI, O. 69
SAUER, P. 96
Savigny, Friedrich Carl v. 54
Scharnhorst, Gerhard Johann (v.) 40, 51
Scharnweber, Christian Friedrich 49
SCHEEL, H. 103f.
Schelling, Friedrich Wilhelm Joseph v. 54
SCHIEDER, Th. 74, 78, 95
Schill, Ferdinand v. 35
SCHILLING, H. 70
SCHISSLER, H. 118, 121f.
Schleiermacher, Friedrich Ernst Daniel 54
Schlettwein, Johann August 5
SCHLOHBACH, J. 66
SCHLUMBOHM, J. 66
SCHMID, A. 74
SCHMIDT, E. 81
SCHMITT, H.A. 99, 102
SCHNABEL, F. 97, 101, 105, 124
SCHÖMIG, U. 27
Schön, Theodor v. 116f.
SCHUBERT, W. 108
SCHULZE, H. 124
SCHWAB, D. 101
SCHWIEGER, K. 76
SELLIN, V. 65
SIEBURG, H.O. 102
Siméon, Joseph-Jérôme 41, 107
SIMON, W.M. 102, 127

Smith, Adam 24
Sonnenfels, Joseph (Frhr. v.) 5, 18
SPEITKAMP, W. 123
SPRINGER, M. 93
STADELMANN, R. 71
Stadion, Friedrich Graf 16,
Stadion, Johann Philipp Graf 51
Stein, Heinrich Friedrich Karl Frhr. vom u. zum 35f., 40, 42, 44, 58, 60, 100–102, 105, 112f., 115f., 119, 124, 126
STEITZ, W. 111
STRAUBE, F. 104
STREISAND, J. 104
Struensee, Johann Friedrich (Graf v.) 80
STÜBIG, H. 123
STULZ, P. 103
Svarez, Karl Gottlieb 82
Swieten, Gerard van 5, 24, 28, 88

THIEME, H. 81
Thomasius, Christian 24
Trautson (v. Falkenstein), Johann Joseph Graf, Erzbischof v. Wien 24
TREICHEL, E. 106
TREITSCHKE, H.v. 93, 96, 100
TULARD, J. 107

ULLMANN, H.-P. 104, 111f., 126
UNRUH, G.-C.v. 78

VALJAVEC, F. 82, 85f.
VAN HORN MELTON, J. 66, 68
VETTER, K. 63, 119
VIERHAUS, R. 66, 70, 73

VOCELKA, K. 86
VOGEL, B. 102, 115, 120, 122, 126f.
VOGLER, G. 63
VOIGT, A. 81
Voltaire, François-Marie Arouet gen. 15, 63

WAGNER, H. 88
WALTER, F. 90
WANGERMANN, E. 89, 91
WEHLER, H.-U. 71, 101f., 124, 127
WEIS, E. 57–59, 67, 73, 95, 98f., 105f., 124
WELKE, M. 69
WENDE, P. 94
WENDT, R. 105
WIELAND, G. 92
Wilhelm IX., Kurfürst v. Hessen-Kassel 36
Wilhelm, Graf v. Schaumburg-Lippe 29
WILLOWEIT, D. 80f.
WINKLER, H.A. 77
Winkopp, Peter Adolph 33
WINTER, G. 59, 84, 86, 91, 117
WITZLEBEN, A.v. 122
WOHLFEIL, R. 98, 107
Wolff, Christian (Frhr. v.) 24
WOLNY, R. 89
WUNDER, B. 58, 105f., 112, 114

Xaver, Prinz, Regent v. Kursachsen 15

Zeiller, Franz Anton v. 30
Zinzendorf, Karl Graf v. 90

2. Orte

Altona 18
Anhalt-Köthen 37
Ansbach 17, 20, 31
Arenberg 13, 50
Aschaffenburg 32
Augsburg 2, 24

Baden 1, 3, 5, 11, 17, 33, 37, 40–42, 45, 48, 51f., 54, 58, 67, 98f., 105f., 109, 111f.
Bamberg 5, 27, 68
Banat 13
Basel 32

Bayern 4, 6f., 10, 13f., 17f., 33–35, 37, 39, 41–45, 48, 50, 52, 54f., 67, 69, 92, 95–97, 99, 103, 105, 108f., 111f.
Bayreuth 17, 20, 31, 34, 38
Belgien 30
Berg 34, 37f., 41, 47, 50, 54, 99, 107f.
Berlin 18, 24, 30, 49, 54, 120
Böhmen 84, 86
Bonn 54
Brandenburg-Preußen s. Preußen
Braunschweig 17, 25, 38
Bremen 13
Breslau 49, 54

Celle 13
Clausthal 25

Dessau 25
Deutsches Reich 1, 31, 34, 43, 60, 71–73, 85, 96f., 101, 103, 106, 124, 128

Emden 17
England 2, 14, 34f., 128
Erfurt 27

Franken 31
Frankfurt/Main 18, 32, 37, 45, 55, 109
Frankfurt/Oder 54
Frankreich 31f., 34f., 37, 39f., 43, 45, 50, 54, 58–60, 71, 92f., 96–100, 102f., 105–107, 109, 128
Freiburg 25
Fürth 18

Galizien 13
Gotha 11
Göttingen 24f., 54

Halberstadt 26
Halle 24
Hamburg 2, 18, 27, 38
Hannover 32, 34, 36, 38, 67
Heidelberg 54, 105
Helgoland 35
Hessen-Darmstadt (s. auch Rheinhessen) 19, 33, 35, 37, 39, 42, 44, 48, 110

Hessen-Kassel 5, 7, 14, 29, 36, 38, 72
Hildesheim 3
Hohenzollern-Sigmaringen 34
Holstein 13f., 36, 48f.

Ingolstadt 54
Isenburg 99
Italien 84

Kaiserslautern 25
Karlsruhe 13
Kassel 34
Kleve 34
Köln 3, 5, 7, 10
Krefeld 17

Landshut 54
Leipzig 13, 16
Linz 22
Lippe 25, 99
Lombardei 22

Magdeburg 26, 34
Mähren 20
Mailand 86
Mainz 7, 16, 19, 24, 31f., 35, 52, 68, 72
Mannheim 6, 24
Marken 16
Mecklenburg 1, 6, 12, 37, 48
München 7, 23f., 54
Münster 3, 5, 7

Nassau 37, 41, 106
Nassau-Saarbrücken 20
Niederlande 84

Oberlausitz 48
Oberschlesien 17
Oldenburg 6, 36, 45
Osnabrück 3, 7
Österreich 4f., 8–11, 14–21, 23, 26, 28–30, 34, 36, 52, 59, 63, 68–70, 73, 83–92, 124
Öttingen 8

Paderborn 3, 18
Parma 22
Passau 22
Pfalz (s. auch Rheinpfalz) 1, 6, 32, 93f.

Pfalz-Zweibrücken 6
Posen 35, 45
Preußen 3–5, 9–12, 14, 16–20,
  25–29, 34–36, 40–45, 48–54, 57,
  60, 63, 66–69, 71, 73–75, 95, 100,
  102–105, 113–128

Regensburg 32
Rheinhessen 35
Rheinland 8, 17, 35
Rheinpfalz 36, 44
Rußland 32, 35

Sachsen 2f., 5, 8, 11, 14, 16f., 33,
  35–37, 40, 45, 52f., 67
Sachsen-Weimar 4
Salm 36
Salzburg 22–24, 27, 34, 36
Schlesien 9, 16f., 20f., 48, 74
Schleswig 13f., 36, 48f.
Schwedisch-Pommern 35
Spanien 34

Stuttgart 54

Tirol 23, 34, 36, 39
Triest 17
Trier 19

Ungarn 20, 30, 83

Verden 13

Warschau 34, 40
Weimar 6, 32
Westfalen 13, 34f., 37, 39–41, 43,
  45, 47, 50, 53, 55, 102, 106–108,
  126
Wetzlar 32
Wien 15, 21, 24, 27f., 30, 86f.
Worms 35
Württemberg 6–8, 15, 32f., 37, 39,
  42f., 45f., 48, 51, 53, 58, 96f., 105,
  112
Würzburg 5, 18, 24, 26f., 36, 68, 104

3. Sachen

ABGB (österreichisches Allgemeines
  Bürgerliches Gesetzbuch (1811))
  30, 92
Absolutismus (s. auch Aufgeklärter
  Absolutismus, Staatsabsolutismus) 1–6, 9, 12, 30, 57–67, 98f.,
  128
Adel (s. auch Gesellschaft, Großgrundbesitz, Stände) 12, 30–33,
  36–39, 42f., 47, 49–51, 58, 68,
  70f., 76–80, 90f., 95, 99, 103f.,
  111, 113–115, 117, 119, 126
Agrarrecht/-politik (s. auch Domänen, Erbuntertänigkeit, Fronen,
  Landeskultur) 7, 9, 12–14, 38, 43,
  46–49, 76, 79f., 89–91, 106f.,
  109–111, 116–120, 124
ALR (Allgemeines Landrecht (Preußen 1794)) 10, 25, 30, 32, 46,
  81f.
Armenwesen s. Wohlfahrtspolitik

Aufgeklärter Absolutismus: Begriff
  1, 4f., 11, 23, 30f., 39, 61–74, 97,
  99f., 128
Aufklärung (s. auch Emanzipation,
  Freiheitsrechte, Humanität, Rationalismus, Toleranz) 1–4, 8,
  18–21, 24f., 57, 59–67, 71f., 81f.,
  84–88, 105, 115, 125
Aufstände s. Krisen
Außenpolitik allg. (s. auch Deutscher Bund, Rheinbund,
  Territorialveränderungen) 32–36,
  40, 74f., 80, 98

Bauern (s. auch Agrarrecht) 7f.,
  13f., 47–49, 76, 90, 110f., 116–120
Bauernbefreiung s.
  Agrarrecht/-politik
Beamtenschaft
– Ausbildung 8, 10, 24, 41, 78f.,
  105f., 114

- Stellung/Privilegien 3, 5, 8f., 41, 44, 58, 77–79, 83, 105f., 113–116
- Struktur 8f., 11f., 16, 20, 41, 45, 58, 73, 76–79, 91, 94, 105–107, 113–116, 124, 127
- und Reformpolitik 5–7, 15, 18f., 21, 23, 27, 39, 47, 58, 66f., 73, 84f., 90–92, 99, 105f., 108, 110, 118, 121, 126f.

Bildungswesen/-politik 1, 4, 7f., 19, 22, 24–26, 32, 53f., 58, 66, 68f., 72, 74, 79, 89, 104f., 123
Bürgertum/Bourgeoisie (s. auch Gewerbe, Selbstverwaltung) 2, 8, 11f., 14, 16, 27, 37, 44–47, 51–53, 63f., 68, 71f., 103, 113f., 122f.
Bürokratie s. Beamtenschaft
bürokratischer Absolutismus s. Staatsabsolutismus

Code civil bzw. Napoléon (1804/07) 37, 39, 46, 95, 107f.

Deutsche(r) Bund/Bundesakte (1815) 35f., 43
Domänen/-politik 13–15, 38, 48, 50, 106, 116, 118, 121
Dotationen/Donatare 38, 43, 47, 106f.

Eigentumsbegriff/-ordnung 12f., 46–48, 86, 91, 94–96, 105, 107, 109, 111, 114, 116–120
Emanzipation 3f., 18, 28, 45, 53, 60, 64, 66, 69, 82
englische Einflüsse/Vorbilder 2, 17, 64, 100, 103
Epocheneinteilung 1, 4, 30f., 36, 55, 57–62, 116, 126f.
Erbuntertänigkeit 12f., 47f., 79f., 90, 101

Fideikommisse 12, 30, 43, 107
Finanzpolitik s. Staatsfinanzen
Forschungsdesiderata 73, 83, 92, 127f.
französische Einflüsse/Vorbilder/Herrschaft 30–35, 37–40, 42, 44, 46, 59f., 64, 93–109, 124–126, 128
Freiheitsbegriff/-rechte (s. auch Emanzipation, Toleranz, Verfassung) 39, 48, 55, 59f., 65f., 82, 100f., 114f., 118, 124, 128
Fronwesen 12, 14, 47–49, 110f.
Fürsten 3–8, 58, 66f., 72, 83f., 95f., 103

geistliche Territorien (s. auch Reichskirche) 1, 24, 26f., 32, 68, 94
Geistlichkeit (s. auch Stände) 1, 21–28, 33, 43f., 58, 66, 84, 86, 88
Gemeindepolitik s. Verwaltung bzw. Selbstverwaltung
Geschichtsschreibung allg.
- französische 63, 93
- katholisch-konservative 83, 85f.
- kleindeutsch-preußische 74, 93, 96, 104, 112
- Landesgeschichtsschreibung 93, 96, 99
- liberale 83, 126
- marxistisch-leninistische 63f., 84–86, 101, 103f., 115, 118–120, 124
- national-deutsche 84, 93, 96–98, 100, 112
- österreichische 83
- westdeutsche nach 1945 86f., 92–94, 97–102, 118, 124f., 128
Gesellschaft
- bürgerliche 46, 94–97, 103, 106f., 114, 119, 125
- ständische 4f., 11f., 30, 43f., 46, 62–64, 69f., 76, 82, 84, 101f., 114, 125
- Gesellschaftspolitik (s. auch Privilegienabbau) 19, 37f., 43–46, 62–64, 69f., 74, 80, 82, 90, 96f., 99, 101–103, 106f., 111, 113–115, 117, 119, 126
Gewerbe/-politik 7, 16–20, 35, 44, 49f., 104, 109, 120–122, 126
Großgrundbesitz 12, 43, 90, 102, 110, 113, 115, 117f., 120
Grundherrschaft s. Agrarrecht
Gutsherrschaft s. Agrarrecht, Erbuntertänigkeit

Handel/Handelspolitik (s. auch Kontinentalsperre/-system, Wirt-

schaftspolitik, Zollwesen) 16f., 34f., 50
Handwerk s. Gewerbe
Herrschaftsauffassung 2–6, 8, 10–12, 15, 21, 61f., 64–67, 76, 84, 89
Humanität/Humanisierung 4, 11, 29, 46, 51, 74f., 79, 81, 89, 101, 115, 121, 124

Illuminaten 4
Industrie s. Gewerbe
Innenpolitik allg. 30, 34, 37, 57, 72, 74, 102, 127

Jakobiner 70–72, 91–94, 103
Jansenismus s. Spätjansenismus
Josephinismus/Josephiner 21–23, 84–92
Juden/-politik 18f., 45, 67, 79, 106
Justiz s. Recht

Kameralismus s. Wirtschaftspolitik
Kirchenreform/-politik (s. auch Geistlichkeit, Reichskirche, Toleranz) 3f., 7, 20–23, 25, 28, 43f., 58, 69, 82–88, 92, 94f.
Klerus s. Geistlichkeit
Konservativismus 30, 51f., 70, 76, 79, 85, 99–102, 108, 113, 115, 126
Konstitutionalismus s. Verfassung
Kontinentalsperre/-system (s. auch Handel) 34f., 104
Kriege/Kriegsfolgen/Kriegslasten 2, 14f., 34f., 49f., 59f., 103f., 111, 114f., 117, 119, 122
Krisen/Aufstände (s. auch Kriegsfolgen) 2, 8, 14f., 34f., 51, 54, 59f., 64, 72, 90, 104, 118, 122
Kulturpolitik (s. auch Bildungspolitik) 6, 26, 75, 95, 98
Kurie s. Papsttum

Landeskultur/-politik 13, 18, 48f., 74, 76f., 111, 120
Leibeigenschaft (s. auch Erbuntertänigkeit) 3, 13, 47
Leistungskriterien 8–12, 41, 52, 79, 94, 106
Liberalismus (s. auch Verfassung, Wirtschaftsliberalismus) 55, 58, 82, 84f., 91, 93, 95, 98, 101, 113, 116, 125f.

Machtpolitik s. Staatsräson
Majoratswesen/-politik s. Fideikommisse
Manufakturen s. Gewerbe
Mediatisierung (s. auch Säkularisation) 27, 32, 37, 46, 111
Merkantilismus s. Wirtschaftspolitik
Militärwesen/-politik 3f., 11, 14f., 27–30, 38, 40, 50–52, 60, 74–76, 79f., 94, 104, 112, 121–123
Modellstaaten 37f., 99, 106f.
Modernisierung 10, 30, 45, 50, 62, 67, 69, 71, 73, 77, 80, 84, 94, 96, 102, 113, 118, 120f., 124f.

Nationalgefühl/Nationalismus (s. auch Patriotismus) 34f., 40, 84f., 93, 96f., 100–104, 107f., 122–124
Neuhumanismus s. Bildungswesen

Öffentlichkeit/Volksmeinung 5, 7f., 11, 27f., 46, 67, 72, 93f., 99, 103f., 109, 114

Papsttum/Kurie 21–23, 44, 84, 86, 88, 94f.
Patrimonialgerichtsbarkeit 10, 18, 42, 48, 76, 108, 116
Patriotismus/Landespatriotismus (s. auch Nationalgefühl) 34, 40, 52, 54, 96, 104, 109, 122
Peuplierung s. Landeskulturpolitik
Philantropi(ni)smus s. Bildungswesen
Physiokratismus s. Wirtschaftspolitik
Polizei s. Sicherheitspolitik
Presse/Pressepolitik 8, 27f., 54f., 69, 72f., 84, 88, 98, 109
Privilegien/-abbau (s. auch Gesellschaft) 4, 7, 11–13, 17f., 43–47, 59, 70, 108, 119, 121
Produktivität 14, 47–49, 68, 90, 110, 117, 119–121

Rationalisierung/Rationalismus 2f., 54, 59, 64–66, 69, 86, 96, 98, 100, 103, 107, 125f.

Recht/Rechtspolitik
- allgemein 5, 58, 70, 74, 80f., 85, 92, 95
- Justiz/-verwaltung (s. auch Patrimonialgerichtsbarkeit) 2, 9–11, 77, 81, 92, 95, 115
- Strafgesetzgebung (s. auch ALR) 10f., 45f., 51, 81, 92, 95
- Zivilgesetzgebung (s. auch ABGB, ALR, Code civil) 10, 12, 23, 30, 39, 46f., 49, 81, 92, 95, 107f.

Reformabsolutismus s. Aufgeklärter Absolutismus

Reformmotive allg. 2–5, 8, 11f., 15f., 18, 21f., 27f. 38–41, 58–60, 63–69, 89, 105f., 120f., 127

Reichsdeputationshauptschluß (1803) 32, 43, 95

Reichskirche (s. auch geistliche Territorien) 22, 32, 58, 60, 94–96

Reichsritterschaft s. Adel

Reichsstädte 2, 18, 32, 44

Reichsverfassung/Reichsrecht/ Reichsgerichtsbarkeit 6, 10, 22, 32f., 60, 72f., 95f.

Revolution
- allgemein/„von oben" 30f., 63f., 70–72, 91f., 103, 119, 127
- Frankreich (1789/99) 4, 7, 30f., 57, 60, 64, 71, 97, 100, 108, 125, 127

Rheinbund/-vertrag 33f., 37f., 96–98, 103f.

Rheinbundstaaten 33–55, 96–99, 102, 105–112, 124–128

Säkularisation/Säkularisierung 21f., 26, 32f., 37, 85, 87f., 94–96, 110f.

Schuldenwesen s. Staatsfinanzen

Schulen s. Bildungswesen

Selbstverwaltung (s. auch Verwaltung) 7, 10, 40, 42, 44, 60, 78, 100f., 112f.

Sicherheitspolitik (s. auch Presse) 28, 42, 69, 109

Souveränität (s. auch Staatsabsolutismus) 6, 31, 33, 36, 40, 43, 96, 99, 108, 111

Spätjansensismus 21, 84, 87f.

Sprachpolitik 38, 89f.

Staatsabsolutismus/bürokratischer Absolutismus 38, 43, 55, 59, 67f., 96, 99, 105, 108f., 111, 113, 126, 128

Staatsbildung (s. auch Patriotismus) 2, 10, 15f., 28, 32, 45, 52, 55, 68, 90, 92, 97f., 109, 115

Staatsbürgerrecht s. Staatsbildung

Staatsfinanzen
- Finanzpolitik/-verwaltung allg. 9, 37–39, 50, 67, 102, 110–112, 114
- Staatsausgaben 14f., 22, 26, 32f., 75
- Staatseinnahmen (s. auch Steuerwesen, Zölle) 12, 15, 21–23, 32f., 39, 45, 50, 59, 95, 110–112, 118–122
- Staatsschulden 2, 29, 39, 45, 50, 59, 102, 107, 111f., 118–120
- Steuerwesen 7, 12, 39, 43, 47, 50, 90f., 107, 111f., 119–122, 128

Staatsintegration s. Staatsbildung, Sprachpolitik, Zentralisierung

Staatsräson 4, 16, 20, 36, 40, 46, 59, 65, 68f., 74–76, 84, 95, 98, 107f.

Stände (Landstände) 1, 6f., 9f., 12, 15, 33, 38f., 55, 59f., 67f., 72f., 84, 90, 110, 113f., 126

Standesherren s. Adel

Steuerwesen s. Staatsfinanzen

Territorialveränderungen (s. auch Außenpolitik, Mediatisierung, Säkularisation) 32–36, 38, 59

Toleranz/-politik 4, 7, 18–20, 43, 74, 76, 79, 82f., 86f., 89, 104

Tradition/Traditionalismus/Traditionslosigkeit 4, 6f., 11, 19, 29f., 40, 67, 74, 76f., 87, 98–100, 103, 105, 116, 127

Universitäten s. Bildungswesen

Unruhen s. Krisen

unterbäuerliche/-bürgerliche Schichten 13, 49, 110, 115, 117f., 120

Verfassung/Verfassungsgebung 6, 37–39, 50, 55, 60, 92, 97, 100, 107f., 112, 114f., 126

Verwaltung (s. auch Beamtenschaft, Recht, Selbstverwaltung, Zentralisierung) 2f., 6, 8–10, 15, 26, 29, 31, 38, 41–44, 60, 72, 75, 77f., 81f., 85, 92, 94–96, 99, 112–115

Wirtschaftskonjunktur 15, 17, 104, 110, 122

Wirtschaftspolitik/-theorien (s. auch Agrarpolitik, Gewerbepolitik, Handel, Kontinentalsperre/-system)
- allgemein 8, 15–17, 21f., 64, 67, 73f., 80, 96, 102, 104, 109, 114, 120, 126
- Kameralismus/Merkantilismus 8, 16, 24, 89, 92
- Physiokratismus 5, 8, 16, 61, 66, 90, 100
- Wirtschaftsliberalismus 16, 55, 116f., 120, 125f.

Wohlfahrtspolitik 1, 7f., 26f., 32, 52f., 68, 71, 85

Zensur s. Presse

Zentralisierung (s. auch Staatsbildung) 1, 4, 9, 21, 34, 40f., 44, 50, 58, 60, 85, 87, 90, 112

Zollwesen/-politik (s. auch Handel) 16f., 35, 38, 50, 98, 121

Enzyklopädie deutscher Geschichte
Themen und Autoren

Mittelalter

Gesellschaft
Agrarwirtschaft, Agrarverfassung und ländliche Gesellschaft im Mittelalter (Werner Rösener) 1992. EdG 13
Adel, Rittertum und Ministerialität im Mittelalter (Werner Hechberger) 2004. EdG 72
Die Stadt im Mittelalter (Frank G. Hirschmann) 2009. EdG 84
Die Armen im Mittelalter (Otto Gerhard Oexle)
Frauen- und Geschlechtergeschichte des Mittelalters (Hedwig Röckelein)
Die Juden im mittelalterlichen Reich (Michael Toch) 2. Aufl. 2003. EdG 44

Wirtschaft
Wirtschaftlicher Wandel und Wirtschaftspolitik im Mittelalter (Michael Rothmann)

Kultur, Alltag, Mentalitäten
Wissen als soziales System im Frühen und Hochmittelalter (Johannes Fried)
Die geistige Kultur im späteren Mittelalter (Johannes Helmrath)
Die ritterlich-höfische Kultur des Mittelalters (Werner Paravicini) 2. Aufl. 1999. EdG 32

Religion und Kirche
Die mittelalterliche Kirche (Michael Borgolte) 2. Aufl. 2004. EdG 17
Mönchtum und religiöse Bewegungen im Mittelalter (Gert Melville)
Grundformen der Frömmigkeit im Mittelalter (Arnold Angenendt) 2. Aufl. 2004. EdG 68

Politik, Staat, Verfassung
Die Germanen (Walter Pohl) 2. Aufl. 2004. EdG 57
Das römische Erbe und das Merowingerreich (Reinhold Kaiser) 3., überarb. u. erw. Aufl. 2004. EdG 26
Das Karolingerreich (Jörg W. Busch)
Die Entstehung des Deutschen Reiches (Joachim Ehlers) 3., um einen Nachtrag erw. Aufl. 2010. EdG 31
Königtum und Königsherrschaft im 10. und 11. Jahrhundert (Egon Boshof) 3., aktualisierte und um einen Nachtrag erw. Aufl. 2010. EdG 27
Der Investiturstreit (Wilfried Hartmann) 3., überarb. u. erw. Aufl. 2007. EdG 21
König und Fürsten, Kaiser und Papst nach dem Wormser Konkordat (Bernhard Schimmelpfennig) 1996. EdG 37
Deutschland und seine Nachbarn 1200–1500 (Dieter Berg) 1996. EdG 40
Die kirchliche Krise des Spätmittelalters (Heribert Müller)
König, Reich und Reichsreform im Spätmittelalter (Karl-Friedrich Krieger) 2., durchges. Aufl. 2005. EdG 14
Fürstliche Herrschaft und Territorien im späten Mittelalter (Ernst Schubert) 2. Aufl. 2006. EdG 35

Frühe Neuzeit

Gesellschaft
Bevölkerungsgeschichte und historische Demographie 1500–1800 (Christian Pfister) 2. Aufl. 2007. EdG 28

Umweltgeschichte der Frühen Neuzeit (Reinhold Reith)
Bauern zwischen Bauernkrieg und Dreißigjährigem Krieg (André Holenstein) 1996. EdG 38
Bauern 1648–1806 (Werner Troßbach) 1992. EdG 19
Adel in der Frühen Neuzeit (Rudolf Endres) 1993. EdG 18
Der Fürstenhof in der Frühen Neuzeit (Rainer A. Müller) 2. Aufl. 2004. EdG 33
Die Stadt in der Frühen Neuzeit (Heinz Schilling) 2. Aufl. 2004. EdG 24
Armut, Unterschichten, Randgruppen in der Frühen Neuzeit
  (Wolfgang von Hippel) 1995. EdG 34
Unruhen in der ständischen Gesellschaft 1300–1800 (Peter Blickle) 1988. EdG 1
Frauen- und Geschlechtergeschichte 1500–1800 (N. N.)
Die deutschen Juden vom 16. bis zum Ende des 18. Jahrhunderts
  (J. Friedrich Battenberg) 2001. EdG 60

Die deutsche Wirtschaft im 16. Jahrhundert (Franz Mathis) 1992. EdG 11   Wirtschaft
Die Entwicklung der Wirtschaft im Zeitalter des Merkantilismus 1620–1800
  (Rainer Gömmel) 1998. EdG 46
Landwirtschaft in der Frühen Neuzeit (Walter Achilles) 1991. EdG 10
Gewerbe in der Frühen Neuzeit (Wilfried Reininghaus) 1990. EdG 3
Kommunikation, Handel, Geld und Banken in der Frühen Neuzeit (Michael
  North) 2000. EdG 59

Renaissance und Humanismus (Ulrich Muhlack)   Kultur, Alltag,
Medien in der Frühen Neuzeit (Andreas Würgler) 2009. EdG 85   Mentalitäten
Bildung und Wissenschaft vom 15. bis zum 17. Jahrhundert (Notker Hammer-
  stein) 2003. EdG 64
Bildung und Wissenschaft in der Frühen Neuzeit 1650–1800
  (Anton Schindling) 2. Aufl. 1999. EdG 30
Die Aufklärung (Winfried Müller) 2002. EdG 61
Lebenswelt und Kultur des Bürgertums in der Frühen Neuzeit (Bernd Roeck)
  1991. EdG 9
Lebenswelt und Kultur der unterständischen Schichten in der Frühen Neuzeit
  (Robert von Friedeburg) 2002. EdG 62

Die Reformation. Voraussetzungen und Durchsetzung (Olaf Mörke) 2005.   Religion und
  EdG 74   Kirche
Konfessionalisierung im 16. Jahrhundert (Heinrich Richard Schmidt)
  1992. EdG 12
Kirche, Staat und Gesellschaft im 17. und 18. Jahrhundert (Michael Maurer)
  1999. EdG 51
Religiöse Bewegungen in der Frühen Neuzeit (Hans-Jürgen Goertz)
  1993. EdG 20

Das Reich in der Frühen Neuzeit (Helmut Neuhaus) 2. Aufl. 2003. EdG 42   Politik, Staat,
Landesherrschaft, Territorien und Staat in der Frühen Neuzeit (Joachim Bahlcke)   Verfassung
Die Landständische Verfassung (Kersten Krüger) 2003. EdG 67
Vom aufgeklärten Reformstaat zum bürokratischen Staatsabsolutismus
  (Walter Demel) 2., um einen Nachtrag erw. Auflage 2010. EdG 23
Militärgeschichte des späten Mittelalters und der Frühen Neuzeit
  (Bernhard R. Kroener)

Staatensystem, internationale Beziehungen	**Das Reich im Kampf um die Hegemonie in Europa 1521–1648 (Alfred Kohler) 1990. EdG 6** **Altes Reich und europäische Staatenwelt 1648–1806 (Heinz Duchhardt) 1990. EdG 4**

19. und 20. Jahrhundert

Gesellschaft	**Bevölkerungsgeschichte und Historische Demographie 1800–2000 (Josef Ehmer) 2004. EdG 71** Migration im 19. und 20. Jahrhundert (Jochen Oltmer) 2010. EdG 86 Umweltgeschichte im 19. und 20. Jahrhundert (Frank Uekötter) 2007. EdG 81 Adel im 19. und 20. Jahrhundert (Heinz Reif) 1999. EdG 55 Geschichte der Familie im 19. und 20. Jahrhundert (Andreas Gestrich) 1998. EdG 50 Urbanisierung im 19. und 20. Jahrhundert (Klaus Tenfelde) **Von der ständischen zur bürgerlichen Gesellschaft (Lothar Gall) 1993. EdG 25** Die Angestellten seit dem 19. Jahrhundert (Günter Schulz) 2000. EdG 54 **Die Arbeiterschaft im 19. und 20. Jahrhundert (Gerhard Schildt) 1996. EdG 36** Frauen- und Geschlechtergeschichte im 19. und 20. Jahrhundert (N. N.) **Die Juden in Deutschland 1780–1918 (Shulamit Volkov) 2. Aufl. 2000. EdG 16** **Die deutschen Juden 1914–1945 (Moshe Zimmermann) 1997. EdG 43**
Wirtschaft	**Die Industrielle Revolution in Deutschland (Hans-Werner Hahn) 2., durchges. Aufl. 2005. EdG 49** **Die deutsche Wirtschaft im 20. Jahrhundert (Wilfried Feldenkirchen) 1998. EdG 47** Agrarwirtschaft und ländliche Gesellschaft im 19. Jahrhundert (N.N.) **Agrarwirtschaft und ländliche Gesellschaft im 20. Jahrhundert (Ulrich Kluge) 2005. EdG 73** **Gewerbe und Industrie im 19. und 20. Jahrhundert (Toni Pierenkemper) 2., um einen Nachtrag erw. Auflage 2007. EdG 29** **Handel und Verkehr im 19. Jahrhundert (Karl Heinrich Kaufhold)** **Handel und Verkehr im 20. Jahrhundert (Christopher Kopper) 2002. EdG 63** **Banken und Versicherungen im 19. und 20. Jahrhundert (Eckhard Wandel) 1998. EdG 45** **Technik und Wirtschaft im 19. und 20. Jahrhundert (Christian Kleinschmidt) 2007. EdG 79** Unternehmensgeschichte im 19. und 20. Jahrhundert (Werner Plumpe) **Staat und Wirtschaft im 19. Jahrhundert (Rudolf Boch) 2004. EdG 70** **Staat und Wirtschaft im 20. Jahrhundert (Gerold Ambrosius) 1990. EdG 7**
Kultur, Alltag und Mentalitäten	**Kultur, Bildung und Wissenschaft im 19. Jahrhundert (Hans-Christof Kraus) 2008. EdG 82** **Kultur, Bildung und Wissenschaft im 20. Jahrhundert (Frank-Lothar Kroll) 2003. EdG 65**

Lebenswelt und Kultur des Bürgertums im 19. und 20. Jahrhundert
(Andreas Schulz) 2005. EdG 75
Lebenswelt und Kultur der unterbürgerlichen Schichten im 19. und
20. Jahrhundert (Wolfgang Kaschuba) 1990. EdG 5

Kirche, Politik und Gesellschaft im 19. Jahrhundert (Gerhard Besier)   Religion und
1998. EdG 48   Kirche
Kirche, Politik und Gesellschaft im 20. Jahrhundert (Gerhard Besier)
2000. EdG 56

Der Deutsche Bund 1815–1866 (Jürgen Müller) 2006. EdG 78   Politik, Staat,
Verfassungsstaat und Nationsbildung 1815–1871 (Elisabeth Fehrenbach)   Verfassung
2., um einen Nachtrag erw. Aufl. 2007. EdG 22
Politik im deutschen Kaiserreich (Hans-Peter Ullmann) 2., durchges. Aufl.
2005. EdG 52
Die Weimarer Republik. Politik und Gesellschaft (Andreas Wirsching)
2., um einen Nachtrag erw. Aufl. 2008. EdG 58
Nationalsozialistische Herrschaft (Ulrich von Hehl) 2. Aufl. 2001. EdG 39
Die Bundesrepublik Deutschland. Verfassung, Parlament und Parteien
(Adolf M. Birke/Udo Wengst) 2., überarb. und erw. Auflage 2010. EdG 41
Militär, Staat und Gesellschaft im 19. Jahrhundert (Ralf Pröve) 2006. EdG 77
Militär, Staat und Gesellschaft im 20. Jahrhundert (Bernhard R. Kroener)
**Die Sozialgeschichte der Bundesrepublik Deutschland bis 1989/90 (Axel
Schildt) 2007. EdG 80**
Die Sozialgeschichte der DDR (Arnd Bauerkämper) 2005. EdG 76
Die Innenpolitik der DDR (Günther Heydemann) 2003. EdG 66

Die deutsche Frage und das europäische Staatensystem 1815–1871 (Anselm   Staatensystem,
Doering-Manteuffel) 3., um einen Nachtrag erw. Aufl. 2010. EdG 15   internationale
Deutsche Außenpolitik 1871–1918 (Klaus Hildebrand) 3., überarb. und um   Beziehungen
einen Nachtrag erw. Aufl. 2008. EdG 2
Die Außenpolitik der Weimarer Republik (Gottfried Niedhart)
2., aktualisierte Aufl. 2006. EdG 53
Die Außenpolitik des Dritten Reiches (Marie-Luise Recker) 2., um einen
Nachtrag erw. Auflage 2010. EdG 8
Die Außenpolitik der Bundesrepublik Deutschland 1949 bis 1990 (Ulrich
Lappenküper) 2008. EdG 83
Die Außenpolitik der DDR (Joachim Scholtyseck) 2003. EDG 69

Hervorgehobene Titel sind bereits erschienen.

Stand: (Januar 2010)

www.ingramcontent.com/pod-product-compliance
Lightning Source LLC
Chambersburg PA
CBHW020411230426
43664CB00009B/1257